인공지능을 위한 수학

표지/본문 일러스트

미나

hasarat.rint@gmail.com
@mina_rint

일러스트레이터이자 IT 전문서의 저자이며, 영어와 일본어 기술서의 역자이기도 하다. 홍차와 커피를 좋아하며, 시간이 남으면 피아노와 기타 연주를 즐긴다. 취미는 직업 만들기이다.

컴퓨터 세상 속에서 노드를 구현하는 캐릭터를 표현해 보았습니다. 과감한 포즈, 예쁜 의상을 입혀보고 싶었지만, IT 전문서 표지이기에 최대한 많은 것을 억제하고 표현했습니다. 잘 부탁드립니다☆...!

인공지능을 위한 수학
꼭 필요한 것만 골라 배우는 인공지능 맞춤 수학

초판 1쇄 2018년 11월 22일
6쇄 2022년 03월 10일

지은이 이시카와 아키히코
옮긴이 신상재 이진희
발행인 최홍석

발행처 (주)프리렉
출판신고 2000년 3월 7일 제 13-634호
주소 경기도 부천시 원미구 길주로 77번길 19 세진프라자 201호
전화 032-326-7282(代) **팩스** 032-326-5866
URL www.freelec.co.kr

편집 강신원
디자인 이대범

ISBN 978-89-6540-228-2

꼭 필요한 것만 골라 배우는 인공지능 맞춤 수학

인공지능을 위한 수학

MATHEMATICS
FOR AI PROGRAMMING

이시카와 아키히코 지음
신상재 이진희 옮김

**머신러닝,
딥러닝 알고리즘에
도전!**

선형 회귀
자연어 처리
이미지 인식

프리렉

머리말

때는 2012년, 세계적인 영상 인식 대회인 ILSVRC ImageNet Large Scale Visual Recognition Challenge 에서 딥러닝 알고리즘을 사용한 토론토 대학이 경이로운 기록으로 우승하면서 제3차 인공지능 붐이 시작되었습니다[1]. 그로부터 6년이 지난 지금까지도 인공지능 붐은 좀처럼 식을 줄을 모르고, 오히려 더 개선된 알고리즘이 나오면서 진화에 가속을 더해가고 있습니다. 이제는 IT 부문에 종사하는 직장인과 전공하는 학생들은 물론, 그 밖의 다양한 산업 부문과 전공에서도 인공지능을 사용하려는 방안을 모색하고 활용하는 폭도 넓어졌습니다.

마침 제 자신도 인공지능과 관련된 연구를 하고 있던지라 취미와 업무의 구분 없이 데이터를 분석하고 인공지능 프로그래밍으로 밤을 새는 일이 많았습니다. 그러던 중에 주변에서 종종 이런 질문을 받곤 했습니다. '인공지능 알고리즘을 써보고 싶은데 수학을 어느 정도까지 배워야 할까요?'

사실 인공지능 프로그래밍을 하는 데 반드시 수학을 알아야 하는 것은 아닙니다. 자동차의 구조나 동작 원리를 모두 숙지해야만 운전할 수 있는 것이 아니듯이, 인공지능도 대부분 기본적인 알고리즘은 라이브러리로 제공하기 때문에 정해진 규칙대로만 개발하면 원하는 결과를 어렵지 않게 얻을 수 있습니다. 다만, 인공지능 알고리즘을 제대로 써 보고 싶은 사람이라면 단순한 사용을 넘어 알고리즘의 내부 동작도 궁금할 것입니다. 바로 이런 내부 동작을 이해하고 싶다면 수학적 지식을 아주 외면하지는 못할 것입니다.

그렇다고 수학을 처음부터 다시 체계적으로 공부하는 것이 능사는 아닙니다. 대학이나 대학원을 졸업한 후, 수학과 전혀 상관없는 삶을 수년간 살아온 직장인이 많을 것이고,

---

1 출처: ≪인공지능과 딥러닝≫ (마쓰오 유타카 저, 동아엠앤비, 2015년)

그중에서는 아예 대학이나 대학원에서조차 수학을 접하지 않은 분도 있을 겁니다. 그런 분들에게 대학 교과 과정인 '선형대수' 교재를 보라고 하는 것은 너무나도 불친절하고 가혹한 일이 아닐 수 없습니다. 설상가상으로 그런 교재에는 인공지능 프로그래밍에는 좀처럼 나오지 않는 내용도 포함되어 있다 보니, 가뜩이나 바쁜 직장인들에게는 그리 좋은 선택이라 할 수 없습니다.

애당초 인공지능에서 사용하는 수학은 특정 부문에 다소 치우침이 있다 보니 모든 영역의 수학 지식이 필요한 것은 아닙니다. 예를 들어, 인공지능에서 미분微分, derivative은 많이 사용하는 반면, 적분積分, integral은 거의 사용하지 않습니다. 또한, 벡터vector나 행렬行列, matrix과 같은 선형대수線形代數에 나오는 지식은 기본적인 부분만 필요하고, 다른 부분은 굳이 볼 필요 없는 내용들이 많습니다. 그러다 보니 인공지능을 배우고 싶은 사람이 꼭 필요한 수학만 체계적으로 배울 수 있는 책이 하나 있으면 좋겠다는 생각을 하였습니다.

그런 취지에서 이 책을 기획하였고, 보다 많은 사람들이 인공지능 프로그래밍을 할 때 필요한 수학 지식을 익힐 수 있도록 만들었습니다. 이 책의 목표는 다음과 같습니다.

- **인공지능 관련서에 나오는 복잡한 수식에 대한 거부감을 줄인다.**
- **인공지능 관련서를 읽을 때 필요한 수학적인 맷집과 기초 체력을 키운다.**
- **주요 인공지능 알고리즘과 수식의 의미를 이해할 수 있다.**

그리고 이 책을 읽었으면 하는 독자층은 다음과 같습니다.

- **인공지능 알고리즘으로 모델을 만들고는 있지만 블랙박스처럼 사용하고 있어서, 이 기회에 수학을 제대로 다시 배워보고 싶은 분**
- **인공지능 알고리즘을 제대로 배워보고 싶지만, 수학을 다 잊어버려서 관련서의 수식이 눈에 들어오지 않는 분**
- **인공지능 알고리즘에 관심은 있지만 초기에 겪을 학습 부담이 두려워서 미처 시작하지 못한 분**

그런 분들을 위해 이 책은 기본편(1장에서 4장까지)과 응용편(5장에서 7장까지)으로 원하는 내용을 쉽게 찾아볼 수 있게 구성하였습니다.

먼저 기본편에서는 인공지능에서 사용하는 기본적인 수학 지식을 다루고 있는데, 예를 들면 '기초 수학', '미분', '선형대수', '확률과 통계'와 같은 내용이 나옵니다. 우리가 고등학교와 대학교에서 배운 수준의 수학적 개념이 담겨 있어서, 지금은 비록 고등학교 때 배운 내용이 기억나지 않더라도 천천히 따라 읽을 수 있는 난이도로 씌어져 있습니다. 응용편에서는 기본편에서 배운 내용을 이용해서 인공지능 알고리즘에 도전하는 내용을 담고 있습니다. 구체적으로는 '주택 가격 예측 모델'과 '글의 내용을 분석하여 어떤 성격의 글인지 분류하는 모델', 그리고 '손글씨로 쓴 숫자가 어떤 수인지 판단하는 모델' 등을 다룹니다.

이 책을 읽을 때 필요한 사전 지식은 거의 없습니다. 다만 응용편은 인공지능 알고리즘을 실제로 실습할 수 있도록 만들어져 있는지라, 파이썬 코드를 다룰 수 있다면 직접 실습을 해볼 수도 있습니다. 소스 코드는 깃헙GitHub이라는 소스 코드 저장소에 공개되어 있습니다. 이 책의 내용을 더 깊이 이해하는 데 큰 도움이 될 것입니다.

한 사람이라도 더 많은 분들이 이 책을 읽은 후에 수학에 대한 두려움을 떨쳐버리고, 마침내 인공지능 알고리즘을 만끽할 수 있게 되길 진심으로 기원합니다.

2018년 1월

지은이

이시카와 아키히코

Ishikawa Akihiko

주식회사 Aidemy 대표이사. 1992년 태생으로, 동경대학공학부를 졸업하였다. 데이터 분석과 관련된 연구와 실무 경험을 살려 2017년 인공지능 엔지니어를 위한 온라인 교육 서비스 'Aidemy'를 론칭하였다. Aidemy는 인공지능을 다루는 데 꼭 필요한 기술을 알려주는 서비스로, 회원 수 2만 명 이상에 100만 회를 넘는 학습 기록을 세우고 있다. 지금은 와세다대학 선진이공학 박사 과정에서 AI 프로그래밍 실습 과정을 지도하고 있다.

옮긴이의 글

미적분 배워서 어디다 쓰나? 그러던 나에게 벌어진 일

고등학교 때는 대학교에 입학할 수 있을 정도의 수학을 가까스로 배웠고, 대학교 때는 회사에 입사할 수 있을 정도의 수학을 배웠습니다. 그 후로는 누구나 그랬듯이 '사회생활하는 데 미적분이 어디 쓰인다고 그래?'라며 내가 과거에 수포자였다는 사실을 정당화하며 살았습니다. 회사에서는 알고리즘과 영어로 사람을 괴롭히긴 했지만, 수학으로 사람을 괴롭히진 않았으니까요. 나름대로 수학을 다시 보지 않아도 되는 좋은 삶을 살았던 것 같습니다.

그런데 최근 그런 평화로운 삶에 위기가 찾아왔습니다. 절대 활용할 일이 없다고 생각한 수학이 '사회생활'에서 필요하게 된 것이죠. 바로 인공지능의 붐이 과거의 찌질한 제 모습과 함께 봉인한 수학을 소환하기 시작한 겁니다.

수학을 다시 공부할 수 있는 마지막 기회가 찾아오다

멀게만 느껴지던 인공지능 기술이 회사 업무로 활용되기 시작하더군요. 남들은 논문을 보고 동영상 강의를 보는데 저는 그 흔한 수식 기호도 제대로 읽지 못했습니다. 학교 다닐 때 미적분, 선형대수, 확률과 통계 모두 배웠지만, 학점을 따기 위한 공부를 했기 때문에 기억이 날 리 없습니다. 그 와중에 주변의 동료들은 고교 수학 참고서를 다시 찾아보기 시작했고, 초등학교 다니는 아들이 수학 문제집을 푸는 걸 보니 언젠가 내게 질문을 하겠지라는 생각에 불안감이 커졌습니다.

'이제 와서 모른다고 하긴 부끄럽잖아!'라며 혼자 전전긍긍하던 중에 우연찮은 기회에 이 책의 번역 의뢰가 들어왔습니다. 사실 이게 수학책이라는 사실만으로도 번역 의뢰를 사양할 수도 있었겠지만, 이건 아마도 수학을 공부할 수 있는 마지막 기회가 주어진 것이 아닐까 하는 생각이 들자 더 이상 망설일 수가 없었습니다.

유튜브 강의를 찾아서 보고, 수학을 좀 한다는 지인들에게 질문하고, 인공지능을 업으로 하는 팀원들 어깨너머로 하나하나 배워나갔습니다. 이 책에서 다루는 수준이 고등학교 수학에서 대학교 수학까지라고 한다면 못해낼 이유도 없지 않겠나, 회사에선 이보다 더 쓸데없는 것도 배우는데… 라며 밑바닥부터 쌓기 시작하니 어느덧 이 한 권의 책 내용을 이해하기 시작했고 나의 언어로 풀어쓸 수 있게 되었습니다.

이 책은 프로그래밍 책이 아니라 수학책입니다

인공지능을 다룬 책은 이미 많이 있습니다. 인공지능의 트렌드를 설명한 책도 있고 인공지능의 개념과 원리를 설명한 책이 있는가 하면, 그것을 구현하기 위한 인공지능 프로그래밍 입문서도 있습니다. 이 책은 그러한 인공지능 관련서 중에서도 인공지능의 밑바닥에 깔린 수학을 재조명하는 책입니다. 그래서 이 책에는 그 흔한 파이썬 코드나 개발 환경을 구성하는 가이드가 단 한 줄도 나오지 않습니다.

이 책은 기본편과 응용편으로 구성되며, 기본편에서는 인공지능을 이해하는 데 필요한 최소한의 수학적 개념을 고교, 대학 수학 과정의 수준으로 설명하고 있습니다. 응용편은 앞서 배운 개념들이 실전에서 어떻게 활용되는지를 설명하는데, 인공지능 분야에서 잘 알려진 예제를 활용하여 초기 학습에 필요한 러닝커브를 낮추고 있습니다.

단, 이론으로만 수학과 인공지능을 배우는 것이 못내 아쉬울 독자를 위해 원서에서는 실습을 해볼 수 있는 소스 코드를 깃헙Github을 통해 공개하고 있습니다. 번역서에서는 이 소스 코드에 실습 환경을 구성하기 위한 가이드를 더 보완하여 우리나라 독자가 보다 손쉽게 실습해볼 수 있도록 재구성하였습니다. 자연어를 처리하는 실습 부분은 일어로 된 학습 데이터를 한글로 된 데이터로 교체하여 완전히 재구성하기도 하였습니다.

이 책은 프로그래밍 책은 아니지만, 소스 코드를 직접 수정해서 실행해볼 수 있도록 만들어져 있습니다. 파이썬이나 주피터 노트북과 같은 관심 있는 책을 함께 보면 이 책에서 배운 수학이 어떻게 활용되는지 더 즐겁게 익힐 수 있을 것입니다.

도움을 주신 모든 분들께

번역서 하나 내는 데 이렇게까지 해야 하나 싶을 정도로 많은 분들이 도움을 주셨습니다. 우선 이 책이 인공지능을 다루는 책이다 보니 필드에서 인공지능 관련 서비스를 개발하는 팀원을 공역자로 모셨습니다. 살아있는 경험을 응용편에서 유감없이 녹여 넣고, 재집필에 가까운 현지화를 해주신 이진희님 감사합니다.

이 책의 원서는 일어로 된 학습 데이터를 사용한 탓에 한글로 된 학습 데이터가 절실했습니다. 출간된 책의 일부 내용을 학습 데이터로 활용하고 싶다는 제안을 기꺼이 수락하고 도움을 주신 프리렉 출판사에도 감사드립니다.

수학은 엄밀성이 생명인 학문이라 행여 번역하는 과정에서 잘못된 표현이나 용어를 사용하게 될까, 독자에게 잘못된 정보를 주지 않을까 걱정도 많았습니다. 다행히 이런 약점을 원격지에서 시차를 극복하며 피드백을 주시고, 보완할 내용을 보이스채팅으로 원포인트 레슨해주신 분이 계셨습니다. 일부 수학적 표현에 대해서는 수학 전공자가 보기엔 불편하더라도 일반 독자가 이해하는 데 도움이 되는 쪽으로 밸런스 조절을 하는 데 큰 도움을 주신 익명의 수학도 M님 감사합니다.

그 밖에도 실제로 이 책을 보게 될 독자들의 반응은 어떠할까 가늠하기 위해 다양한 이력의 베타리더를 모셨습니다. 인공지능을 업으로 하다 최근 네이버 클로바에 합류하신 도경태님, 클라우드 환경에서 인공지능을 어떻게 마케팅할지 고민하시는 호스트웨이 박원주님, AWS 대학생 서포터즈 그룹에서 인공지능 핸즈온을 운영하셨던 한양대학교 ERICA 남궁선님, 그리고 마켓컬리 개발자면서 프리랜서 편집, 교정자의 능력을 발휘해주신 박수석님 감사합니다. 그리고 책을 보는 데 지루하지 않도록 예쁜 삽화를 준비해주신 삽화가 미나님께도 감사드립니다.

또한, 번역서의 내용을 보다 풍부하게 하기 위해 수학 유튜버의 동영상 몇 개를 인용하였습니다. 흔쾌히 영상의 활용을 수락해주신 수학 유튜버 Matt Lee님, 여동훈님, 김주호님 감사합니다.

세상의 모든 인공지능 입문자와 수포자들에게

'이 책 원저자는 인공지능의 권위자이고 역자 한 사람은 인공지능 현업인데, 나머지 역자 하나가 자칭 인공지능 입문자에 수포자라면서? 이 책 정말 읽어도 되는 거야?' 그렇게 망설이는 분이 있다면 그런 이유 때문에라도 이 책을 더 권하고 싶습니다. 적어도 1년 전까지만 하더라도 인공지능 입문자에 수포자였던 제가 알아서 인공지능과 수학책을 다시 찾아보게 되었으니까요.

제게 그러하였듯이 이 세상의 모든 인공지능 입문자와 수포자들에게 이 책이 인공지능과 수학을 공부하는 즐거움을 줄 수 있으면 좋겠습니다. 과거에 수학을 멀리했던 분에게는 이 책이 자존심을 회복하는 시작점이 되면 좋겠고, 인공지능에 대해 막연한 불안감과 우려를 가진 분에게는 인공지능의 기저에 깔린 본질을 이해하고 기쁜 마음으로 미래를 맞이할 기회가 되면 좋겠습니다.

이제 수학을 부정했던 과거의 나를 용서하고, 이 책을 영접하여 안식을 찾으십시오.

여러분의 학습 의지를 응원합니다!

옮긴이

신상재

codelabor@gmail.com

삼성 SDS ACT(Agile Core Team)의 AI/ML 파트인 Rosamia에서 한국인 COE*를 맡고 있다. 일찍이 수포자였던 탓에 팀원들이 하는 일을 어깨너머로 보며 꿔다놓은 보릿자루 행세를 하다가, 우연히 이 책을 번역할 기회를 얻어 AI/ML을 위한 수학을 다시 배웠다. 수학에 대한 깨달음을 얻은 후로는 주변 수포자들에게 수학에 관한 복음을 전하고 있다.
주요 번역서로는 ≪스프링 철저 입문≫(위키북스, 2018), ≪1억배 빠른 양자 컴퓨터가 온다≫(로드북, 2018), ≪그림으로 배우는 클라우드 인프라와 API의 구조≫(로드북, 2017), ≪TCP/IP 쉽게, 더 쉽게≫(제이펍, 2016), ≪네트워크 엔지니어의 교과서≫(로드북, 2016), ≪Xcode로 배우는 코코아 프로그래밍≫(한빛미디어, 2010), ≪Objective-C: 맥과 아이폰 애플리케이션 프로그래밍≫(한빛미디어, 2009) 등이 있다.

* COE: Chief Oldest Employee, 최고 연장자

인공지능과 관련된 일을 하면서 수많은 책을 읽게 되었습니다. 쉽게 읽히는 책도 있었고, 한 줄도 그냥 넘어가는 법이 없어 다른 책과 인터넷을 계속 뒤적이는 경우도 비일비재했습니다. 그러던 중 이 책의 번역 기회가 찾아왔고, 번역에 쏟아부은 시간이 사실은 스스로에게 인공지능의 기본과 수학의 기초를 다지는 시간이 되었다는 것을 책이 나오는 시점에서야 깨달았습니다.

이 책은 인공지능에서 사용하는 기본적인 수학 지식과 알고리즘을 아주 쉽고 명확하게 설명하고 있습니다. 책의 구성도 기본 이론편과 응용편이 나누어져 있어 차근차근 접근하고 공부해 나가기 좋습니다. 특히, 응용편에서는 이해하기 쉬운 예제를 통해 설명하고 예제를 실행해 볼 수 있는 소스 코드를 깃헙GitHub을 통해 공개하고 있습니다.

인공지능을 처음 공부하는 분이라면 목차를 따라 수학 용어와 개념을 익힌 다음, 응용편의 예제까지 따라 해 보세요. 어느새 늘어있는 실력에 놀랄 것입니다. 반대로 실제로 현업에서 관련된 일을 하고 있거나 한창 공부를 하고 있는 분이라면 중간중간 기초를 돌아보고 싶을 때 이 책을 다시 열어보세요. 잊혀졌던 기억을 상기하는 데 큰 도움이 될 것입니다.

인공지능이 붐을 일으키면서 더 이상 인공지능이 미지의 영역이 아니게 되었음은 IT 종사자로서 기쁜 일이라고 생각합니다. 자신이 가진 지식을 나누며, 함께 나아가는 사람들이 많아지면 좋겠습니다.

옮긴이

이진희
qutie75@gmail.com

삼성 SDS ACT(Agile Core Team)의 AI/ML 파트인 Rosamia에서 영한, 일한 번역 시스템을 맡고 있으며, 최근 총괄 PM이 되었다.
다년간 일본 공공 프로젝트를 수행하며 쌓은 경험으로 일본어 콘텐츠의 수집, 분석 능력이 탁월하고, 한일 언어 간의 미묘한 차이나 특징 등을 몸으로 익혀 알고 있다. 새로 도입한 고가의 GPU 장비들이 행여 휴일 동안에 놀지 않도록, 금요일 오후가 되면 학습 데이터 준비와 파라미터 튜닝으로 온몸을 불사른다.
이 책의 실습 부분을 한국 데이터에 맞게 새롭게 재구성하였으며 단지 예제에 불과한 모델에서조차도 더 나은 결과를 내기 위해 튜닝을 고민하는 명실상부 실전형 AI/ML 전문가이다.

베타리더 후기

익명의 수학도 M

좋은 분과의 인연으로 베타리딩에 참여하게 되었는데 색다르고 좋은 경험이었습니다. 이 책은 머신러닝을 배우는 데 필수적인 수학 전반에 대해서 소개하고 있습니다.

수포자분들도 충분히 볼 수 있는 책으로, 머신러닝에서 필요한 수학에 대해서 단순히 소개에 그치지 않고 간단하게 따라 해 볼 수 있는 예제와 연습문제를 수록하여 오랫동안 수학을 손에 잡지 못했던 분들에게 조금씩 할 수 있다는 자신감을 심어줄 수 있는 책입니다. 또한, 독자분들이 책을 완독한다면 이 책 이후에 머신러닝을 위해 본격적으로 어떤 수학을 더 자세하게 공부해야 하는지 전체적인 청사진을 그릴 수 있을 겁니다.

수학 때문에 머신러닝을 망설이는 개발자분께 추천합니다.

도경태Keen Dev | 네이버 클로바 갓 입사

책을 읽는 내내 학창시절로 되돌아간 느낌이 들었습니다. 개발할 때 이런 걸 고려하면서까지 했을까 하는 부분도 많았고 전반적인 수학 실력을 다시 돌아보게끔 해준 소중한 시간이었습니다. 특히, 응용편은 역자의 경험을 토대로 한 많은 이야기들이 귀에 들려오는 것 같아서 더욱 현장감을 느낄 수 있었습니다.

아마도 '어떻게 이쪽 분야를 시작하면 좋을까?', 아니면 '이미 시작했지만 내가 아는 것이 없는데....'라는 생각이 드는 사람들에게 효과적일 것 같습니다.

박원주Brian Park | HOSTWAY IDC 클라우드 인프라 마케터

저는 기술 B2B 마케팅, 즉 기술을 깊이 있게 이해하고 다양한 콘텐츠로 풀어내는 일을 업무로 하기 때문에, '인공지능 시대'인 요즘에는 인공지능 기술의 개념을 익혀야 했습니다. 하지만 그러한 개념을 이해하는 데는 수학이 필요해서 늘 어려움이 따랐습니다. 업무에 필요하지만 어디서, 어떻게 시작해야 할지 모르고 수학에 대해 부담감이 있었는데, 이번 베타리더 참여를 통해서 큰 도움을 얻게 되었습니다.

최근 어떤 IT 분야보다도 활발한 분야가 바로 클라우드 기술을 기반으로 하는 머신러닝과 인공지능입니다. 이 책은 인공지능 기술을 이해하는 데 필요한 알고리즘의 개념과 원리를 수학이라는 표현 방식으로 자세하게 전개하므로, 실제 프로그래밍으로 구현하는 과정에서 '알고 보는 것과 모르고 보는 것의 차이'를 느끼게 되며, 인공지능 기술의 원리를 이해하는 즐거움을 선사합니다. 인공지능을 알고자 하는 많은 분들께 '인공지능을 체험(?)하는 주요 시작점'으로 이 책을 추천합니다.

박수석 | 컬리 운영플랫폼팀 개발자

어릴 적에는 수학과 무척 친했습니다. 덧셈도 무척 잘하고, 뺄셈도 막힘없이 해냈죠. 구구단도 약간은 시간이 필요했지만, 끝내 외울 수 있었습니다. 하지만 숫자들이 하나둘씩 문자로 바뀌고, 괄호가 늘어가고, 그리스 문자들이 수식을 도배하기 시작할 때쯤, 수학이 너무 어려워졌습니다. 선생님들은 너무 바빴기 때문에 물어볼 수가 없었고, 설령 설명해 준다고 해도 저는 이해할 수는 없지만 이해한 척 멋쩍은 웃음을 지으며 교무실을 빠져나와야 했습니다. 그렇게 고등학교를 마치고 대학에 진학한 후로 더이상의 수학 공부는 없었죠.

그러다가 갑자기 개발자가 되었고, 최근 AI와 통계 분야가 주목을 받으면서 점점 수학 공부를 나시 하고 싶나는 욕구가 생겼시만, 적절한 참고서가 없었습니다. 그런데 마침 이 책의 베타리딩 기회가 생겨 적극적으로 참여하게 되었습니다.

이 책은 일본식 기본서 특유의 탁월한 설명과 함께, 수학과 컴퓨터 과학 분야 사이의 적절한 가교 역할을 해주는 책입니다. 흔히 어려움을 느끼기 시작하는 고등학교 수학의 기초를 과외 선생님처럼 차근차근 설명해주고, 적절한 예제를 제시하여 이해를 돕고 있습니다. 설명과 예제를 따라서 다음 장으로 차근차근 전진하다 보면, 어느새 딥러닝 활용 부분에 앞에서 배운 수학 내용을 써먹고 있는 본인을 발견할 수 있을 것입니다. 특히, 고등학교 때는 무조건 외워야만 했던 용어들을 제대로 설명하려고 애써주신 역자분들의 노고 덕분에, 이제 좀 수학 공부가 할 만하다는 느낌을 갖게 되었습니다. 한 번에 다 이해되지 않는다고 하더라도 여러 번 읽으면서 용어에 먼저 익숙해지는 것을 추천합니다.

좋은 책을 미리 읽어볼 좋은 기회를 주신 것에 감사드리며, 더 깊은 내용이 담길 다음 책도 기대해 봅니다.

남궁선Seon Namkung **| 한양대학교 ERICA 컴퓨터공학과 학생**

먼저, 이런 좋은 책의 베타리더 기회를 주신 역자분들께 감사드립니다. 저는 이제 막 인공지능 공부를 시작하면서 수학 공부에 많은 어려움을 겪던 중이었습니다. 인공지능 공부에 필요한 수학의 분야가 다양하기 때문에, 모든 수학 지식을 공부한 뒤 인공지능을 공부하는 것은 저에게 어려운 일이었습니다. 인공지능을 공부하면서 그때그때 필요한 수학을 공부하던 중, 이 책의 베타리더로 참여할 기회가 주어졌습니다.

이 책은 저에게 인공지능 수학 공부를 위한 훌륭한 가이드가 되었습니다. 인공지능 공부에 필요한 수학 지식들이 무엇인지를 저에게 알려주었습니다. 수학의 기초부터 차근차근 설명해 주며, 대학교 수학 내용들도 핵심을 이해하기 쉽게 풀어 설명해 주었습니다. 또한, 책 중간중간에 있는 연습문제들과 활용사례들은 수학의 이해를 돕고 수학의 활용에 대한 궁금증들을 해소해 주었습니다. 뒷부분의 인공지능 응용편은 실제 데이터를 활용하여 인공지능에 수학 지식을 어떻게 사용하며, 인공지능 모델을 어떻게 구축하는지를 보여주어 책을 읽는 즐거움을 한층 더해주었습니다.

근래에 인공지능 붐이 일어나면서 많은 사람들이 인공지능 공부에 도전하고 있습니다. 이 책은 인공지능을 공부하려는 모두에게 좋은 시작점이자 지침서가 되어줄 것으로 생각합니다. 이 책을 읽는 모든 독자분도 저와 마찬가지로 수학의 즐거움과 인공지능의 놀라운 매력을 느껴보기 바랍니다.

차례

6 자연어 처리 243

7 이미지 인식 279

마치며

이 책을 읽는 방법

책의 구성

이 책은 인공지능 프로그래밍에 필요한 수학 지식을 익힐 수 있도록 만들어졌습니다. 전체적인 구성은 다음과 같습니다.

학습 포인트

각 절의 시작 부분에 꼭 짚고 넘어가야 할 포인트를 언급해두었습니다. 일종의 학습 목표라 생각하고 본문을 볼 때 이 포인트를 놓치지 않도록 염두에 두기 바랍니다.

공식, 정의

수학 공식이나 정의를 정리하였습니다. 책의 후반부로 갈수록 직관적으로 이해하기 어려운 공식이 나올 수 있습니다. 공식의 내용은 본문에서 가능한 한 자세히 설명하고 있으므로 '어떤 상황을 표현하고 싶을 때 수학적으로는 이렇게 표현하는구나'라고 생각하며 읽기 바랍니다.

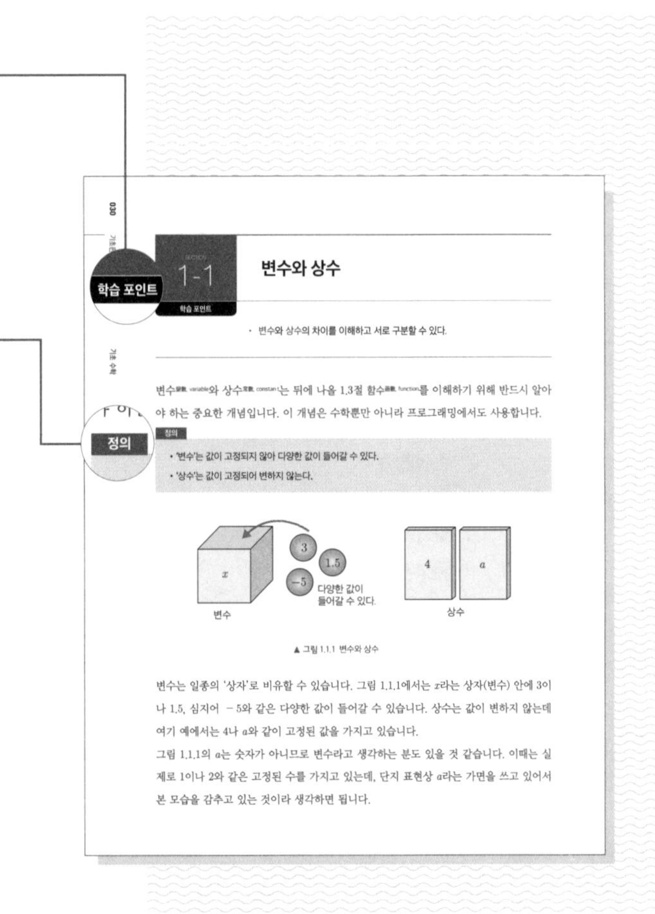
030 기초 수학

학습 포인트

SECTION 1-1 변수와 상수

학습 포인트

- 변수와 상수의 차이를 이해하고 서로 구분할 수 있다.

변수 variable와 상수 constant는 뒤에 나올 1.3절 함수 function를 이해하기 위해 반드시 알아야 하는 중요한 개념입니다. 이 개념은 수학뿐만 아니라 프로그래밍에서도 사용합니다.

정의

정의

- '변수'는 값이 고정되지 않아 다양한 값이 들어갈 수 있다.
- '상수'는 값이 고정되어 변하지 않는다.

▲ 그림 1.1.1 변수와 상수

변수는 일종의 '상자'로 비유할 수 있습니다. 그림 1.1.1에서는 x라는 상자(변수) 안에 3이나 1.5, 심지어 −5와 같은 다양한 값이 들어갈 수 있습니다. 상수는 값이 변하지 않는데 여기 예에서는 4나 a와 같이 고정된 값을 가지고 있습니다.

그림 1.1.1의 a는 숫자가 아니므로 변수라고 생각하는 분도 있을 것 같습니다. 이때는 실제로 1이나 2와 같은 고정된 수를 가지고 있는데, 단지 표현상 a라는 가면을 쓰고 있어서 본 모습을 감추고 있는 것이라 생각하면 됩니다.

모쪼록 이 책이 여러분이 인공지능의 내부를 이해하는 데 도움이 되었으면 좋겠습니다. 자, 그럼 페이지를 넘겨서 본격적으로 공부를 시작해 볼까요?

039 1-3 함수의 개념

이와 같이 입력값 x가 정해질 때 하나의 출력값 y가 결정되는 것을 함수라고 합니다. 만약 출력값 y가 두 개 이상 나온다면 그것은 함수라고 할 수 없습니다.

함수에는 다양한 종류가 있는데, 그중에서도 가장 널리 알려진 것은 1차함수와 2차함수 니다. 그 밖에는 지수指數함수나 대수對數함수[1], 그리고 삼각三角함수 등이 있습니다. 이 책 러한 주요 함수들을 하나씩 살펴보기로 하겠습니다.

인공지능

인공지능에서는 이렇게 활용한다

- 함수는 인공지능에서뿐만 아니라 컴퓨터 프로그래밍에서도 반드시 필요한 개념입니다.
- 프로그래밍에서 말하는 함수는 수학에서 말하는 함수보다 개념이 더 확장되어 어떤 입력값에 대해 참(true)이나 거짓(false) 같은 형태나 문자열 같은 형태도 출력값으로 사용할 수 있습니다.

연습문제

1-3 다음 중 y가 x의 함수인 것을 모두 고르시오.

a. 어떤 수 x의 정수整數 부분 y

b. 나이가 x살인 사람의 몸무게 y킬로그램

c. 어떤 정수 x의 양의 약수約數 개수 y

1 역자주: 대수함수(代數函數, algebraic function)와 헛갈리지 않도록 이후부터는 로그(log)함수라고 표현합니다. 참고로 대수함수(代數函數, algebraic function)는 초월함수(超越函數, transcendental function)와 대비되는 개념으로 덧셈, 뺄셈, 곱셈, 나눗셈, 거듭제곱 등을 사용하여 다항식으로 표현할 수 있는 함수를 의미합니다.

인공지능에서는 이렇게 활용한다

각 절에서 배운 수학 지식을 인공지능 알고리즘에서는 어떻게 활용하는지 소개하였습니다. 인공지능 알고리즘이 생소한 분들은 이 내용을 먼저 읽고 실제로 활용되는 모습을 상상하기 바랍니다. 인공지능 알고리즘이 이미 익숙한 분들은 해당 알고리즘의 이면에 숨겨진 수학적 논리를 하나하나 곱씹어가며 읽어나가길 바랍니다.

연습문제

기본편의 일부 절에는 연습문제가 나옵니다. 연습문제의 난이도는 각 절의 내용을 제대로 이해했다면 풀 수 있는 수준입니다. 수학을 배울 때는 글로 배우는 것보다 노트에 직접 풀어보면서 배우는 것이 훨씬 효과적입니다. 부디 꼭 노트에 직접 풀어보면서 정리해보기 바랍니다.

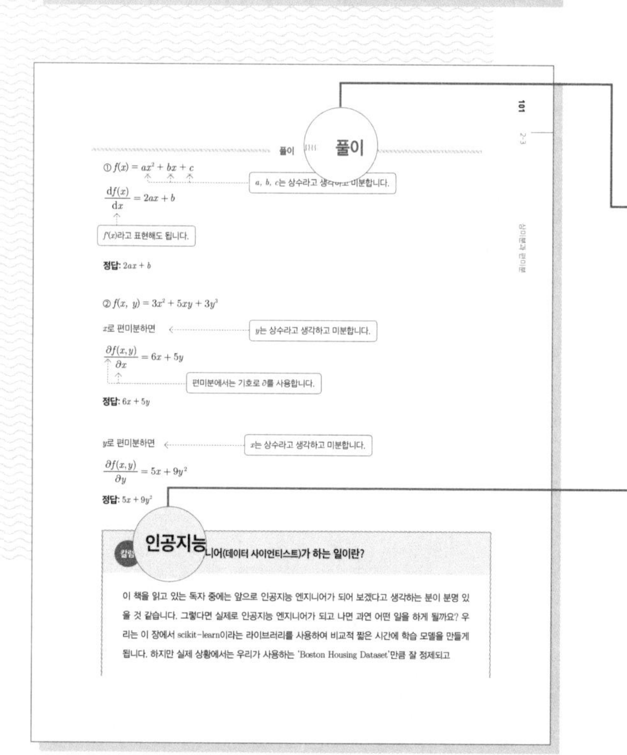

101 2-3 상미분과 편미분

풀이

① $f(x) = ax^2 + bx + c$ ← a, b, c는 상수라고 생각하고 미분합니다.

$\frac{df(x)}{dx} = 2ax + b$ ← $f'(x)$라고 표현해도 됩니다.

정답: $2ax + b$

② $f(x, y) = 3x^2 + 5xy + 3y^3$

x로 편미분하면 ← y는 상수라고 생각하고 미분합니다.

$\frac{\partial f(x,y)}{\partial x} = 6x + 5y$ ← 편미분에서는 기호로 ∂를 사용합니다.

정답: $6x + 5y$

y로 편미분하면 ← x는 상수라고 생각하고 미분합니다.

$\frac{\partial f(x,y)}{\partial y} = 5x + 9y^2$

정답: $5x + 9y^2$

칼럼 인공지능 니어(데이터 사이언티스트)가 하는 일이란?

이 책을 읽고 있는 독자 중에는 앞으로 인공지능 엔지니어가 되어 보겠다고 생각하는 분이 분명 있을 것 같습니다. 그렇다면 실제로 인공지능 엔지니어가 되고 나면 과연 어떤 일을 하게 될까요? 우리는 이 장에서 scikit-learn이라는 라이브러리를 사용하여 비교적 짧은 시간에 학습 모델을 만들게 됩니다. 하지만 실제 상황에서는 우리가 사용하는 'Boston Housing Dataset'만큼 잘 정제되고

풀이

연습문제에 대한 정답과 해설을 담았습니다. 자신이 푼 답이 틀리진 않았는지, 풀어가는 접근 방식이 올바른지 비교하며 확인해보기 바랍니다.

기타

그 밖에 예제나 칼럼과 같이 곳곳에 도움이 될 만한 내용이 들어있습니다.

그리스 문자 읽는 방법

이 책에는 수식 표현이 많이 나옵니다. 그리고 낯선 그리스 문자도 나올 수 있습니다. 모르는 글자가 책을 읽는 데 방해되지 않도록 그리스 문자표를 다음과 같이 정리하였습니다. 책을 읽다가 막힐 때마다 참고해서 활용하기 바랍니다.

문자	이름		발음	로마자 표기법
	한국어	영어		
Α α	알파	Alpha	[a]	a
Β β	베타, 비타	Beta	[v]	b
Γ γ	감마	Gamma	[ʝ]([e̞]나 [i] 앞) [ɣ](기타)	gh, g, j
Δ δ	델타	Delta	[ð]	d, dh
Ε ε	엡실론	Epsilon	[e̞]	e
Ζ ζ	제타	Zeta	[z]	z
Η η	에타	Eta	[i]	i
Θ θ	세타	Theta	[θ]	th
Ι ι	요타	Iota	[i], [j]	i
Κ κ	카파	Kappa	[c]([e̞]나 [i] 앞) [k](기타)	k
Λ λ	람다	Lambda	[l]	l
Μ μ	뮤	Mu	[m]	m
Ν ν	뉴	Nu	[n]	n
Ξ ξ	크시; saɪ ; zaɪ ; ksaɪ ; gzaɪ	Xi	[ks]	x, ks

문자	이름		발음	로마자 표기법
	한국어	영어		
Ο ο	오미크론	Omicron	[o̞]	o
Π π	피 파이	Pi	[p]	p
Ρ ρ	로	Rho	[ɾ]	r
Σ σ ς	시그마	Sigma	[s]	s
Τ τ	타우	Tau	[t]	t
Υ υ	입실론 윕실론	Upsilon	[i]	y, v, f
Φ φ	피 파이	Phi	[f]	f
Χ χ	카이	Chi	[ç]([e̞]나 [i] 앞) [x](기타)	ch, kh
Ψ ψ	프사이	Psi	[ps]	ps
Ω ω	오메가	Omega	[o̞]	o

번역하며 보완한 내용

수학 용어의 영어, 한자 표현 병행 표기

이 책에서는 수학적인 개념의 추상적인 의미를 보다 잘 전달하기 위해 수학 용어에 대해서는 영어와 한자를 병행 표기하고 있습니다. 이 책의 독자 중에는 과거에 수학을 공부할 때 일본 서적을 번역한 오래된 수학책을 보신 분들도 있을 것이고, 새로 머신러닝을 공부하면서 영어 원서를 보는 분들도 있을 겁니다. 심지어 우리나라에서는 거의 사용하지 않는 일본식 수학 용어를 사용한 책을 봤거나, 같은 개념이라 하더라도 한국과 일본이 서로 다른 한자와 단어를 사용하면서 전혀 다른 뜻으로 잘못 알고 있는 경우도 있을 수 있습니다.

이 책은 역자가 실제로 수학을 새로 공부하면서 많이 헛갈렸던 수많은 유사한 수학 용어들을 가능한 한 구분할 수 있게 하고, 유사한 표현을 함께 알게 하며, 오래된 수학책을 봤거나 새 수학책을 보는 중이거나 심지어 영어로 된 원서를 보더라도, 그 단어가 같은 의미라는 것을 깨닫게 하려고 노력하였습니다.

상호 참조가 가능하도록 앞서 배운 곳과 뒤에 배울 곳을 명시

이 책은 기본편에서 수학적인 개념을 먼저 설명하고, 응용편에서 인공지능에서 실제로 활용되는 모습을 예로 들어 설명합니다. 기본편에서는 '인공지능에서는 이렇게 활용한다'라는 내용을 통해 응용편에서 다룰 내용을 미리 엿볼 수 있도록 되어 있고, 응용편에서는 기본편에서 다룬 개념이 나올 때마다 몇 장, 몇 절에서 해당 내용을 다루었는지 알 수 있도록 되어 있습니다. 번역서에서는 이러한 상호 참조 가능한 정보를 더욱 강화하여, 이전에 다루었는데 잊을 만한 내용을 다시 상기시키거나 모르는 상태에서 넘어가지 않고 찾아볼 수 있도록 읽는 데 방해가 되지 않는 수준에서 참조 정보를 넣었습니다.

응용편은 한국 독자를 위해 재구성

원서의 응용편 6장의 내용은 일본 문학작품을 학습 데이터로 하여 작가를 알아맞히는 내용입니다. 실습 측면에서는 큰 무리가 없으나, 다룰 데이터가 내용 측면에서 한국 독자에게는 큰 도움이 되지 않는다고 판단하여, 프리렉 출판사가 출간한 책 중, 인문, 경제, 과학 분야의 내용을 일부 발췌하여 문서의 카테고리를 알아맞히는 실습으로 완전히 새롭게 재구성하였습니다.

어려운 표현을 가능한 한 쉽게 풀어서 설명

수학 용어를 설명할 때 전문서나 위키피디아에 나오는 것과 같은 어려운 표현을 가능하면 배제하고 친구에게 말하듯이 가장 편안한 단어와 어투로 설명하려고 노력하였습니다. 따라서 개념에 대한 정의나 설명이 기존 교과서나 전문서의 내용과 조금 다르거나 다소 느슨한 부분이 있을 수 있습니다.

수식을 전개하는 과정은 원서의 내용에서 생략한 부분도 가능한 한 그 과정을 머릿속에 그려볼 수 있도록 상세히 풀어서 전개하였습니다. 유사한 내용이 반복될 때는 문장의 패턴이나 설명 방식을 가능한 한 일관된 방식으로 맞춰서 유사한 내용이라는 것을 빨리 감지할 수 있게 하고 생략된 내용을 생각해야 하는 피로감을 줄일 수 있도록 하였습니다.

개념 이해에 도움이 되는 한국어 참고자료를 인용

이미 수학적 개념이 잡힌 독자라면 큰 문제가 없겠지만, 수학적 기초가 약한 독자는 대수롭지 않은 단어나 설명에도 더 읽지 못하고 멈춰버릴 수 있습니다. 역자가 번역하는 과정에서 설명이 생략되어 아쉬웠던 부분이나, 본문의 내용과 큰 관련은 없지만 알아두면 좋을 것 같은 내용들을 블로그나 유튜브 강의에서 찾아 인용해 두었습니다. 이 책의 독자들에게 도움이 되도록 정보 활용에 동의해 주신 수학 관련 콘텐츠의 원저작자님들께 감사드립니다.

응용편 실습을 위한 소스 코드

이 책의 응용편(5, 6, 7장)의 내용은 직접 실습해 보면서 확인할 수 있습니다. 일본어 원서 기준으로 만들어진 소스 코드와 학습 데이터를 번역서 기준으로 다시 재구성하였습니다. 지면 관계상 실습 환경을 구성하기 위한 PC 설정 방법 등은 이 책에서 다루고 있지 않습니다. 다만, 다음의 번역서 기준 소스 코드 저장소에 간단한 환경 구성 방법을 안내해 두었으니 참고하기 바랍니다.

원서 기준 https://github.com/TeamAidemy/AIMathBook

번역서 기준 https://github.com/freelec/ai-math-book.git

인공지능 프로그래밍에 쓰이는 수학

Basic

1

기초 수학

인공지능 프로그래밍과 관련된 책을 보다 보면 많은 수식들이 등장합니다. 그도 그럴 것이 인공지능 분야는 수학을 기반으로 한다고 해도 과언이 아니기 때문입니다. 만약 이 책을 읽다가 어려워 보이는 수식을 만나더라도 눈을 피하지는 말아주세요. 오히려 그 수식을 우리 말로 바꾸어 그 의미를 파악하는 것이 중요합니다. 예를 들어, 'Π'와 같은 기호가 나오면 '아, 이건 곱셈을 하라는 의미구나.'라고 생각하며 읽다 보면 한결 부담이 덜합니다.

이 장에서는 인공지능에 사용되는 수학을 배우기에 앞서 중고등학교 수준의 수학을 복습합니다. 필요한 기초 지식들을 하나씩 다져나가면서 수식 표현에 익숙해져 봅시다. '변수變數'와 '상수常數', 그리고 '함수函數'와 같이 얼핏 보면 상당히 쉬워 보이는 내용이더라도 그 개념을 이해하는 것이 중요한 것들에 대해서는 차근차근 읽으면서 이해해 나가기 바랍니다.

변수와 상수

학습 포인트

- 변수와 상수의 차이를 이해하고 서로 구분할 수 있다.

변수變數, variable와 상수常數, constant는 뒤에 나올 1.3절 함수函數, function를 이해하기 위해 반드시 알아야 하는 중요한 개념입니다. 이 개념은 수학뿐만 아니라 프로그래밍에서도 사용합니다.

정의

- '변수'는 값이 고정되지 않아 다양한 값이 들어갈 수 있다.
- '상수'는 값이 고정되어 변하지 않는다.

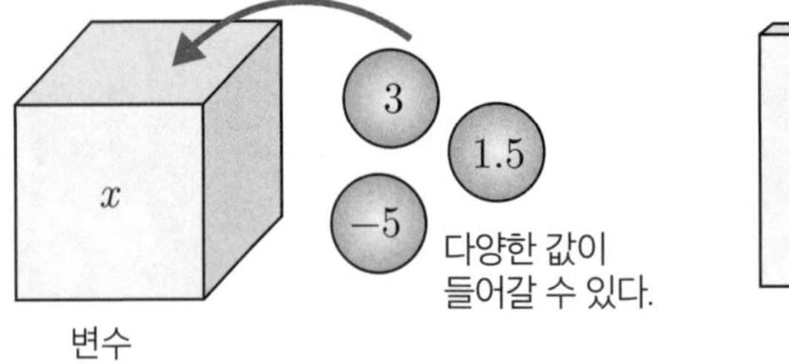

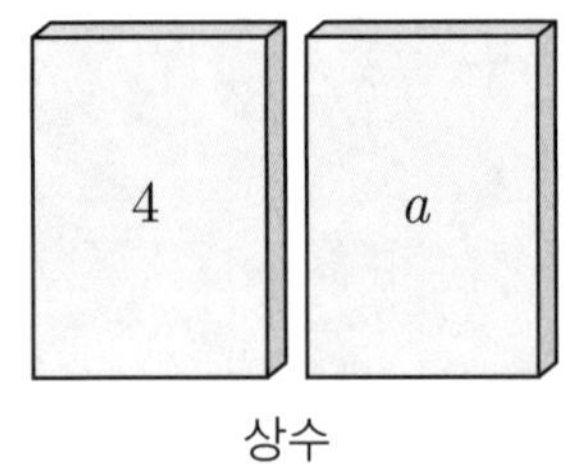

▲ 그림 1.1.1 변수와 상수

변수는 일종의 '상자'로 비유할 수 있습니다. 그림 1.1.1에서는 x라는 상자(변수) 안에 3이나 1.5, 심지어 -5와 같은 다양한 값이 들어갈 수 있습니다. 상수는 값이 변하지 않는데 여기 예에서는 4나 a와 같이 고정된 값을 가지고 있습니다.

그림 1.1.1의 a는 숫자가 아니므로 변수라고 생각하는 분도 있을 것 같습니다. 이때는 실제로 1이나 2와 같은 고정된 수를 가지고 있는데, 단지 표현상 a라는 가면을 쓰고 있어서 본 모습을 감추고 있는 것이라 생각하면 됩니다.

이제 구체적인 예를 하나 들어봅시다. x에 대한 1차함수 $y = ax + b$가 있다고 가정합시다. 이는 x가 변할 때, y가 어떻게 달라지는지를 알아보는 함수입니다. 즉, x와 y의 관계를 나타내는 수식인 것입니다. 이 식에서 x는 다양한 값으로 변할 수 있는 변수에 해당하고, a와 b는 변하지 않고 일정한 값을 가지는 상수에 해당합니다. 이와 같이 수학에서는 변수를 표현할 때 x나 y같은 문자를, 상수를 표현할 때 a나 b같은 문자를 사용하는 경향이 있습니다.

다른 예를 하나 들어봅시다. 이번에는 원의 반지름이 바뀔 때 원의 면적이 어떻게 달라지는지를 알아보겠습니다. 우선 원의 반지름을 r, 원주율은 π라고 할 때, 원의 면적은 πr^2으로 표현할 수 있습니다. 이때, 원주율 π는 값이 바뀌지 않는 상수에 해당하고, 반지름 r은 값이 바뀔 수 있는 변수에 해당합니다.

앞의 두 예에서 살펴본 것처럼 변수는 값의 변화에 주목하며 관심 깊게 살펴야 할 대상이고, 상수는 값이 변하지 않기 때문에 관심을 덜 두어도 되는 대상이라 할 수 있습니다.

인공지능에서는 이렇게 활용한다

- 인공지능에서 사용하는 모델 중의 하나인 신경망neural network에서는 '가중치(w)'[1]라는 개념이 있는데, 컴퓨터가 이러한 가중치(w)를 스스로 학습하며 결정하게 됩니다.
- 재미있는 것은 컴퓨터가 가중치(w)를 학습할 때는 가중치가 '변수'의 역할을 하는데, 학습이 끝나고 해당 가중치를 학습 모델에 활용할 때는 '상수'의 역할을 한다는 것입니다. 이처럼 '변수'와 '상수'는 문제 상황을 바라보는 관점에 따라 달라질 수 있으며, 결국 우리가 어떤 것에 관심을 두느냐에 따라 해당하는 역할이 달라지는 것을 알 수 있습니다.

1 역자주: 가중치의 'w'는 'weight'를 의미합니다.

연습문제

1-1 세로의 길이가 $a$cm이고, 가로의 길이가 $b$cm인 사각형이 있다고 가정합시다. 이때, 사각형의 면적 $S\text{cm}^2$는 $S = ab$와 같이 표현할 수 있습니다.[1] 만약 세로의 길이는 그대로 두고, 가로의 길이만 바꿔가면서 사각형의 면적이 어떻게 변화하는지 알아보고 싶다면, a와 b 중 어떤 것이 변수이고 어떤 것이 상수일까요?

풀이

정답: 변수는 b이고 상수는 a입니다.

가로 길이인 b가 변하므로 변수입니다. 세로 길이인 a는 고정된 채 변하지 않기 때문에 상수입니다.

1 역자주: 사각형의 면적 'S'는 'square'를 의미합니다.

SECTION
1-2 1차식과 2차식

학습 포인트

- 1차식은 직선, 2차식은 포물선抛物線 모양의 그래프로 표현된다.
- n차식의 가장 큰 차수 앞에 붙은 계수가 양수인지, 음수인지에 따라 그래프의 모양이 달라진다.
- n차식의 그래프가 어떤 모양으로 만들어지는지 이해하고 표현할 수 있다.

수학이나 인공지능 분야에서는 다양한 모양의 수식을 다루게 됩니다. 이 절에서는 그중에서도 가장 기초가 되는 1차식과 2차식에 대해 설명합니다. 참고로 인공지능 분야에서는 2차식을 많이 사용합니다.

우선 **항**項이라는 개념에 대해 알아봅시다. 항이란 숫자나 문자, 또는 그 둘의 곱으로 표현되는 식을 말합니다. 예를 들어, 3이나 a, $3a$, $-4ab$, $\frac{x}{3}$, a^2이 항에 해당합니다. 이때, 각각의 항에 변수가 곱해진 횟수를 차수次數, degree라고 합니다.[2] 만약 어떤 항에 변수는 없고 상수만 있다면 그 항의 차수는 0입니다. 예를 들어, 3이라는 항이 있다면 이 항의 차수는 0입니다. 비슷한 맥락으로 어떤 항이 a라면 변수 a에 대한 차수는 1, 어떤 항이 $-4ab$라면 변수 a와 b에 대한 차수는 2, 그리고 어떤 항이 a^2이라면 변수 a에 대한 차수는 2가 됩니다.

한편, 각 항에서 변수에 해당하는 문자를 제외한 부분을 계수係數, coefficient라고 합니다. 예를 들어, 3이라는 항이 있다면 계수는 3입니다. 또한, 어떤 항이 $3a$라면 계수는 3이고, 어떤 항이 $\frac{x}{3}$라면 $\frac{x}{3}=\frac{1}{3}\times x$와 같이 표현할 수 있으므로 계수는 $\frac{1}{3}$이 됩니다.

---

2 역자주: 두 개 이상의 변수가 곱해진 항의 차수는 각 변수의 지수를 모두 더하면 됩니다. 예를 들어, 어떤 항이 x^2y^3이라면 변수 x와 y에 대한 차수는 $2+3=5$로 5가 됩니다.

이번에는 단항식單項式, monomial과 다항식多項式, polynomial에 대해 알아봅시다. 단항식은 1개의 항으로 만들어진 식입니다. 예를 들어, 3이나 a, $3a$, $-4ab$, $\frac{x}{3}$ 같은 식이 단항식입니다. 다항식은 여러 개의 항이 더하기로 연결된 식입니다. 변수가 a와 b인 다음과 같은 식이 있다고 가정합시다.

$$3a-2b+4a^2b+6 \quad \text{수식 1.2.1}$$

이 식은 $3a$, $-2b$, $4a^2b$, 6과 같은 항이 더하기로 연결되어 있기 때문에 다항식입니다. 이제 수식 1.2.1을 계수와 차수의 관점에서 살펴봅시다.

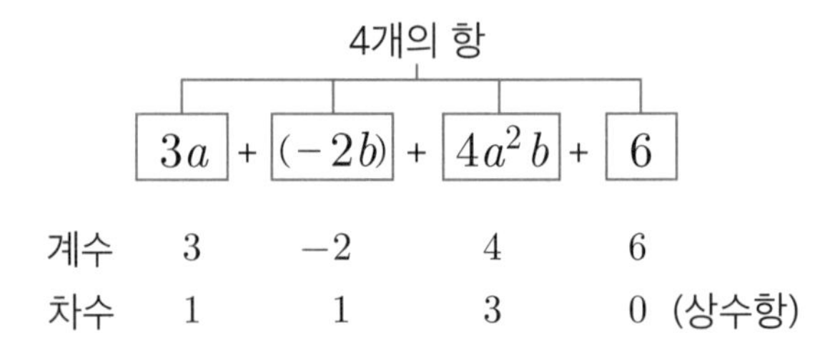

▲ 그림 1.2.1 수식 1.2.1의 계수와 차수

그림 1.2.1은 수식 1.2.1의 계수와 차수를 표시한 것입니다. 다항식의 차수를 말할 때는 다항식에 포함된 여러 항들을 같은 종류의 항끼리 정리한 후, 가장 차수가 높은 항[1]의 차수를 그 다항식의 차수로 부릅니다.[2] 수식 1.2.1을 예로 들면 변수 a와 b에 대해 이 식의

1 역자주: 가장 차수가 높은 항을 최고차항이라고 부릅니다.

2 역자주: 같은 종류의 항으로 먼저 정리해야 하는 이유는 얼핏 봐서 최고차항이라고 생각한 항이 수식을 정리해보면 없어지는 경우가 있기 때문입니다. 예를 들어, $(x^3+2x^2+1)-(x^3-x)$라는 다항식은 얼핏 보면 x^3이 최고차항으로 보여 3차식일 것 같지만, 실제로는 $(x^3+2x^2+1)-(x^3-x)=2x^2+x+1$이기 때문에 $2x^2$이 최고차항이고 다항식의 차수는 2가 됩니다.

최고차항은 $4a^2b$이고, 변수 a를 두 번, 변수 b를 한 번 곱했으므로 이 다항식의 차수는 $2+1=3$, 즉 3이 됩니다.

이제부터 문자 x가 변수라고 가정할 때, x의 1차식에 대해 알아봅시다.

정의

> **x에 대한 1차식**
> $ax+b$ (단, $a \neq 0$)

이때, a와 b는 상수로 취급합니다. 1차식은 수식의 항 중에서 최고차항의 차수가 1인 식을 말합니다. 이 식을 살펴보면 ax항의 차수는 1, b항의 차수는 문자 x가 없기 때문에 0이 되어 최종적으로 이 식은 1차식이 됩니다. 이 1차식을 $y=ax+b$라고 할 때, 이 식의 그래프는 다음과 같습니다.

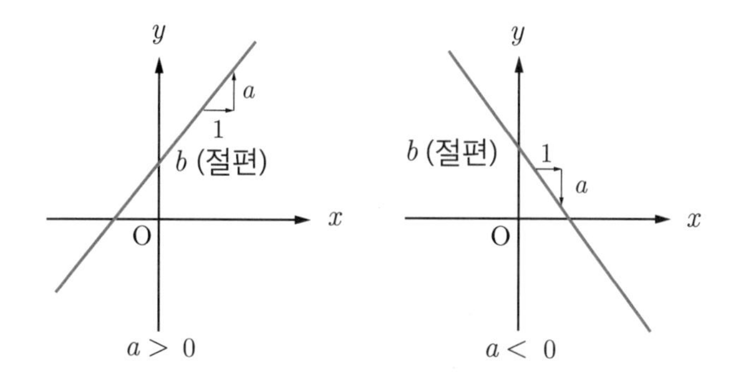

▲ 그림 1.2.2 1차함수의 그래프

1차식에서는 x와 y의 관계를 그래프로 표현할 때, 직선 모양이 된다는 특징이 있습니다. 이때, 계수 a는 직선의 기울기slope에 해당하고, b는 $x=0$일 때의 y값인 절편切片, intercept이 됩니다.

이어서 문자 x가 변수라고 가정할 때, x의 2차식에 대해 알아봅시다.

정의

x에 대한 2차식
$ax^2 + bx + c$ (단, $a \neq 0$)

여기서 a와 b, 그리고 c는 상수로 취급합니다. 2차식은 수식의 항 중에서 최고차항의 차수가 2인 식을 말합니다. $a \neq 0$이라고 제한한 이유는 $a = 0$이면 수식이 1차식이 되기 때문입니다. 이 2차식을 $y = ax^2 + bx + c$라고 할 때, 이 식의 그래프는 다음과 같습니다.

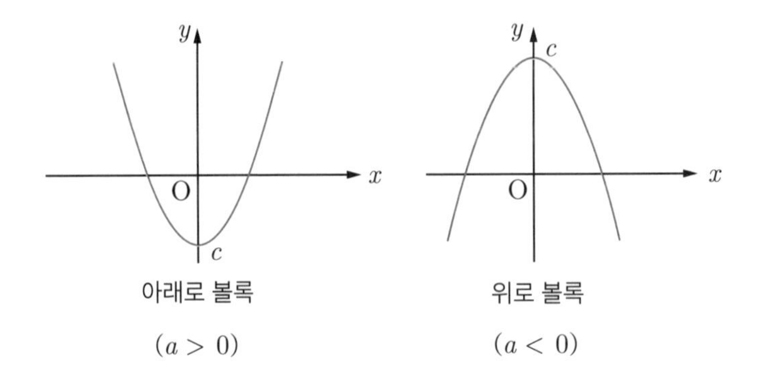

▲ 그림 1.2.3 2차함수의 그래프

2차식에서는 x와 y의 관계를 그래프로 표현할 때, 마치 물건을 던졌을 때의 궤적과 같은 포물선抛物線, parabola 모양이 된다는 특징이 있습니다. 이때, 계수 a가 양수이면 포물선이 아래로 볼록하게 되고, a가 음수이면 포물선이 위로 볼록하게 됩니다.

마지막으로 문자 x가 변수라고 가정할 때, x의 n차식은 어떤 모양이 되는지 살펴봅시다. n차식은 수식의 항 중에서 최고차항의 차수가 n인 식을 말합니다.

정의

x에 대한 n차식
$a_0x^n + a_1x^{n-1} + a_2x^{n-2} + \dots + a_{n-1}x + a_n$ (단, $a_0 \neq 0$)

여기서 a_0부터 a_n까지는 모두 상수로 취급합니다. 왠지 수식이 더 복잡해진 것 같은 느낌인데, 이럴 때는 구체적인 예를 들어보면 한결 더 이해하기 쉽습니다. 예를 들어, n이 4라고 가정하면 이 식은 $a_0x^4 + a_1x^3 + a_2x^2 + a_3x + a_4$가 됩니다. 처음보다 한결 더 보기 편하지 않나요? 같은 방법으로 n이 5일 때, 6일 때, 7일 때와 같이 숫자를 더 늘리더라도 식의 표현 방식 자체는 같다는 걸 알 수 있습니다.

연습문제

1-2 다음 문제에 답하시오.

① 다음 식이 단항식인지, 다항식인지 답하고 계수들을 열거하시오. 변수가 a, b, x라고 가정할 때, 이 식의 차수를 답하시오.

(1) $-3ab$ (2) $2ab + b + 4$ (3) $3x^2 + 4$

② 다음 식은 x에 대한 2차식입니다. 모든 계수를 열거하시오.

$$3ax^2 + x + 2ab$$

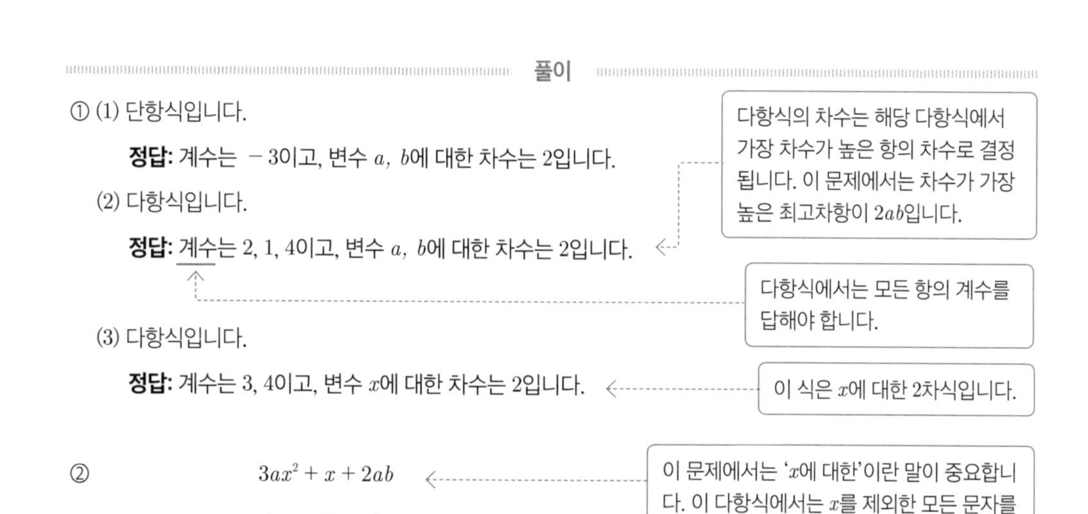

SECTION 1-3

함수의 개념

학습 포인트

- 함수는 어떤 입력에 대해 단 하나의 결과를 출력한다.

중학교나 고등학교 때 다양한 함수函數, function를 배웠지만 함수가 갖는 의미를 곰곰이 생각해본 사람은 그리 많지 않을 겁니다. '어떤 입력값 x에 따라 하나의 출력값 y가 결정된다면 y는 x의 함수'라고 말할 수 있으며 이 관계를 $y = f(x)$와 같이 표기할 수 있습니다. 이러한 함수의 개념을 그림으로 표현하면 다음과 같습니다.

$$x \rightarrow \boxed{f(x)} \rightarrow y$$

입력 변환 출력

▲ 그림 1.3.1 함수의 입력과 출력

예를 들어, $y = f(x)$이고 $f(x) = 2x$라는 함수가 있다고 가정해 봅시다. 이때, 변수 x의 입력값으로 0을 대입代入하면 $y = 2 \times 0$이 되므로 $y = 0$과 같은 출력값이 결정됩니다. 같은 방법으로 변수 x의 입력값으로 2을 대입하면 $y = 4$와 같은 출력값이 결정됩니다.

$$x \rightarrow \boxed{f(x) = 2x} \rightarrow y$$

입력 변환 출력

$$0 \rightarrow \boxed{f(0) = 2 \times 0} \rightarrow 0$$

입력 변환 출력

$$2 \rightarrow \boxed{f(2) = 2 \times 2} \rightarrow 4$$

입력 변환 출력

▲ 그림 1.3.2 함수의 예

이와 같이 입력값 x가 정해질 때 하나의 출력값 y가 결정되는 것을 함수라고 합니다. 만약 출력값 y가 두 개 이상 나온다면 그것은 함수라고 할 수 없습니다.

함수에는 다양한 종류가 있는데, 그중에서도 가장 널리 알려진 것은 1차함수와 2차함수입니다. 그 밖에는 지수指數함수나 대수對數함수[1], 그리고 삼각三角함수 등이 있습니다. 이 책에서 이러한 주요 함수들을 하나씩 살펴보기로 하겠습니다.

인공지능에서는 이렇게 활용한다

- 함수는 인공지능에서뿐만 아니라 컴퓨터 프로그래밍에서도 반드시 필요한 개념입니다.
- 프로그래밍에서 말하는 함수는 수학에서 말하는 함수보다 개념이 더 확장되어 어떤 입력값에 대해 참(true)이나 거짓(false) 같은 형태나 문자열 같은 형태도 출력값으로 사용할 수 있습니다.

연습문제

1-3 다음 중 y가 x의 함수인 것을 모두 고르시오.

a. 어떤 수 x의 정수整數 부분 y

b. 나이가 x살인 사람의 몸무게 y킬로그램

c. 어떤 정수 x의 양의 약수約數 개수 y

---

1 역자주: 대수함수(代數函數, algebraic function)와 헷갈리지 않도록 이후부터는 로그(log)함수라고 표현합니다. 참고로 대수함수(代數函數, algebraic function)는 초월함수(超越函數, transcendental function)와 대비되는 개념으로 덧셈, 뺄셈, 곱셈, 나눗셈, 거듭제곱 등을 사용하여 다항식으로 표현할 수 있는 함수를 의미합니다.

풀이

정답: a와 c입니다.

a. 예를 들어, x가 2.34라고 가정할 때, y는 2입니다. 만약 x가 $\pi(3.1415\cdots)$라면 y는 3입니다. x가 정해지면 y의 값이 하나 정해지기 때문에 함수라고 볼 수 있습니다.

b. 주어진 정보만으로는 사람의 나이와 몸무게의 함수 관계를 알 수 없습니다.

c. 예를 들어, x가 12라고 가정할 때, 12의 양의 약수는 1, 2, 3, 4, 6, 12와 같이 6개입니다. 이 경우 출력값이 하나만 나오므로 함수라고 볼 수 있습니다. 이와 같이 수식으로 표현하기 힘든 함수도 있습니다.

SECTION 1-4

제곱근

학습 포인트

- 제곱을 했을 때 어떤 수가 되는 값을 그 어떤 수에 대한 제곱근이라고 부른다.
- 제곱근을 표현할 때는 기호로 $\sqrt{\ }$ 를 사용한다.

면적이 36m²인 정사각형이 있다고 상상해 봅시다. 이 정사각형의 한 변의 길이는 과연 몇 m일까요? 정사각형은 가로와 세로의 길이가 같기 때문에 이 사각형의 면적은 한 변의 길이를 제곱[1]한 것과 같습니다. 따라서 제곱해서 36이 나오는 수를 찾아보면 6과 -6이 있다는 것을 알 수 있는데, 아쉽게도 도형에서 변의 길이는 음수가 될 수 없습니다. 그래서 답은 -6이 아니라 6입니다. 정리하자면 이 정사각형의 한 변의 길이는 6m가 되는 것이죠. 이와 같이 36에 대한 6과 -6의 관계처럼 제곱을 하면 a가 되는 수를 a의 제곱근이라고 합니다.

정의

어떤 수 a에 대해 $a = b^2$을 만족하는 b가 있다면 이러한 b를 a의 제곱근이라고 한다. 실수實數에서는 양수에 대한 제곱근이 반드시 두 개 존재한다.

우선 3의 제곱근을 구해봅시다. 이 경우는 정수整數나 소수小數, 또는 분수分數로도 정확한 값을 표현하기 어렵습니다. 그래서 제곱근을 표현할 때는 숫자가 아닌 기호 $\sqrt{\ }$ 를 사용하는데, 이 기호를 근호根號라고 부릅니다. 3에 대한 양의 제곱근은 $\sqrt{3}$ 과 같이 표현하고 음의 제곱근은 $-\sqrt{3}$ 과 같이 표현합니다. 이것을 읽을 때는 각각 '루트 3', '마이너스 루트 3'

1 역자주: 다른 표현으로는 '2승(乘)', 옛 표현으로는 '자승(自乘)'이라고도 합니다.

과 같이 읽습니다.

이것을 일반화해서 설명하자면 제곱근은 근호 $\sqrt{\ }$ 를 사용하며, 양수 a에 대한 양의 제곱근을 $\sqrt{a}$, 음의 제곱근을 $-\sqrt{a}$ 와 같이 표현합니다. 이 두 가지를 한번에 표현하고 싶다면 $\pm\sqrt{a}$ 와 같이 쓸 수 있습니다.

공식

$a > 0,\ b > 0,\ c > 0$이라고 가정할 때, 다음 식이 성립한다.

① $\sqrt{a^2} = a$

② $a \times \sqrt{b} = a\sqrt{b}$

③ $b\sqrt{a} + c\sqrt{a} = (b + c)\sqrt{a}$

④ $\sqrt{a} \times \sqrt{b} = \sqrt{ab}$

⑤ $\sqrt{a} \div \sqrt{c} = \dfrac{\sqrt{a}}{\sqrt{c}} = \sqrt{\dfrac{a}{c}}$

⑥ $\sqrt{a^2 \times b} = a\sqrt{b}$

예를 들어, 5의 제곱근은 $\pm\sqrt{5}$ 와 같이 표현합니다. 식 ②에 의하면 $2\sqrt{2}$ 는 $2 + \sqrt{2}$ 가 아니라 $2 \times \sqrt{2}$ 라는 것을 알 수 있습니다. 식 ④과 식 ⑤에 의하면 근호로 씌워진 숫자끼리 곱셈이나 나눗셈을 할 때는 근호 안에 있는 숫자끼리 곱셈이나 나눗셈을 먼저 한 다음, 나중에 근호를 씌워주는 것과 값이 같습니다. 식 ⑥에 의하면 $\sqrt{12}$ 는 더 간단한 모양으로 표현할 수 있는데 $12 = 2^2 \times 3$이므로 $\sqrt{12} = \sqrt{2^2 \times 3} = 2\sqrt{3}$ 과 같이 표현할 수 있습니다. 반면 근호로 씌워진 숫자 간의 덧셈이나 뺄셈은 식 ③과 같이 근호 안에 있는 숫자가 일치할 때만 계산할 수 있습니다. 그래서 $\sqrt{2} + 2\sqrt{3}$ 은 더 이상 간결한 형태로 표현할 수 없습니다.

연습문제

1-4 다음 문제에 답하시오.

① 9의 제곱근을 구하시오.

② 다음 문제를 계산하시오. 단, 근호 안의 숫자가 최소가 되도록 표현하시오.

(1) $\sqrt{18}+\sqrt{2}$ (2) $3\sqrt{6}\times 2\sqrt{2}$

풀이

① 제곱을 했을 때 9가 되는 수를 찾으면 됩니다.

정답: $3^2=9$이고 $(-3)^2=9$이기 때문에 정답은 3과 -3입니다.

② (1) $\sqrt{18}+\sqrt{2}$

$$=\sqrt{3^2\times 2}+\sqrt{2}$$
$$=3\sqrt{2}+\sqrt{2}$$
$$=4\sqrt{2}$$

근호 안의 숫자가 서로 달라 덧셈을 하지 못할 것처럼 보이지만 $\sqrt{18}$ 을 간단히 표현해보면 근호 안의 숫자를 똑같게 만들 수 있어 덧셈을 할 수 있습니다.

정답: $4\sqrt{2}$

(2) $3\sqrt{6}\times 2\sqrt{2}$

정수 부분은 정수 부분끼리 계산하고 근호 안에 있는 숫자는 근호 안에 있는 숫자끼리 계산하면 됩니다.

$$=6\sqrt{12}$$
$$=6\times\sqrt{2^2\times 3}$$
$$=6\times 2\sqrt{3}$$
$$=12\sqrt{3}$$

근호 안의 숫자를 간단히 표현합니다. 근호 밖으로 나온 2는 원래부터 근호 밖에 있었던 6과 곱셈을 할 수 있습니다.

정답: $12\sqrt{3}$

SECTION 1-5

거듭제곱과 거듭제곱근

학습 포인트

- 거듭제곱과 거듭제곱근의 공식을 이해하고 계산에 활용할 수 있다.

이제 고등학교 수학에서 다소 어려운 부분으로 들어가 봅시다. 우선 거듭제곱[1]과 거듭제곱근[2]에 대해 알아보기로 하죠. 제곱은 2제곱, 3제곱과 같이 ○제곱으로 부르거나 2승乘, 3승과 같이 ○승으로 부르는 수학적 표현입니다. 예를 들어, 2^2은 $2 \times 2 = 4$이고 2^3은 $2 \times 2 \times 2 = 8$과 같이 풀어 쓸 수 있습니다. 즉, a를 p번 곱한 것을 a의 p제곱, 또는 a의 p승이라고 부르고, a^p와 같이 표기합니다. 이때, a를 밑base, p를 지수指數, exponent, index라고 합니다. 지수는 반드시 정수일 필요는 없고 분수가 되거나 음수가 되어도 상관없습니다.
다음은 거듭제곱근에 대해 알아봅시다. p제곱을 하면 a가 되는 수, 또는 p승을 하면 a가 되는 수를 a의 p제곱근이라고 부르고 $\sqrt[p]{a}$ 와 같이 표기합니다. 예를 들면 $4 \times 4 \times 4 = 64$이기 때문에 $\sqrt[3]{64} = 4$가 됩니다. 이것을 '4는 64의 3제곱근'이라 부릅니다. 2제곱근은 평방근平方根이라고도 하며 $\sqrt[2]{a}$ 의 2를 생략하여 $\sqrt{a}$ 와 같이 쓸 수 있습니다. 지수와 제곱근의 특징을 정리하면 다음과 같습니다.

공식

$a > 0$이고, $b > 0$이라고 가정할 때, 다음 식이 성립한다.

① $a^0 = 1$

1 역자주: 옛 표현으로 '누승(累乘)'이라고도 합니다.

2 역자주: 옛 표현으로 '누승근(累乘根)'이라고도 합니다.

② $a^p a^q = a^{p+q}$

③ $(a^p)^q = a^{pq}$

④ $(ab)^p = a^p b^p$

⑤ $a^{-p} = \frac{1}{a^p}$

⑥ $\sqrt[p]{a}\sqrt[p]{b} = \sqrt[p]{ab}$

⑦ $\sqrt[p]{\sqrt[q]{a}} = \sqrt[pq]{a}$

⑧ $\sqrt[p]{a} = a^{\frac{1}{p}}$

이 식들 중에서 식 ⑤는 직관적으로 이해하기 어려울지도 모릅니다. 지수가 음수라도 전체적인 값이 음수가 되진 않습니다. 대신 음의 지숫값을 절댓값으로 바꾼 다음, 그 수를 분모로 둔 숫자와 값이 같습니다. 예를 들면 이런 풀이를 할 수 있습니다.

$$2^{-1} \times 2^2 = \frac{1}{2} \times 4 = 2$$

이것은 식 ②에 따라 다음과 같이 풀 수도 있습니다.

$$2^{-1} \times 2^2 = 2^{(-1+2)} = 2$$

식 ③과 식 ⑧은 지수와 제곱근의 관계를 나타내는데 예를 들어, $\sqrt{a}$는 $a^{\frac{1}{2}}$의 또 다른 표현입니다. 실제로 이 둘을 똑같이 2제곱을 해보면 같은 값이 나오는 것을 알 수 있습니다.

$$(\sqrt{a})^2 = a,\ (a^{\frac{1}{2}})^2 = a$$

이제 연습문제를 몇 개 풀어보면서 지수 계산에 익숙해져 봅시다.

연습문제

1-5 다음 문제를 계산하시오. 단, 근호 안의 숫자가 최소가 되도록 표현하시오.

① $4^4 \times 2^{-1} \div 2^2$ ② $\sqrt[3]{81} \times \sqrt[3]{9}$ ③ $\sqrt[3]{\sqrt{64}}$

풀이

① $4^4 \times 2^{-1} \div 2^2$

$= (2^2)^4 \times 2^{-1} \times 2^{-2}$

$= 2^8 \times 2^{-1} \times 2^{-2}$

$= 2^{(8-1-2)} = 2^5 = 32$

밑이 서로 다를 때는 우선 밑부터 같게 맞춰줍니다. 나눗셈은 곱셈으로 바꿀 수 있는데 이때, 지수의 부호가 바뀌는 것에 주의해야 합니다.

밑이 서로 같을 때의 곱셈은 지수 간의 덧셈으로 바꿀 수 있습니다.

정답: 32

② $\sqrt[3]{81} \times \sqrt[3]{9}$

$= 81^{\frac{1}{3}} \times 9^{\frac{1}{3}}$

$= (3^4)^{\frac{1}{3}} \times (3^2)^{\frac{1}{3}} = 3^{\frac{4}{3}} \times 3^{\frac{2}{3}} = 3^{\left(\frac{4}{3}+\frac{2}{3}\right)} = 3^2 = 9$

제곱근을 지수 형태로 바꾸면서 밑도 맞춰줍니다.

정답: 9

③ $\sqrt[3]{\sqrt{64}}$

$= \sqrt[6]{64}$

$= 64^{\frac{1}{6}} = (2^6)^{\frac{1}{6}} = 2^{\frac{6}{6}} = 2$

$\sqrt{\ }$ 는 $\sqrt[2]{\ }$ 와 같습니다.

정답: 2

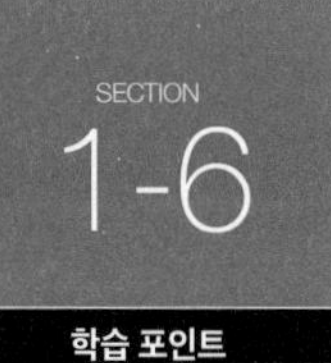

SECTION 1-6 지수함수와 로그함수

학습 포인트

- 지수함수와 로그함수는 밑인 a가 1보다 큰지, 작은지에 따라 그래프의 모양이 달라진다.
- 로그함수는 기호 log를 사용해서 표현한다.

이번에는 지수에 변수를 사용하는 지수함수指數函數, exponential function에 대해 알아봅시다.

정의

$a > 0$, $a \neq 1$이라고 가정할 때, 다음과 같이 표현되는 함수를 지수함수라고 한다.

$$y = a^x$$

지수함수의 그래프 모양은 다음과 같습니다.

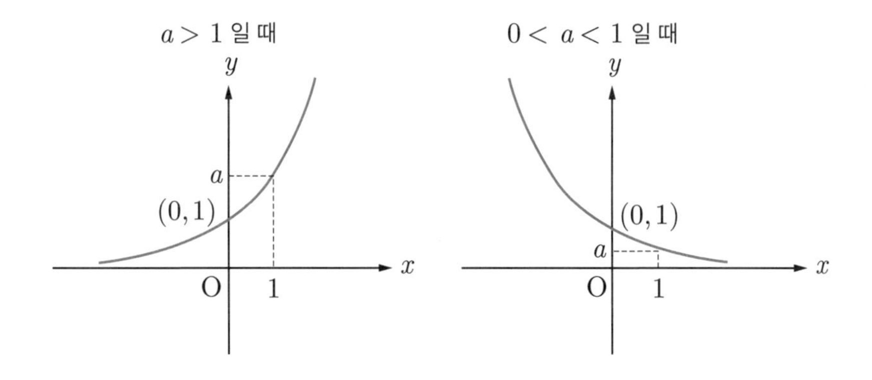

▲ 그림 1.6.1 지수함수의 그래프

$a > 1$일 때의 그래프는 오른쪽으로 올라가는 모양이고, $0 < a < 1$일 때의 그래프는 오른쪽

으로 내려가는 모양입니다. x가 0일 때는 $a^0=1$이고 x가 1일 때는 $a^1=a$가 됩니다. 그래서 a의 크기가 어떻든 반드시 두 점 (0, 1)과 (1, a)를 통과하는 것이 지수함수의 특징입니다.

다음은 로그log[1]에 대해 알아보겠습니다. 로그는 지수와는 정반대의 개념이라고 생각하면 이해하기 쉽습니다.

정의

어떤 x가 a^y이라고 표현될 때의 지수 y를 a를 밑으로 하는 x의 로그라고 하며, 기호 log를 사용하여 $y=\log_a x$와 같이 표현한다.

이때, x를 진수眞數, antilogarithm[2]라고 하는데 $a>0$, $a\neq 1$이고 $x>0$이다.

예를 들어, $\log_2 4$의 값을 구해봅시다. $2^\square=4$를 만족하는 수를 찾으면 되므로 $\log_2 4=2$가 됩니다. $\log_3 27$의 값은 $3^\square=27$을 만족하는 수를 찾으면 되므로 $\log_3 27=3$이 됩니다. 이렇게 로그에는 다음과 같은 특징이 있습니다.

공식

$a>0$, $a\neq 1$, X, $Y>0$이라고 할 때, 다음과 같은 식이 성립한다.

① $\log_a a=1$

② $\log_a 1=0$

③ $\log_a XY=\log_a X+\log_a Y$

1 역자주: 옛 표현으로 대수(對數, logarithm)라고 합니다. 한자를 보면 짐작하겠지만 지수에 대비된다는 의미를 가지고 있습니다. 한편 대수(代數, algebra)와는 다른 것이니 헛갈리지 않도록 로그라고 표현하는 것이 좋습니다.

2 역자주: 다른 표현으로 '역대수(逆對數)'라고도 합니다.

④ $\log_a \dfrac{X}{Y} = \log_a X - \log_a Y$

⑤ $\log_a X^p = p\log_a X$

⑥ $\log_a X = \dfrac{\log_c X}{\log_c a}$ (단, $c>0$, $c \neq 1$)

식 ①은 $a^1 = a$이므로 쉽게 이해할 수 있고, 식 ②는 $a^0 = 1$이라는 것을 어렵지 않게 알 수 있습니다. 식 ③과 식 ④를 보면 log 안에서의 곱셈이나 나눗셈이 log 간의 덧셈이나 뺄셈으로 바뀌는 것을 알 수 있습니다. 식 ⑤에서는 지수를 log의 계수로 쓸 수 있다는 것을 보여주고 있는데 상당히 자주 활용됩니다. 식 ⑥은 로그의 밑 변환 공식이라고 하고, 이 공식을 사용하면 밑을 자신이 원하는 임의의 값으로 바꿔서 계산할 수 있어서 유용합니다.

이와 같이 진수眞數를 변수變數로 사용하는 함수가 바로 로그함수[3]입니다.

정의

$a>0$, $a \neq 1$이고 x가 양의 변수라고 가정할 때, 다음과 같이 표현되는 함수를 로그함수라고 한다.

$$y = \log_a x$$

로그함수의 그래프 모양은 다음과 같습니다.

3 역자주: 옛 표현으로 '대수함수(對數函數)'라고도 합니다.

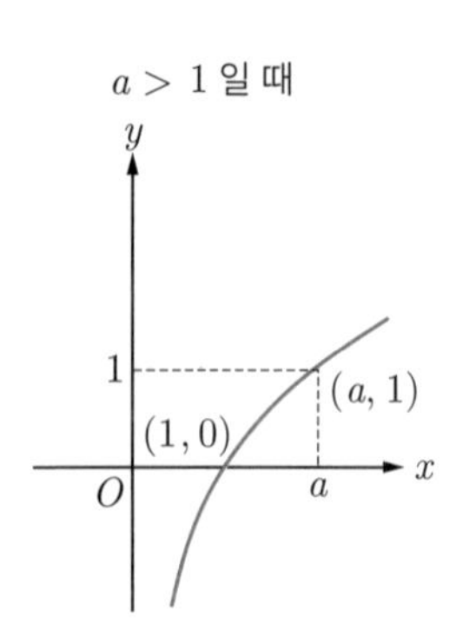

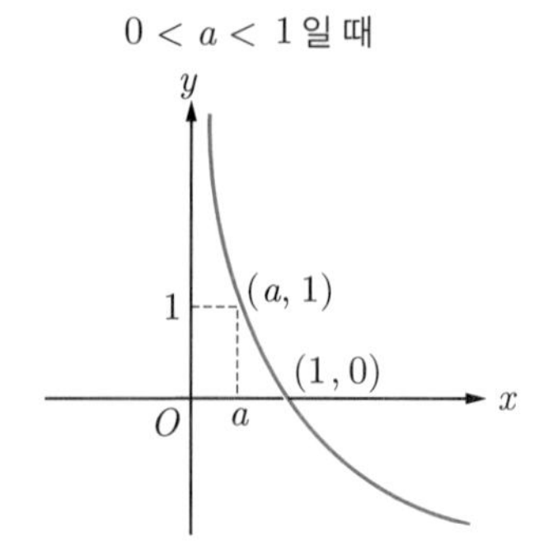

$a > 1$일 때는 그래프가 오른쪽으로 올라갑니다.
두 점 $(1, 0)$과 $(a, 1)$을 통과합니다.
$x < 0$의 구간은 정의되어 있지 않습니다.

$0 < a < 1$일 때는 그래프가 오른쪽으로 내려갑니다.
두 점$(1, 0)$과$(a, 1)$을 통과합니다.
$x < 0$의 구간은 정의되어 있지 않습니다.

▲ 그림 1.6.2 로그함수의 그래프

$a>1$일 때의 그래프는 오른쪽으로 올라가는 모양이고, x가 0에 가까울수록 함숫값은 음의 무한대로 발산發散합니다.[1] $0<a<1$일 때의 그래프는 오른쪽으로 내려가는 모양이고, x가 0에 가까울수록 함숫값은 양의 무한대로 발산합니다. 둘 중 어떤 경우라도 $x=1$일 때 $y=0$이 되므로 점 $(1, 0)$을 반드시 통과한다는 것이 로그함수의 특징입니다.

인공지능에서는 이렇게 활용한다

- 인공지능에서는 가능성을 나타내는 척도로 가능도可能度, likelihood[2]라는 것을 사용하는데, 이

1 역자주: 어떤 고정된 값 a가 있다고 가정할 때, 무한수열에서 일반항의 값이 a에 가까워지거나, 함수에서 함숫값이 a에 가까워지는 것을 영어로 'converges to a', 한국어로 'a에 수렴(收斂)한다'라고 하고, 무한대로 가거나 진동하는 경우를 영어로 'diverges', 한국어로 '발산(發散)한다'라고 합니다.

2 역자주: '우도(尤度)'라고도 합니다.

러한 가능도를 다루는 함수를 가능도함수likelihood function[3]라고 합니다.

- 가능도함수는 식으로만 보자면 확률을 계산하는 식과 같고 0이상 1이하의 값을 가집니다. 가능도의 값은 1이하이기 때문에 가능도함수를 계속 곱셈하다 보면 그 값이 점점 작아져서 다루기가 어려워지는데 이런 점을 보완하기 위해 가능도의 로그를 사용한 로그 가능도log likelihood함수를 많이 사용합니다.
- 한편, 로그를 사용하면 $\log_a XY = \log_a X + \log_a Y$와 같이 곱셈을 덧셈으로 표현할 수 있고 값이 작아지기 때문에 계산이 더 쉬워지는 장점이 있습니다.

연습문제

1-6 다음 문제에 답하시오.

① 다음 함수의 그래프를 그리시오.

(1) $y = 3^x$　　(2) $y = \log_{\frac{1}{2}} x$

② 다음 문제를 계산하시오.

(1) $\log_3 \sqrt{27}$　　(2) $\log_3 \frac{3}{4} + 4\log_3 \sqrt{2}$

3 역자주: '우도함수(尤度函數)'라고도 합니다.

풀이

① (1) **정답:**

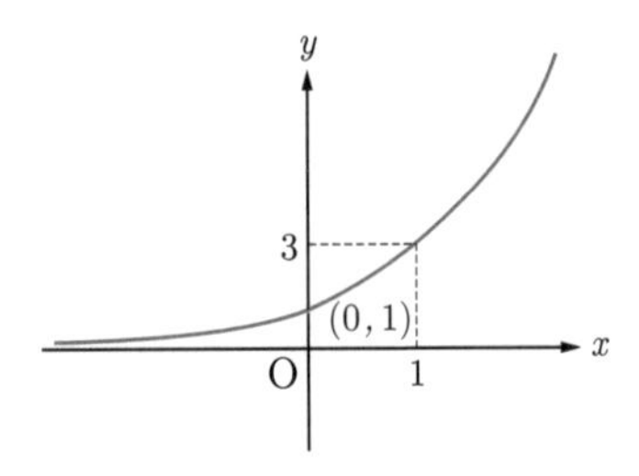

$a > 1$ 이므로 그래프가 오른쪽으로 올라갑니다.
두 점 (0, 1)과 (1, 3)을 통과합니다.

(2) **정답:**

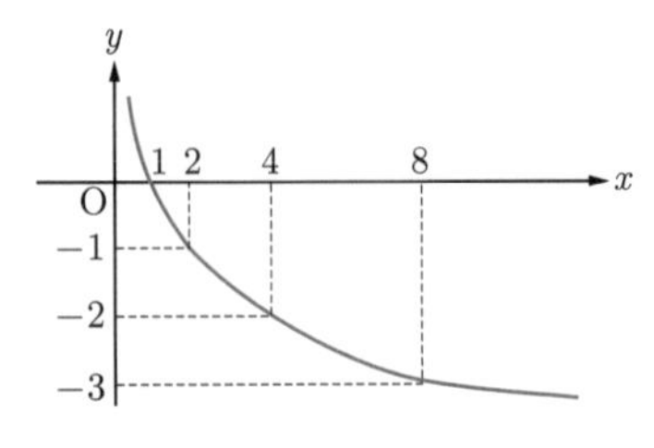

$a < 1$ 이므로 그래프가 오른쪽으로 내려갑니다.
두 점 (1, 0)과 (4, −2)를 통과합니다.

② (1) $\log_3 \sqrt{27}$

$= \log_3 27^{\frac{1}{2}}$ ← 지수 계산이 필요합니다.

$= \log_3 \left(3^3\right)^{\frac{1}{2}} = \log_3 3^{\frac{3}{2}} = \dfrac{3}{2}\log_3 3 = \dfrac{3}{2}$

정답: $\dfrac{3}{2}$

(2) $\log_3 \dfrac{3}{4} + 4\log_3 \sqrt{2}$ ← log 앞에 있는 4를 log 안의 $\sqrt{2}$ 의 지수로 바꿔줍니다.

$= \log_3 \dfrac{3}{4} + \log_3 \left(\sqrt{2}\right)^4$

$= \log_3 \dfrac{3}{4} + \log_3 4$ ← $\log_a XY = \log_a X + \log_a Y$의 공식을 사용합니다.

$= \log_3 \left(\dfrac{3}{4} \times 4\right) = \log_3 3 = 1$

정답: 1

SECTION 1-7

자연로그

학습 포인트

- e는 2.718...의 값을 갖는 상수이다.
- $\log_e$를 ln으로 표현하기도 한다.
- e^x를 exp x, 또는 $\exp(x)$로 표현하기도 한다.

자연로그에 대해서도 알아봅시다.[1]

공식

자연로그의 밑, 네이피어 상수 e

$$e = \lim_{n\to\infty}\left(1+\frac{1}{n}\right)^n = 2.718281...$$

이 공식이 직관적으로 이해하기 어려워 난감한 분들이 있을 것 같습니다. 우선 짚고 넘어가야 할 것은 $e = 2.718281...$이라는 점인데 어떤 수식 안에서 e가 있는 것을 발견하면 2.7 정도의 숫자라고 생각하면 됩니다.[2]

앞의 공식을 하나씩 살펴보기로 하죠. $\lim_{n\to\infty}$는 n을 무한대로 보낸다는 의미입니다. (자세

1 역자주: 자연로그, 상용로그의 유래가 궁금하다면 '로그의 탄생 – 로그, 상용로그, 자연로그 그 유래와 의미'를 참고하세요. (https://blog.naver.com/sbssbi69/90159024636)

2 역자주: 이 수의 의미가 궁금하다면 유튜브 '공돌이의 수학노트 – 자연 상수 e가 필요한 이유'를 참고하세요. (https://youtu.be/_EY8QUKWrhc)

한 내용은 2.1절 참조) n의 크기가 커질수록 $\left(1+\frac{1}{n}\right)^n$의 값은 일정한 값(2.718281⋯)에 가까워지는데, 이 수를 네이피어 상수Napier's number[1], 또는 자연로그의 밑이라 부르고 알파벳 e로 표기합니다.[2] e를 밑으로 하는 로그를 자연로그natural logarithm라고 하고 $\log_e$ 대신 ln이라고 쓰기도 합니다.[3] 그러면 왜 굳이 이런 수를 정의해서 사용해야 하는지 궁금할 수 있는데, 그 이유는 네이피어 상수가 상당히 유용한 특징을 가지고 있기 때문입니다. 나중에 2.6절에서 다루겠지만 미리 살짝 엿보자면, $\frac{\mathrm{d}}{\mathrm{d}x}e^x = e^x$나 $\frac{\mathrm{d}}{\mathrm{d}x}\ln x = \frac{1}{x}$과 같은 특징이 계산 과정을 상당히 간결하게 만들어 줄 수 있습니다.

그리고 네이피어 상수는 e^x와 같이 지수의 밑으로 사용할 수 있습니다. 이때, e를 밑으로 하는 지수함수 e^x를 $\exp x$나 $\exp(x)$와 같이 표현합니다.[4]

---

1 역자주: '오일러 상수(Euler's number)'라고도 합니다. 계산에 처음 사용한 사람은 존 네이피어(John Napier)이고 e라는 상수를 정식 출판물에 사용한 것이 레온하르트 오일러(Leonhard Euler)입니다.

2 역자주: 알파벳 e는 오일러의 이름(Euler)에서 유래하였습니다.

3 역자주: $\log_e$를 다르게 표현한 ln은 log의 'l', natural의 'n'을 따온 것입니다.

4 역자주: 굳이 e^x라는 표기를 놔두고 $\exp x$나 $\exp(x)$를 쓰는 이유는 e^x와 같이 표기할 때 지수인 x의 글자 크기가 작아져 쓰거나 읽기가 어렵기 때문입니다.

SECTION 1-8

시그모이드 함수

학습 포인트

- 시그모이드 함수의 그래프를 그릴 수 있다.

이 절에서는 시그모이드Sigmoid 함수라는 특수한 함수에 대해 배워봅니다. 이 함수는 인공 지능 분야에서 자주 볼 수 있는 함수 중의 하나입니다.

정의

다음과 같이 표현되는 함수를 시그모이드 함수라고 한다.

$$\varsigma_a(x) = \frac{1}{1+\exp(-ax)}$$

이때, a를 게인gain이라 부르는데 특별히 $a=1$일 때의 시그모이드 함수를 표준 시그모이드 함수라고 부른다.[5]

시그모이드 함수의 그래프 모양은 다음과 같습니다.

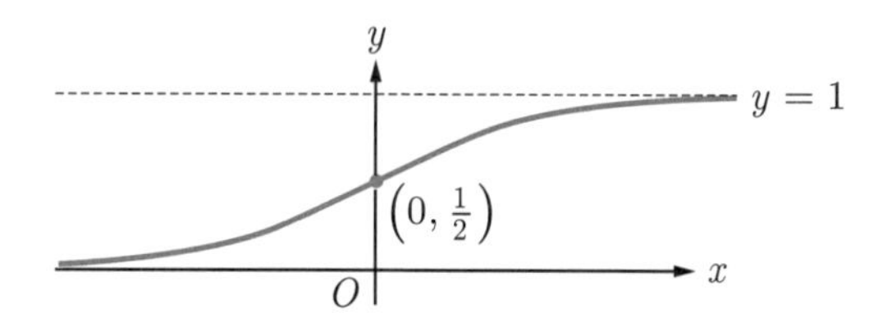

▲ 그림 1.8.1 시그모이드 함수의 그래프

시그모이드 함수는 x가 음의 무한대로 갈수록 분모는 양의 무한대가 되어, 결과적으로 y

5 ς 는 그리스 문자 Σ(시그마)의 어말형(語末形) 문자입니다.

는 0에 수렴합니다. 반대로 x가 양의 무한대로 갈수록 분모는 1에 수렴하여, 결과적으로 y도 1에 수렴하는 특징이 있습니다. 또한 x가 0일 때는 $\varsigma_a(0)=\frac{1}{2}$이 됩니다. a값이 크면 클수록 그래프가 변화하는 정도가 더 커지는데, 이후 특별한 언급 없이 '시그모이드 함수'라고 하면 a값이 1인 표준 시그모이드 함수를 의미합니다.

인공지능에서는 이렇게 활용한다

- 시그모이드 함수는 활성화 함수活性化函數, activation function로 자주 사용됩니다.
- 활성화 함수란 인공지능 모델의 표현력을 높이기 위해 사용하는 함수인데, 비선형 분리(데이터의 경계를 곡선으로 분리하는 것)를 할 수 있어 복잡한 데이터들의 관계를 눈에 더 잘 띄게 만들 수 있습니다.
- 그래서 신경망neural network과 같은 인공지능 모델에서는 시그모이드 함수와 같은 활성화 함수를 많이 사용하고 있습니다.

칼럼 다양한 활성화 함수

앞서 활성화 함수에 대해 간단히 살펴보았는데 이러한 활성화 함수에는 다양한 종류가 있습니다. 딥러닝deep learning 알고리즘인 DNNDeep Neural Network과 CNNConvolutional Neural Network에서는 'ReLU 함수'라는 것을 사용하고, RNNRecurrent Neural Network의 하나인 LSTMLong Short Term Memory Network에서는 'tanh 함수'와 '시그모이드 함수' 같은 것을 사용합니다. ReLU 함수와 tanh 함수의 그래프 모양은 다음과 같습니다.

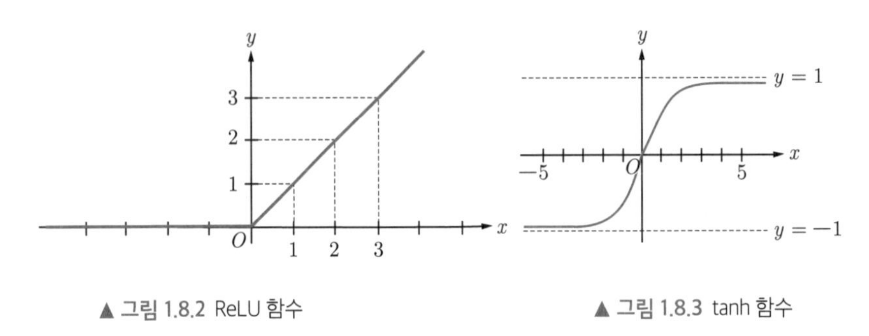

▲ 그림 1.8.2 ReLU 함수

▲ 그림 1.8.3 tanh 함수

삼각함수

학습 포인트

- 도수법과 호도법 간의 변환을 할 수 있다.
- 삼각함수가 단위원 위에서 어떤 의미를 가지는지 설명할 수 있다.

지수함수, 로그함수에 이어 이번에는 삼각함수三角函數, trigonometry를 배워보겠습니다. 삼각함수는 각의 크기에 따라 값이 달라지는 함수, 즉 각의 크기가 변수인 함수를 말합니다. 삼각함수에 들어가기에 앞서 호도법弧度法을 배워봅시다. 보통 대부분의 사람들이 일상생활에서 사용하는 각의 표현 방법은 원이 한 바퀴 도는 데 필요한 각을 360°로 표현한 도수법度數法입니다. 예를 들어, 30°, 90°와 같이 표현한 것이 바로 도수법입니다. 반면 삼각함수에서는 각을 표현할 때 호도법을 사용하는 것이 일반적입니다.

정의

반지름[1]이 r인 원圓에서 그 반지름과 같은 길이의 호弧 AB가 있다고 가정할 때, 그 중심각의 크기는 항상 일정하다. 이때의 각을 1라디안이라 부르고 1rad이라고 표기한다.[2]

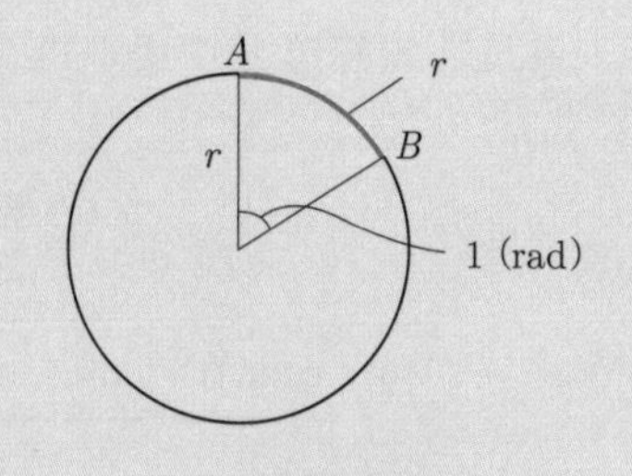

▲ 그림 1.9.1 호도법

1 역자주: 옛 표현으로 '반경(半徑)'이라고도 하며, 반지름의 'r'은 'radius'를 의미합니다.

2 호도법으로 표현할 때는 일반적으로 단위(rad)를 생략합니다.

반지름의 길이가 1인 원이 있다고 가정할 때, 이 원의 호의 길이는 얼마인지 생각해 봅시다. 반지름의 길이가 1인 원을 단위원單位圓이라고 부릅니다. 이 단위원을 한 바퀴 도는 데 필요한 호의 길이는 2π입니다. 그래서 호도법에서는 원의 중심각인 360°를 2π로 표현합니다. 그러면 반원은 어떻게 표현할까요? 반원의 중심각은 180°입니다. 그리고 반원의 호의 길이는 $2\pi \div 2 = \pi$입니다. 결국 180°는 호도법을 사용할 때 π로 표현합니다. 따라서 도수법으로 어떤 각을 알고 있을 때, 그 각을 호도법으로 표현하고 싶다면 $360° = 2\pi$의 관계를 이용하면 됩니다.

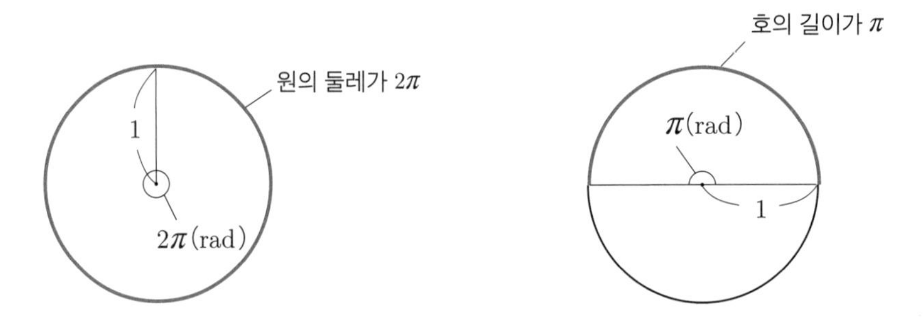

▲ 그림 1.9.2 단위원의 각도와 호의 관계 (2π, π)

자주 사용하는 각도의 도수법과 호도법의 관계는 다음과 같습니다.

▼ 표 1.9.1 도수법과 호도법

도수법	0°	30°	45°	60°	90°	120°	180°	360°
호도법	0	$\frac{1}{6}\pi$	$\frac{1}{4}\pi$	$\frac{1}{3}\pi$	$\frac{1}{2}\pi$	$\frac{2}{3}\pi$	π	2π

정의

xy평면상의 원점 O를 중심으로 반지름이 1인 단위원이 있다고 가정하자. x축의 양의 부분과 선분線分, segment AO가 만드는 각을 θ라고 할 때, $\cos\theta = x$, $\sin\theta = y$, $\tan\theta = \frac{y}{x}$이다.

즉, $\cos\theta$는 A의 x좌표, $\sin\theta$는 A의 y좌표, $\tan\theta$는 선분 AO의 기울기와 같다.

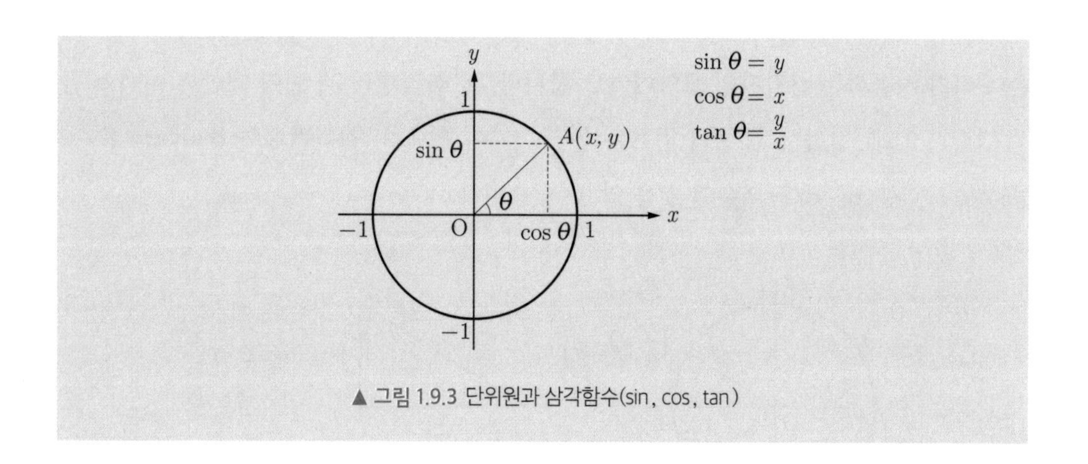

▲ 그림 1.9.3 단위원과 삼각함수(sin, cos, tan)

sin은 정현正弦, sine의 기호이고 '사인'이라고 읽습니다. 예를 들어, $\sin\frac{\pi}{2}$가 있다면 '사인 2분의 1파이'라고 읽습니다. cos은 여현餘弦, cosine의 기호이고 '코사인'이라고 읽으며, tan는 정접正接, tangent의 기호이고 '탄젠트'라고 읽습니다.

구체적인 예를 들어보겠습니다. $\theta = 0$이라고 가정할 때, 점 A의 좌표는 (1, 0)입니다. 이때, $\cos\theta$는 점 A의 x좌표이기 때문에 $\cos\theta = 1$이 됩니다. 마찬가지로 $\sin\theta$는 점 A의 y좌표이기 때문에 $\sin\theta = 0$이 되며, $\tan\theta$는 선분 AO의 기울기 $\frac{y}{x}$이기 때문에 $\tan\theta = 0$이 됩니다.

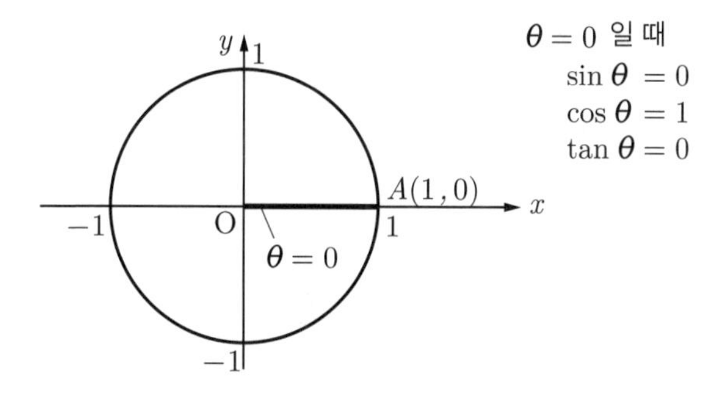

▲ 그림 1.9.4 $\theta = 0$일 때의 점 A와 단위원

다음은 $\theta = \frac{1}{6}\pi$, 즉 30°라고 가정하겠습니다. 단위원의 원 둘레에 $\theta = \frac{1}{6}\pi$가 되도록 점 A를 위치시킵니다. 그러면 각이 30°, 60°, 90°인 직각삼각형이 만들어집니다. 이 모양

은 우리가 사용하는 삼각자의 모양이기도 합니다. 이 삼각형의 세 변에 대한 길이의 비율은 그림 1.9.5와 같아서 점 A의 좌표는 $(\frac{\sqrt{3}}{2}, \frac{1}{2})$이 됩니다. 결과적으로 $\cos\frac{1}{6}\pi = \frac{\sqrt{3}}{2}$, $\sin\frac{1}{6}\pi = \frac{1}{2}$, $\tan\frac{1}{6}\pi = \frac{\sqrt{3}}{3}$인 것을 알 수 있습니다.

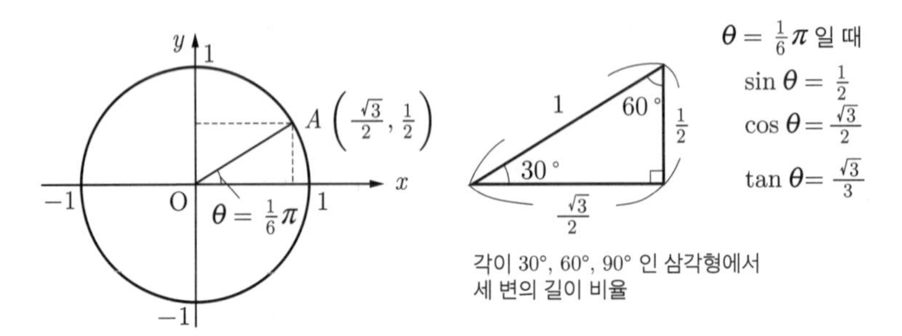

▲ 그림 1.9.5 $\theta = \frac{1}{6}\pi$ 일 때의 점 A와 단위원

$\theta = \frac{1}{4}\pi$, 즉 45°일 때는 세 각이 45°, 45°, 90°인 또 다른 직각삼각형이 만들어집니다. 이 모양 역시 우리가 사용하는 삼각자의 또 다른 모양입니다. 이 삼각형의 세 변에 대한 길이 비율은 그림 1.9.6과 같아서 $\cos\frac{1}{4}\pi = \frac{\sqrt{2}}{2}$, $\sin\frac{1}{4}\pi = \frac{\sqrt{2}}{2}$, $\tan\frac{1}{4}\pi = 1$이 됩니다. 이와 같이 $\frac{1}{6}\pi$(각이 30°)나 $\frac{1}{4}\pi$(각이 45°)의 배수가 되는 각에 대한 삼각함수의 값을 구할 때는 단위원에 삼각자의 모양을 그려보면 쉽게 답을 구할 수 있습니다.

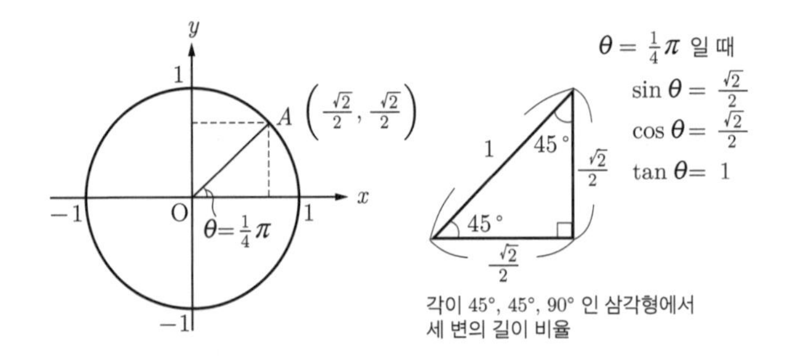

▲ 그림 1.9.6 $\theta = \frac{1}{4}\pi$ 일 때의 점 A와 단위원

자주 사용하는 대표적인 각에 대한 삼각함수의 값은 다음과 같습니다.

▼ 표 1.9.2 삼각함수(sin, cos, tan)의 값

θ	**0**	$\frac{1}{6}\pi\,(=30°)$	$\frac{1}{4}\pi\,(=45°)$	$\frac{1}{3}\pi\,(=60°)$	$\frac{1}{2}\pi\,(=90°)$
$\sin\theta$	0	$\frac{1}{2}$	$\frac{\sqrt{2}}{2}$	$\frac{\sqrt{3}}{2}$	1
$\cos\theta$	1	$\frac{\sqrt{3}}{2}$	$\frac{\sqrt{2}}{2}$	$\frac{1}{2}$	0
$\tan\theta$	0	$\frac{\sqrt{3}}{3}$	1	$\sqrt{3}$	–

θ	$\frac{2}{3}\pi\,(=120°)$	$\frac{5}{6}\pi\,(=150°)$	$\pi\,(=180°)$	$\frac{3}{2}\pi\,(=270°)$	$2\pi\,(=360°)$
$\sin\theta$	$\frac{\sqrt{3}}{2}$	$\frac{1}{2}$	0	-1	0
$\cos\theta$	$-\frac{1}{2}$	$-\frac{\sqrt{3}}{2}$	-1	0	1
$\tan\theta$	$-\sqrt{3}$	$-\frac{\sqrt{3}}{3}$	0	–	0

앞의 표를 보면 $\frac{1}{2}\pi$ (각이 90°)나 $\frac{3}{2}\pi$ (각이 270°)일 때의 $\tan\theta$ 값은 존재하지 않습니다. 실제로 그림으로 그려보면 알겠지만, 이러한 각에서는 직선의 기울기가 수직이 되어버려서 tan를 정의할 수 없기 때문입니다.[1] 그리고 이런 값들은 sin과 cos은 2π마다, tan는 π마다 같은 값이 반복적으로 나타나는 것을 알 수 있습니다. 이것은 삼각함수의 특징이기도 한데, 애당초 원이 한 바퀴 도는 것을 2π로 정의했기 때문에 어찌 생각해보면 당연한 것이기도 합니다.

한편, 점 A는 반지름이 1인 원의 둘레에 위치하기 때문에 x와 y의 좌표는 $-1 \leq x \leq 1$과 $-1 \leq y \leq 1$의 범위 안에 있습니다. 같은 이유로 $\sin\theta$와 $\cos\theta$가 가질 수 있는 값의 범위는 $-1 \leq \sin\theta \leq 1$, $-1 \leq \cos\theta \leq 1$이 되고 $\tan\theta$는 임의의 실숫값을 가집니다. 참고로 이처럼 함숫값이 가질 수 있는 값의 범위를 치역値域, range이라고 말합니다.

1 역자주: $\tan\theta = \frac{\sin\theta}{\cos\theta}$라고 할 때, $\frac{1}{2}\pi$에서는 $\sin\theta$가 1, $\cos\theta$가 0이고, $\frac{3}{2}\pi$에서는 $\sin\theta$가 -1, $\cos\theta$가 0입니다. 0이 아닌 수를 0으로 나누는 것은 정의할 수 없기 때문에 불능(不能)이라고 합니다.

삼각함수의 관계를 잘 표현한 세 가지 공식을 정리하면 다음과 같습니다.

공식

① $\tan\theta = \dfrac{\sin\theta}{\cos\theta}$

② $\sin^2\theta + \cos^2\theta = 1$

③ $1 + \tan^2\theta = \dfrac{1}{\cos^2\theta}$

식 ①은 삼각함수의 정의인 $\tan\theta = \dfrac{y}{x}$에서 x와 y에 $\cos\theta$와 $\sin\theta$를 대입하면 나옵니다. 식 ②는 단위원에 그려진 삼각형에 대해 피타고라스의 정리Pythagorean theorem를 적용하면 나옵니다. 식 ③은 식 ②를 $\cos^2\theta$로 나누면 됩니다.

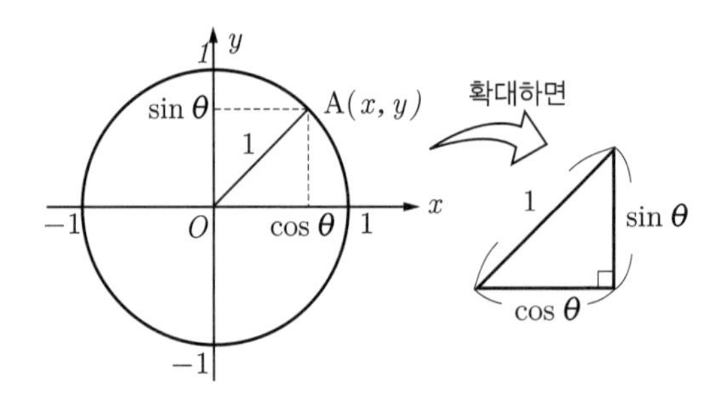

▲ 그림 1.9.7 단위원에서 삼각함수(sin, cos, tan)가 가지는 의미

마지막으로 삼각함수의 그래프를 살펴보겠습니다. 그림 1.9.8은 그래프의 가로축을 θ로, 세로축을 y로 두었을 때 $y = \sin\theta$, $y = \cos\theta$, $y = \tan\theta$를 그래프로 그린 것입니다.

$y = \sin\theta$와 $y = \cos\theta$의 그래프는 2π마다 같은 모양이 반복되고 $y = \tan\theta$의 그래프는 π마다 반복되는 것을 알 수 있는데, 이와 같이 주기적으로 같은 값이 반복되는 함수를 주기함

수週期函數, periodic function라고 합니다. 다시 말해 $y = \sin\theta$와 $y = \cos\theta$의 주기는 2π이고 $y = \tan\theta$의 주기는 π인 것입니다.

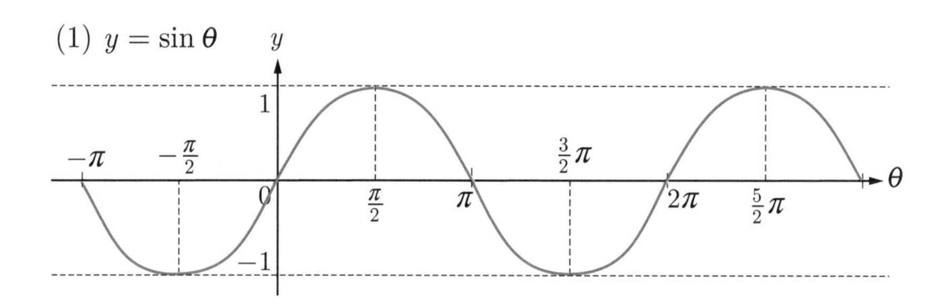

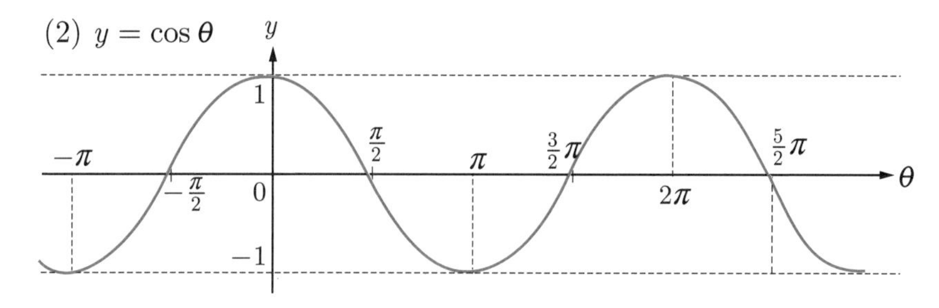

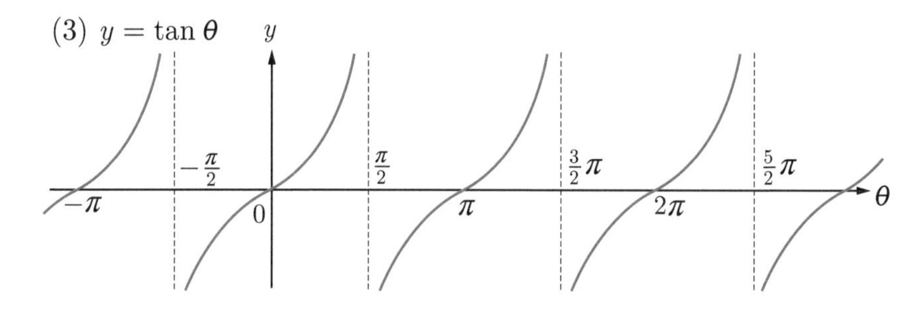

▲ 그림 1.9.8 삼각함수(sin, cos, tan)의 그래프

한편, $y = \cos\theta$의 그래프를 보면 $f(-x) = f(x)$의 관계라는 것을 알 수 있는데, 이와 같이 y축을 중심으로 좌우가 대칭이 되는 함수를 우함수偶函數, even functions라고 합니다. 반면 $y = \sin\theta$의 그래프를 보면 $f(-x) = -f(x)$의 관계라는 것을 알 수 있는데, 이와 같이 원점을 중심으로 점대칭이 되는 함수를 기함수奇函數, odd functions라고 합니다.

인공지능에서는 이렇게 활용한다

- 인공지능 분야에서는 음성 인식을 할 때, 음의 파형을 분석하기 위해 **푸리에 변환**Fourier transform을 사용합니다.
- 푸리에 변환은 복잡한 파형을 가진 함수를 삼각함수의 덧셈으로 표현하는 변환 방법입니다.

연습문제

1-9 ① 도수법으로 표현된 각의 크기를 호도법으로 표현하시오.

(1) $90°$　(2) $60°$　(3) $240°$　(4) $327°$

② θ의 값이 다음과 같을 때 $\sin\theta$, $\cos\theta$, $\tan\theta$의 값을 구하시오.

(1) $\frac{1}{6}\pi$　(2) $\frac{3}{4}\pi$　(3) $\frac{4}{3}\pi$　(4) $\frac{13}{4}\pi$

③ $\sin\theta = \frac{1}{3}$일 때 $\cos\theta$, $\tan\theta$의 값을 구하시오. (단, $0 \le \theta \le \frac{1}{2}\pi$)

풀이

① $360° = 2\pi$를 달리 표현하면 $1° = \frac{\pi}{180}$로 변환할 수 있습니다.

$360° = 2\pi$를 식 (a)라고 하고 $1° = \frac{\pi}{180}$를 식 (b)라고 가정하면 다음과 같이 풀 수 있습니다.

(1) $90° = \frac{1}{2}\pi$ ← 식 (a)의 양변을 4로 나눕니다.　**정답:** $\frac{1}{2}\pi$

(2) $60° = \frac{1}{3}\pi$ ← 식 (a)의 양변을 6으로 나눕니다.　**정답:** $\frac{1}{3}\pi$

(3) $240° = \frac{4}{3}\pi$ ← 문제 (2)의 양변을 4로 곱합니다.　**정답:** $\frac{4}{3}\pi$

(4) $327° = \frac{327}{180}\pi = \frac{109}{60}\pi$ ← 식 (b)의 양변을 327로 곱합니다.　**정답:** $\frac{109}{60}\pi$

② 모든 문제가 잘 알려진 각이므로 해설은 생략하고 정답만 나열합니다. 풀이 과정이 궁금하다면 단위원을 그리고 각이 θ인 점 A를 찍은 후, 그 점의 x좌표를 $\cos\theta$로, y좌표를 $\sin\theta$로, $\frac{y}{x}$를 $\tan\theta$로 구하면 됩니다.

(1) 정답: $\sin\frac{1}{6}\pi=\frac{1}{2}$, $\cos\frac{1}{6}\pi=\frac{\sqrt{3}}{2}$, $\tan\frac{1}{6}\pi=\frac{\sqrt{3}}{3}$

(2) 정답: $\sin\frac{3}{4}\pi=\frac{\sqrt{2}}{2}$, $\cos\frac{3}{4}\pi=-\frac{\sqrt{2}}{2}$, $\tan\frac{3}{4}\pi=-1$

(3) 정답: $\sin\frac{4}{3}\pi=-\frac{\sqrt{3}}{2}$, $\cos\frac{4}{3}\pi=-\frac{1}{2}$, $\tan\frac{4}{3}\pi=\sqrt{3}$

(4) 삼각함수는 2π 주기로 같은 값이 반복되므로 $\frac{13}{4}\pi$ 대신 $\frac{5}{4}\pi$에 대한 값을 구해도 됩니다.

정답: $\sin\frac{13}{4}\pi=-\frac{\sqrt{2}}{2}$, $\cos\frac{13}{4}\pi=-\frac{\sqrt{2}}{2}$, $\tan\frac{13}{4}\pi=1$

③ $\sin\theta$의 값을 알고 있다면 $\sin^2\theta+\cos^2\theta=1$인 점을 이용해서 $\cos\theta$의 값을 구할 수 있습니다.
$\sin^2\theta+\cos^2\theta=1$에 $\sin\theta=\frac{1}{3}$을 대입합니다.

$$\left(\frac{1}{3}\right)^2+\cos^2\theta=1$$

$$\cos^2\theta=1-\frac{1}{9}=\frac{8}{9}$$

$$\cos\theta=\pm\frac{2\sqrt{2}}{3}$$

이때, $\cos\theta$의 값이 음과 양의 두 개가 나오는데, θ의 범위가 $0\le\theta\le\frac{1}{2}\pi$이기 때문에 $\cos\theta=\frac{2\sqrt{2}}{3}$가 됩니다.

$\tan\theta$의 값은 $\tan\theta=\frac{\sin\theta}{\cos\theta}$로 구합니다.

$$\tan\theta=\frac{\sin\theta}{\cos\theta}=\frac{\frac{1}{3}}{\frac{2\sqrt{2}}{3}}=\frac{1}{2\sqrt{2}}=\frac{\sqrt{2}}{4}$$

정리하면 정답은 다음과 같습니다.

정답: $\cos\theta=\frac{2\sqrt{2}}{3}$, $\tan\theta=\frac{\sqrt{2}}{4}$

SECTION 1-10

절댓값과 유클리드 거리

학습 포인트

- 절댓값과 유클리드 거리가 어떤 거리를 표현하는지 설명할 수 있다.
- 절댓값은 기호로 |를 쓰고 유클리드 거리는 기호로 ||를 쓴다.

이번에는 함수라는 개념에서 조금 벗어나서 새로운 개념을 하나 배워보겠습니다. 우선 절댓값絶對값, absolute value에 대해 알아봅시다. 어떤 수의 절댓값은 그 수와 0과의 수직선상 거리를 의미합니다. 예를 들어, 다음과 같은 그림에서 3은 0으로부터 3만큼 떨어져 있습니다. 그래서 3의 절댓값은 3입니다. 같은 방법으로 −3은 0으로부터 3만큼 떨어져 있습니다. 그래서 −3의 절댓값도 3이됩니다.

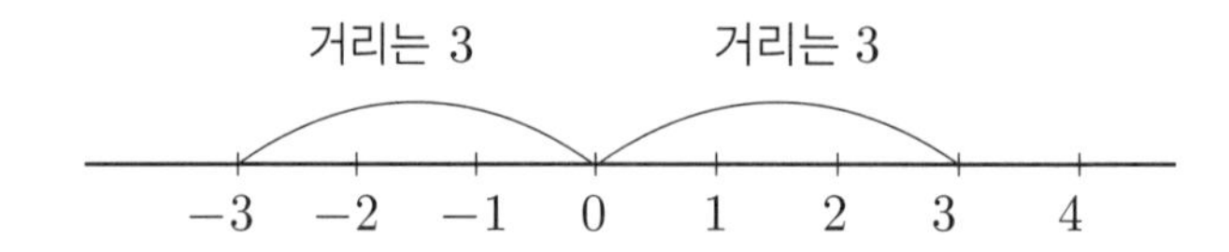

▲ 그림 1.10.1 절댓값과 거리

절댓값을 수식에서 표현할 때는 기호 '|'를 사용해서 숫자나 문자의 앞뒤를 감싸줍니다. 예를 들어, $|3|=3$, $|-3|=3$과 같이 표현하면 됩니다. 절댓값의 기호를 벗겨줄 때는 절댓값 기호 안에 있던 숫자나 문자가 양수라면 그대로 꺼내도 되지만, 음수라면 부호를 바꿔서 꺼내야 합니다.

예를 들어, $a<0$일 때 $|a|$의 값은 $|a| = -a$와 같습니다. 실제로 a자체가 음수이기 때문에 $-a$는 양수입니다.

다음은 유클리드 거리Euclidean distance에 대해 알아보겠습니다. 유클리드 거리는 마치 한 점과

한 점의 사이를 자로 잰 것과 같은 거리를 의미합니다. 우리가 직관적으로 생각하는 일반적인 거리의 개념과 거의 같습니다. 예를 들어, xy좌표 평면상에 점 (4, 0)과 원점 (0, 0)이 있을 때, 두 점 사이의 거리는 4입니다. 이것이 바로 유클리드 거리입니다. 즉, 점 A와 점 B를 연결한 선분 AB의 길이가 유클리드 거리가 되는 것입니다.

우선 1차원에서 유클리드 거리를 구해봅시다. 1차원이기 때문에 수직선상에서 거리를 생각하면 됩니다. 1차원에서 점 A와 점 B 사이의 거리는 수직선상 두 점의 차이를 절댓값으로 만든 것과 같습니다. 이를 표기할 때는 |A-B|와 같이 표현합니다.

예를 들어, 4와 -1 사이의 거리는 $|4-(-1)|=|5|=5$입니다.

이번에는 2차원에서 유클리드 거리를 구해봅시다. 2차원이기 때문에 xy좌표 평면상에서 거리를 생각해야 합니다. 2차원에서 점 $\mathrm{A}(a_1,\ a_2)$와 점 $\mathrm{B}(b_1,\ b_2)$ 사이의 거리는 $\sqrt{(a_1-b_1)^2+(a_2-b_2)^2}$ 으로 표현할 수 있습니다. 이 공식은 다음 그림과 같이 피타고라스의 정리를 이용해서 빗변(선분 AB)의 길이를 구한 것과 같습니다.

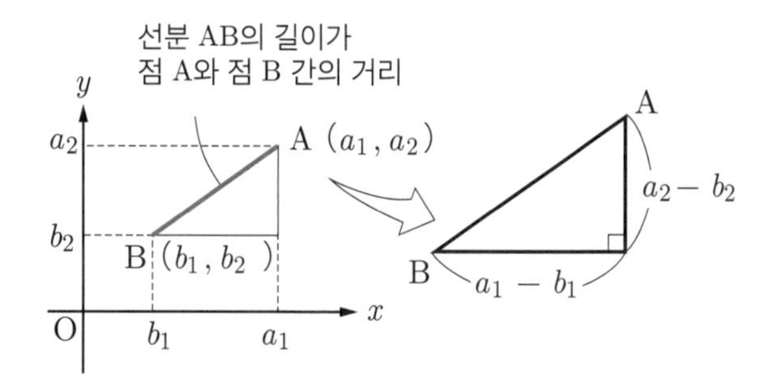

▲ 그림 1.10.2 2차원에서의 거리

마지막으로 3차원에서 유클리드 거리를 구해봅시다. 3차원이기 때문에 xyz좌표 평면을 사용합니다. 3차원에서 점 $\mathrm{A}(a_1,\ a_2,\ a_3)$와 점 $\mathrm{B}(b_1,\ b_2,\ b_3)$ 사이의 거리는 $\sqrt{(a_1-b_1)^2+(a_2-b_2)^2+(a_3-b_3)^2}$ 으로 표현할 수 있습니다.

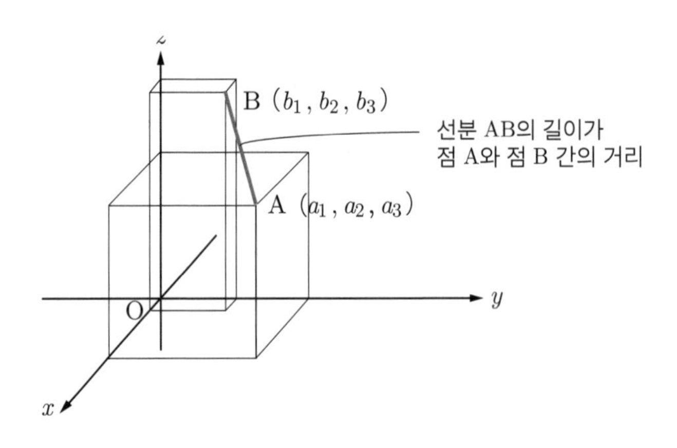

▲ 그림 1.10.3 3차원에서의 거리

3차원이라고는 하지만 2차원에서 거리를 구할 때와 방법이 크게 다르지 않다는 것을 알 수 있습니다. 왜냐하면 3차원의 거리도 2차원에서 그랬던 것처럼 피타고라스의 정리를 사용하고 있기 때문입니다.

이제까지 세 가지 형태의 공식을 살펴보았는데 모두 유클리드 거리를 구하는 방법이었습니다. 점 A와 원점 사이의 유클리드 거리는 기호 '||'를 사용해서 ||A||로 표현하고 점 A와 점 B의 두 점 사이의 거리는 ||A−B||와 같이 표현할 수 있습니다.

인공지능에서는 이렇게 활용한다

- 인공지능 분야에서는 과거의 데이터를 분석하여 최적의 모델을 만드는 학습 단계와, 그렇게 만들어진 모델을 사용해서 새로운 데이터에 대한 카테고리나 수치를 예측하는 추론 단계가 있습니다.
- 유클리드 거리는 인공지능 분야의 다양한 알고리즘에서 사용되는데, 그중 하나가 k-NN(k-nearest neighbors algorithm)[1]이라는 분류 방법입니다. 이 방법은 소위 '교사가

1 역자주: 'k-최근접 이웃 알고리즘'이라고도 합니다.

있는 학습', 즉 지도학습을 하기 때문에 미리 정답 데이터가 준비되어 있어야 합니다.[2]

- k-NN은 학습 단계에서 학습된 데이터를 벡터 공간상에 위치시킨 후, 추론 단계에서 새로운 데이터를 같은 공간에 배치합니다. 새 데이터가 어떤 카테고리에 속하는지 알기 위해서는 가까이에 있는 k개의 정답 데이터를 보고 추론하게 되는데, 이때 사용하는 것이 바로 유클리드 거리입니다.
- 이해를 돕기 위해 예를 하나 들어보겠습니다. 학습 단계에서 다음 그림처럼 '페이지 수'와 '발행빈도'의 축으로 만들어진 공간이 있습니다. 여기에 학습 데이터를 위치시키고 카테고리를 매칭합니다. 추론 단계에서는 새 데이터(그림에서 '?'로 표시)를 페이지 수와 발행빈도에 맞게 위치시킨 후, 추론을 시작합니다. 만약 $k = 3$이라고 할 때, 새 데이터에서 가까운 두 개의 데이터가 '주간지' 카테고리에 속하고, 1개의 데이터가 '광고잡지' 카테고리에 분류되어 있다면 새로운 데이터는 '주간지' 카테고리에 속한다고 추론하게 되는 것입니다.

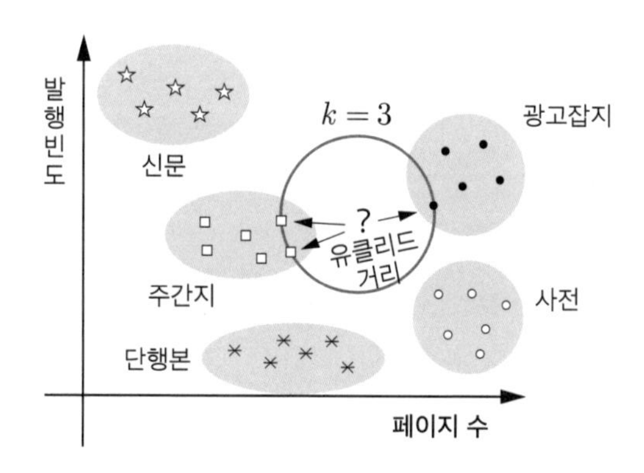

▲ 그림 1.10.4 유클리드 거리

---

2 역자주: 나중에 3장과 7장에서 다시 언급하겠지만 머신러닝에는 크게 지도 학습과 비지도 학습이 있으며, 지도 학습에 해당하는 것이 회귀(regression)와 분류(classification)이고, 비지도 학습에 해당하는 것이 군집화(clustering)입니다. 용어를 미리 익혀두면 뒤에 다시 나올 때 조금은 더 친숙하게 읽을 수 있을 겁니다.

연습문제

1-10 다음 문제에 답하시오.

① 다음 식의 절댓값을 구하시오.

(1) $|-2|$

(2) $\left|-\frac{3}{2}\right|$

(3) $x<3$일 때 $|x-3|$

(4) $x>3$일 때 $|x-3|$

(5) $a<b$일 때 $|a-b|$

② 다음 두 점 사이의 유클리드 거리를 구하시오. (단, 문제 (1)은 1차원, 문제 (2)는 2차원, 문제 (3)은 3차원상의 점)

(1) A(3), B(−2)

(2) A(2, −2), B(−3, 1)

(3) A(1, 3, −1), B(−1, 0, 1)

풀이

①

(1) $|-2|=2$

정답: 2

(2) $\left|-\frac{3}{2}\right|=\frac{3}{2}$

정답: $\frac{3}{2}$

(3) $|x-3|=-x+3$

$x<3$이기 때문에 $x-3$은 반드시 음수가 됩니다. 따라서 절댓값 기호를 벗겨낼 때 부호를 바꿔야 합니다.

정답: $-x+3$

(4) $|x-3| = x-3$

$x > 3$이기 때문에 $x-3$은 반드시 양수가 됩니다. 따라서 절댓값 기호를 벗겨낼 때 부호를 바꾸지 않습니다.

정답: $x-3$

(5) $|a-b| = -a+b$

$a < b$이기 때문에 $a-b$는 반드시 음수가 됩니다. 따라서 절댓값 기호를 벗겨낼 때 부호를 바꿔야 합니다.

정답: $-a+b$

②

(1) $|3-(-2)| = |3+2| = |5| = 5$

정답: 5

(2) $\sqrt{\{2-(-3)\}^2+(-2-1)^2} = \sqrt{5^2+(-3)^2} = \sqrt{25+9} = \sqrt{34}$

A에서 B를 빼도 되고, B에서 A를 빼도 상관없습니다.

정답: $\sqrt{34}$

(3) $\sqrt{\{1-(-1)\}^2+(3-0)^2+(-1-1)^2} = \sqrt{2^2+3^2+(-2)^2}$

$= \sqrt{4+9+4} = \sqrt{17}$

정답: $\sqrt{17}$

SECTION 1-11

수열

학습 포인트

- 수열의 합 공식과 일반항의 표현 방법을 이해하고 계산에 활용할 수 있다.
- Σ와 Π는 덧셈과 곱셈을 표현한다.

이 절에서는 수열數列, sequence에 대해 알아보겠습니다. 수열을 사용하면 여러 개의 수를 쉽게 다룰 수 있습니다. 그래서 대량의 데이터를 처리하는 인공지능 분야에서는 수열을 자주 사용합니다. 수열을 간단히 설명하면 여러 숫자가 줄지어서 배열된 것입니다. 다만, 아무렇게나 흩어져 있는 숫자들은 학문적으로 아무런 의미가 없습니다. 그래서 수학이나 다른 응용 분야에서는 일정한 규칙을 지닌 수열을 다룹니다. 수열을 구성하는 숫자 하나하나는 항項, term이라고 합니다. 수열이 $a_1,\ a_2,\ a_3,\ a_4,\ \ldots,\ a_{n-1},\ a_n$과 같을 때 a_1을 제1항, a_2를 제2항, ⋯, a_n을 제n항이라고 하며, 특별히 제1항을 초항初項, first term[1], 마지막 항을 말항末項, last term[2]이라고 합니다.

수열의 종류는 다양하지만 여기서는 그중에서도 가장 기본적인 등차수열等差數列, arithmetic sequence과 등비수열等比數列, geometric sequence에 대해 알아봅니다.

우선 다음 수열을 살펴봅시다.

$$2, 5, 8, 11, 14, 17, 20, 23, \ldots$$

이 수열에는 어떤 특징이 있을까요? 어느 항을 보더라도 바로 앞의 항과 비교해서 3만큼

1 역자주: '첫항'이라고도 합니다.

2 역자주: '끝항'이라고도 합니다.

더 크다는 것을 알 수 있습니다. 수식으로 표현하자면 $a_{n+1} = a_n + 3$과 같습니다. 이와 같이 앞, 뒤에 인접한 항과의 차이가 일정한 수열을 등차수열이라고 부르고, 그 차이를 공차 公差, common difference라고 합니다. 공차는 수식에서 d로 표기합니다. 참고로 이 예에서 공차는 3입니다.

등차수열에서는 어떤 항에 공차를 더하면 다음 항을 알 수 있습니다. 이러한 특징을 등차수열에서 일반항(제n항을 수식으로 표현한 것)으로 표현하면 다음과 같습니다.

공식

등차수열의 일반항

초항이 a, 공차가 d일 때, 등차수열의 제n항 a_n은 다음과 같이 정의한다.

$$a_n = a + (n-1)d$$

앞서 예를 든 수열에서는 초항이 2, 공차가 3이기 때문에 일반항은 $a_n = 2 + (n-1) \times 3 = 3n - 1$이 됩니다.

다음은 등차수열의 합에 대해 알아봅시다. 예를 들어, 초항이 2, 공차가 3, 말항이 26이고, 전체 항의 개수가 9인 수열이 있다고 가정할 때, 이 수열의 모든 항을 합한 S는 어떻게 구할 수 있을까요? 물론 $2 + 5 + 8 + 11 + 14 + 17 + 20 + 23 + 26$을 계산하면 구할 수는 있겠지만 계산이 상당히 번거로울 수 있습니다. 그래서 이러한 계산을 간단히 하는 방법을 소개합니다. 우선 다음과 같이 수열을 역순으로 배열한 것을 한 벌 더 준비한 다음, 원래 순서의 수열과 합쳐봅시다.

$$
\begin{array}{rl}
S = & 2 + 5 + 8 + 11 + 14 + 17 + 20 + 23 + 26 \\
+)\ S = & 26 + 23 + 20 + 17 + 14 + 11 + 8 + 5 + 2 \\
\hline
2S = & 28 + 28 + 28 + 28 + 28 + 28 + 28 + 28 + 28
\end{array}
$$

▲ 수식 1.11.1 등차수열의 합

좌변左邊에는 $2S$, 우변右邊에는 초항과 말항을 더한 것과 같은 값들이 항의 개수만큼 있습니다. 우변의 계산은 상당히 간단한데 초항 2에 말항 26을 더한 것에 항의 개수 9만큼을 곱해서 $(2+26) \times 9 = 252$가 나옵니다. 좌변은 $2S$이기 때문에 수열의 합 S를 구하려면 양변을 2로 나누면 됩니다. 결국 $S = \frac{252}{2} = 126$이 되는데 이 과정을 일반화하면 등차수열의 합 공식이 나옵니다.

공식

등차수열의 합

초항이 a, 말항이 l, 항의 개수는 n, 초항에서 말항까지의 합이 S라고 할 때, 다음과 같은 식이 성립한다.

$$S = \frac{1}{2} n(a+l)$$

이 식은 상당히 중요하기 때문에 의미를 이해한 다음 꼭 외워두기 바랍니다. 암기를 할 때는 말로 풀어서 설명하는 것이 큰 도움이 되는데 '$\frac{1}{2}$ × 항의 개수 × (초항 + 말항)'과 같이 외우면 됩니다.

이어서 등비수열에 대해서도 알아봅시다. 우선 다음 수열을 살펴보기 바랍니다.

$$3,\ 6,\ 12,\ 24,\ 48,\ 96,\ 192,\ \ldots$$

이 수열은 항이 다음 항으로 하나씩 넘어갈 때마다 2배씩 커지는 것을 알 수 있습니다. 이 규칙을 수식으로 표현하자면 $a_{n+1} = 2a_n$과 같습니다. 이와 같이 인접하는 항의 비율이 일정한 수열을 등비수열等比數列이라고 하고 그 비율을 공비公比, geometric ratio라고 합니다. 공비는 수식에서 r로 표기합니다. 참고로 이 예의 공비는 2입니다. 초항이 a, 공비가 r이라고 할 때, 등비수열은 $a,\ ar,\ ar^2,\ ar^3,\ \ldots,\ ar^n$과 같은 형태가 되는데 이런 특징을 등비수열의 일반항으로 표현하면 다음과 같습니다.

공식

등비수열의 일반항

초항이 a, 공비가 r일 때, 등비수열의 제n항 a_n은 다음과 같이 정의한다.

$$a_n = ar^{n-1}$$

앞서 예를 든 수열이라면 $a_n = 3 \times 2^{n-1}$이 됩니다.

다음은 등비수열의 합에 대해 생각해봅시다. 초항이 3, 공비가 2, 항의 개수가 7, 말항이 192인 등비수열의 합은 $S = (3 + 6 + 12 + 24 + 48 + 96 + 192)$가 됩니다. 물론 이대로 수열을 더해도 상관없지만 이번에도 더 간편한 방법을 하나 소개하겠습니다. 다음과 같이 각 항을 공비로 곱한 수열을 한 벌 더 준비한 다음, 원래의 수열에서 빼기를 해봅시다.

$$\begin{array}{rl} S = & 3 + 6 + 12 + 24 + 48 + 96 + 192 \\ -)\ 2S = & \quad 3\times2 + 6\times2 + 12\times2 + 24\times2 + 48\times2 + 96\times2 + 192\times2 \\ \hline (1-2)S = & 3 \qquad\qquad\qquad\qquad\qquad\qquad\qquad\qquad -192\times2 \end{array}$$

▲ 수식 1.11.2 등비수열의 합

그러면 초항과 말항에 2를 곱한 수가 남아서 '(1−공비인 2) × S = (초항인 3)−(말항 × 2)'가 됩니다. 이 식에서 S의 값을 구해보면 $S = 381$이 되는데 이 과정을 일반화하면 등비수열의 합 공식이 나옵니다.

공식

등비수열의 합

초항이 a, 공비가 r, 초항에서 제n항까지의 합이 S_n라고 할 때, 다음과 같은 식이 성립한다.

(1) $r \neq 1$일 때 $S_n = \dfrac{a(1-r^n)}{1-r} = \dfrac{a(r^n-1)}{r-1}$

(2) $r = 1$일 때 $S_n = na$

공식 (1)은 두 가지가 있는데 둘 중 어느 것을 사용해도 상관없습니다. 다만 r이 1보다 작다면 $\dfrac{a(1-r^n)}{1-r}$의 공식을, r이 1보다 크다면 $\dfrac{a(r^n-1)}{r-1}$의 공식을 이용하는 것이 계산하기 편합니다. $r \neq 1$과 $r = 1$을 굳이 구분하는 이유는 공식 (1)에서 $r = 1$이 되면 분모가 0이기 때문에 계산 자체가 불가능하기 때문입니다. $r = 1$일 때는 실제 수열에서 초항과 동일한 항이 수열의 개수만큼 나열되기 때문에 공식 (2)와 같이 초항에 항의 개수를 곱한 것이 수열의 합이 됩니다.

다음에 배울 것은 Σ와 Π입니다.[1] 이 기호들은 수열의 모든 항을 누적해서 더한 총합總合과 수열의 모든 항을 누적해서 곱한 총승總乘을 의미합니다.

우선 Σ에 대해 알아봅시다. 어떤 수열 $a_1, a_2, a_3, a_4, \ldots, a_{n-1}, a_n$이 있다고 가정할 때, 이 수열의 합은 $(a_1 + a_2 + a_3 + a_4 + \ldots + a_{n-1} + a_n)$이고 이것을 $\sum_{k=1}^{n} a_k$와 같이 표현합니다. 즉 Σ는 수열의 합을 표현하는 기호입니다. $\sum_{k=p}^{q} a_k$는 수열 $\{a_n\}$의 제p항에서 제q항까지의

1 역자주: Σ는 'sigma'라고 읽고, Π는 'pi'라고 읽습니다.

합을 의미합니다. 예를 들어, $\sum_{k=1}^{4}(3k+1)$이라고 표기되어 있다면, 이것은 수열 $\{3k+1\}$의 제1항에서 제4항까지의 값을 모두 더한다는 의미입니다. 이것을 계산해보면 다음과 같습니다.

$$\sum_{k=1}^{4}(3k+1) = \underbrace{(3\times1+1)}_{\text{제1항}} + \underbrace{(3\times2+1)}_{\text{제2항}} + \underbrace{(3\times3+1)}_{\text{제3항}} + \underbrace{(3\times4+1)}_{\text{제4항}}$$
$$= 4+7+10+13 = 34$$

▲ 수식 1.11.3 Σ를 사용한 식

다음은 $\sum_{k=1}^{n}k$의 값을 구해봅시다. 이것은 초항이 1, 공차가 1인 등차수열에서 초항부터 제n항까지의 합을 의미합니다. 여기에 등차수열의 합 공식을 사용하면 다음과 같이 표현할 수 있습니다.

$$\sum_{k=1}^{n}k = 1+2+3+4+\ldots+(n-1)+n = \frac{1}{2}n(n+1)$$

이런 형태의 $\sum_{k=1}^{n}k$는 자주 사용하므로 잘 외워두기 바랍니다. 더불어 $\sum_{k=1}^{n}k^2$이나 $\sum_{k=1}^{n}k^3$도 자주 사용하니 함께 외워두세요. 중요한 수열의 합 공식을 정리하면 다음과 같습니다.

공식

수열의 합

(1) $\sum_{k=1}^{n}k = \frac{1}{2}n(n+1)$

(2) $\sum_{k=1}^{n}k^2 = \frac{1}{6}n(n+1)(2n+1)$

(3) $\sum_{k=1}^{n}k^3 = \left\{\frac{1}{2}n(n+1)\right\}^2$

(4) $\sum_{k=1}^{n}c = nc$ (단, c는 상수)

한편, Σ는 다음과 같은 성질을 지닙니다.

공식

Σ의 성질

(1) $\sum_{k=1}^{n}(a_k + b_k) = \sum_{k=1}^{n} a_k + \sum_{k=1}^{n} b_k$

(2) $\sum_{k=1}^{n} pa_k = p\sum_{k=1}^{n} a_k$ (단, p는 상수)

Σ의 계산에서는 수열의 합을 여러 개의 수열의 합으로 나눠서 계산할 수 있고, 상수는 시그마 기호의 앞으로 뺄 수도 있습니다.

마지막으로 Π에 대해 알아봅시다. 이것은 Σ가 곱셈으로 바뀐 것뿐이라서 대부분의 내용이 비슷합니다. 어떤 수열 $a_1,\ a_2,\ a_3,\ a_4,\ \ldots,\ a_{n-1},\ a_n$이 있다고 가정할 때, 이 수열의 곱은 $(a_1 \times a_2 \times a_3 \times a_4 \times \ldots \times a_{n-1} \times a_n)$이고 이것을 표기할 때는 $\prod_{k=1}^{n} a_k$와 같이 표현합니다.

예를 들어, $a_k = 2k-1$로 표현되는 수열 $\{a_n\}$이 있을 때 $\prod_{k=1}^{4} a_k$의 값은 다음과 같이 계산할 수 있습니다.

$$\prod_{k=1}^{4} a_k = a_1 \times a_2 \times a_3 \times a_4 = 1 \times 3 \times 5 \times 7 = 105$$

Π와 관련해서는 특별히 중요한 공식이 없기 때문에 정의와 계산 방법만 제대로 이해하면 됩니다.

인공지능에서는 이렇게 활용한다

- 머신러닝 분야에서 주목받는 알고리즘의 하나인 '신경망'은 인간의 뇌 속에 있는 신경 세포 '뉴런'과 그들의 연결 관계를 인공적으로 흉내 낸 것입니다.
- 뉴런에 입력되는 값은 여러 개의 '입력값'과 '가중치(w)'의 곱을 모두 더한 다음, 여기에 상수를 더 추가한 것과 같습니다.
- 경우에 따라 다르겠지만 신경망에서는 이런 하나의 모델에서 이와 같은 덧셈이 수백만 번 이루어지기도 합니다. 이런 계산식을 하나하나 쓰는 것은 사실상 불가능에 가깝기 때문에 Σ를 사용해서 표현합니다.

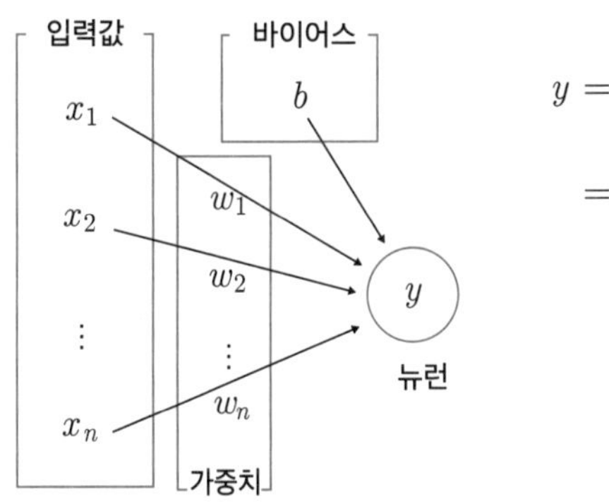

$$y = b + x_1 \cdot w_1 + x_2 \cdot w_2 + \cdots + x_n w_n$$
$$= \sum_{k=1}^{n} x_k w_k + b$$

▲ 그림 1.11.1 신경망의 개요

연습문제

1-11 다음 문제에 답하시오.

① 등차수열 '1, 3, 5, 7, 9, …'의 일반항을 구하시오.

② 초항이 2, 공차가 −2, 항의 개수가 10인 등차수열의 합을 구하시오.

③ 등비수열 '3, 9, 27, 81, 243, …'의 일반항을 구하시오.

④ 초항이 2, 공비가 2, 항의 개수가 6인 등비수열의 합을 구하시오.

⑤ $\sum_{k=1}^{n}(2k^2 + k + 1)$을 구하시오.

풀이

① 등차수열의 일반항을 구할 때는 초항과 공차를 알아야 합니다. 초항은 1, 공차는 2이므로 일반항은 다음과 같이 구할 수 있습니다.

$a_n = 1 + (n-1) \times 2 = 1 + 2n - 2 = 2n - 1$

$n = 1, 2, \cdots$ 와 같이 실제로 대입해보면 원래 수열과 똑같이 만들어지는 것을 알 수 있습니다.

정답: $2n-1$

② 말항이 무엇인지 알 수 없기 때문에 우선 말항을 구해야 합니다.

이때, 초항과 공차를 알고 있으니 등차수열의 일반항 공식을 사용할 수 있습니다.

$a_n = 2 + (n-1) \times (-2)$

항의 개수가 10이므로 제10항이 말항입니다. 앞의 식에 $n = 10$을 대입합니다.

$a_{10} = 2 + (10-1) \times (-2) = -16$

말항이 −16인 것을 알았으니 등차수열의 합 공식을 사용할 수 있습니다.

$$S = \frac{1}{2} \times 10 \times (2-16) = \frac{1}{2} \times 10 \times (-14) = -70$$

정답: −70

③ 수열에서 초항과 공비를 먼저 찾습니다. 초항은 3, 공비는 3이므로 등비수열의 일반항 공식을 사용하면 다음과 같습니다.

$a_n = 3 \times 3^{n-1} = 3^n$

지수끼리 계산하여 간결하게 만듭니다.

정답: 3^n

④ 등비수열의 합 공식 $S_n = \dfrac{a(r^n-1)}{r-1}$을 사용합니다.

$$S_6 = \frac{2(2^6-1)}{2-1} = 2 \times 2^6 - 2 = 128 - 2 = 126$$

정답: 126

⑤ $\sum_{k=1}^{n}(2k^2+k+1)$

$=\sum_{k=1}^{n}2k^2+\sum_{k=1}^{n}k+\sum_{k=1}^{n}1$ ← Σ는 각 항마다 나누어서 계산할 수 있습니다.

$=2\sum_{k=1}^{n}k^2+\sum_{k=1}^{n}k+\sum_{k=1}^{n}1$ ← k와 무관한 상수는 Σ의 앞으로 빼낼 수 있습니다.

$=2\left\{\frac{1}{6}n\left(n+1\right)\left(2n+1\right)\right\}+\frac{1}{2}n\left(n+1\right)+n$ ← 공식을 사용하여 Σ를 계산합니다.

$=\frac{2}{3}n^3+\frac{3}{2}n^2+\frac{11}{6}n$ ← 수식을 정리합니다.

정답: $\frac{2}{3}n^3+\frac{3}{2}n^2+\frac{11}{6}n$

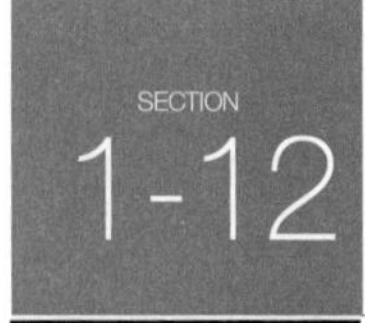

집합과 원소

학습 포인트

- 원소는 기호 ∈로 포함 관계를 표현한다.
- 집합은 기호 ⊂로 포함 관계를 표현한다.

드디어 1장의 마지막입니다. 마무리는 집합으로 끝내봅시다. 다행스럽게도 집합에서는 계산 식이 거의 나오지 않습니다.

우선 10보다 작거나 같은 자연수를 생각해 봅시다. 그중에 짝수는 2, 4, 6, 8, 10이 있습니다. 이와 같이 어떤 조건을 만족하는 것들을 중복되지 않도록 하나하나 모은 다음, 그것을 통째로 하나의 모둠으로 다룰 수 있는데, 이 모둠을 집합集合, set[1]이라고 부릅니다. 그리고 집합에 들어가는 하나하나의 것들을 원소元素, element라고 합니다. 집합은 어떤 원소가 그 집합에 들어가느냐, 들어가지 않느냐를 정확하게 구분합니다.

집합은 중괄호 기호 '{'와 '}'로 원소를 감싸는 모양으로 표기하는데, 크게 두 가지 방법으로 표현할 수 있습니다. 우선 모든 원소를 중괄호 안에 나열하는 방법입니다. 예를 들면 $\{2, 4, 6, 8, 10\}$과 같은 형태로 쓸 수 있습니다. 다른 방법으로는 중괄호 안에 원소에 대한 설명을 적는 방법인데 $\{x \mid x$에 대한 조건$\}$과 같은 형태로 원소를 설명하는 방법입니다. 앞의 예에 이 방법을 쓴다면 $\{x \mid x$는 10보다 작거나 같은 자연수 중의 짝수$\}$와 같이 표현할 수 있습니다. 한편, 집합에는 이름을 붙일 수가 있는데, 예를 들면 $A = \{2, 4, 6, 8, 10\}$과 같이 표현할 수가 있습니다. 만약 어떤 원소 x가 집합 A에 속한다면 $x \in A$라고 쓰고, 속하지 않는다면 $x \notin A$라고 쓸 수 있습니다.

1 역자주: 수학에서는 집합을 표현할 때 'a collection of objects'라고도 합니다.

두 개의 집합 A, B가 있을 때 집합 A의 원소와 집합 B의 원소가 완전히 일치한다면 집합 A와 B는 같다고 보고 $A = B$라고 표현합니다. 그리고 집합 B의 모든 원소가 집합 A의 원소라면 집합 B는 집합 A의 **부분집합**이라고 말할 수 있습니다. 예를 들어, 집합 $A = \{x \mid x$는 10보다 작거나 같은 자연수$\}$이고 집합 $B = \{x \mid x$는 10보다 작거나 같은 양의 홀수$\}$일 때를 생각하면 이해하기가 쉬울 겁니다. 이 관계를 그림으로 표현한 것이 그림 1.12.1이고 이런 그림을 **벤 다이어그램**Venn diagram이라고 합니다.

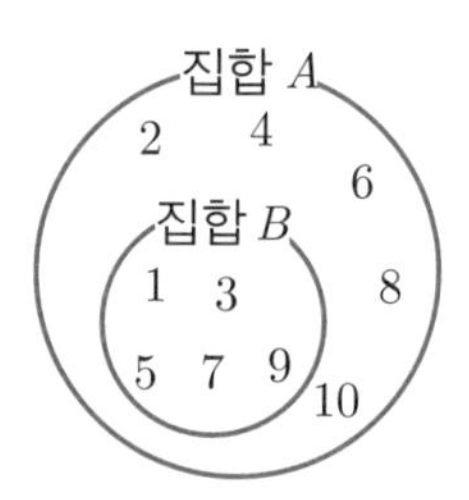

▲ 그림 1.12.1 집합 A와 집합 B를 표현하는 벤 다이어그램

그림 1.12.1을 보면 집합 B의 원소 모두가 집합 A의 원소인 것을 알 수 있습니다. 그래서 집합 B는 집합 A의 부분집합이고 $B \subset A$와 같이 표현할 수 있습니다.

한편, 원소가 하나도 없는 집합도 있을 수 있습니다. 이런 집합을 **공집합**空集合, null set이라 하고 기호로는 ϕ로 표기합니다. 공집합은 모든 집합의 부분집합입니다. 그래서 어떤 집합 A가 있을 때 $\phi \subset A$라고 할 수 있습니다.

두 개의 집합 A, B가 있을 때 집합 A와 집합 B, 모두에 속하는 원소가 있다면 이 원소들의 집합을 집합 A와 집합 B의 **교집합**交集合, intersection이라 하고 $A \cap B$와 같이 표기합니다.

그리고 집합 A와 집합 B, 두 집합 중 적어도 한 집합에 속하는 원소가 있다면 이 원소들의 집합을 집합 A와 집합 B의 **합집합**合集合, union이라 하고 $A \cup B$와 같이 표기합니다.

이들을 벤 다이어그램으로 표현하면 다음과 같습니다.

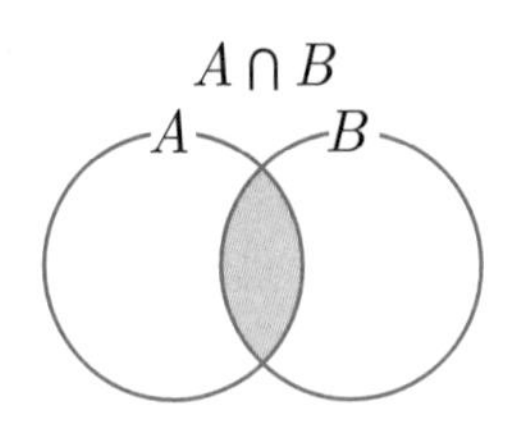

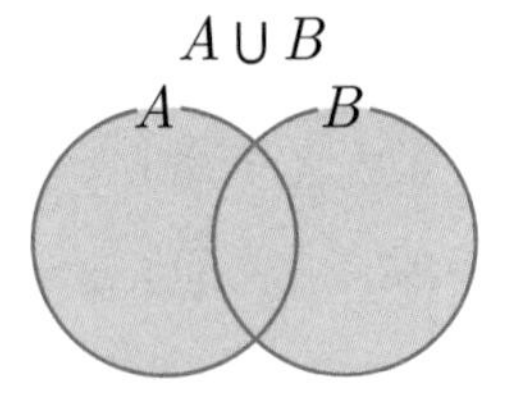

▲ 그림 1.12.2 $A \cap B$와 $A \cup B$

연습문제

1-12 다음 문제에 답하시오.

① 다음 집합을 원소를 나열하는 방식으로 표현하시오.

(1) $\{x \mid x^2 = 9\}$

(2) $\{x \mid x$는 12의 양의 약수$\}$

② 집합 $A = \{1, 2, 3, 4, 5, 6\}$과 집합 $B = \{4, 5, 6, 7, 8, 9\}$가 있다고 가정합니다. 다음 집합을 구하시오.

(1) $A \cap B$

(2) $A \cup B$

풀이

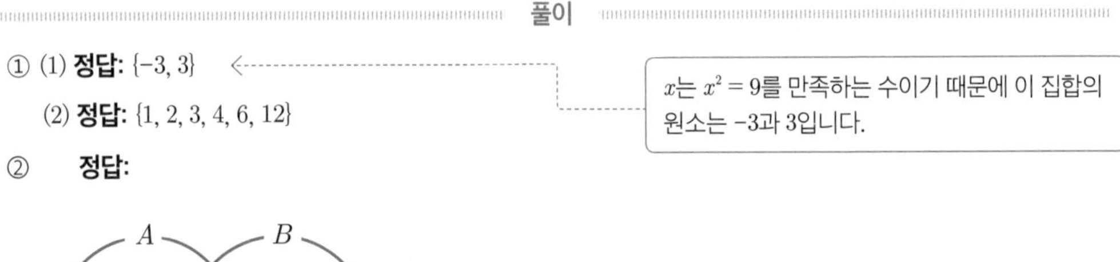

① (1) **정답:** $\{-3, 3\}$

(2) **정답:** $\{1, 2, 3, 4, 6, 12\}$

> x는 $x^2 = 9$를 만족하는 수이기 때문에 이 집합의 원소는 −3과 3입니다.

② **정답:**

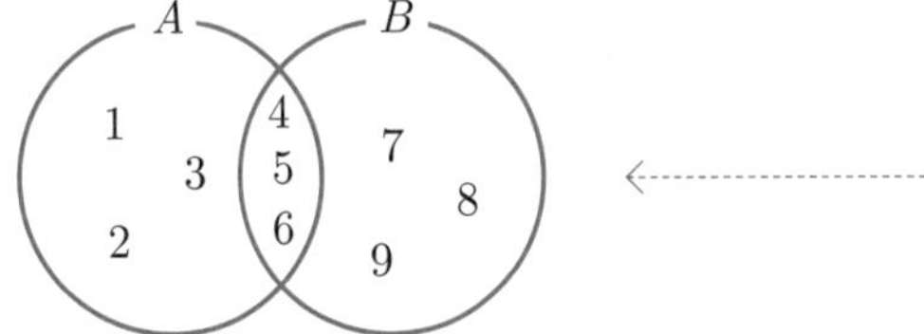

> 교집합이나 합집합을 구할 때는 벤 다이어그램을 그리는 것이 도움됩니다.

(1) 앞의 벤 다이어그램에서 교집합을 구하는 문제입니다.

정답: $\{4, 5, 6\}$

(2) 앞의 벤 다이어그램에서 합집합을 구하는 문제입니다.

정답: $\{1, 2, 3, 4, 5, 6, 7, 8, 9\}$

'state of the art'란?

인공지능처럼 큰 혁신 과정에서 새로운 기술이 발견되거나 개발되었을 때 그 기술을 'state of the art'라고 말합니다. 여기서 'art'는 기술을 의미해서 'state of the art'는 최첨단의 기술이라는 의미로 사용됩니다.

최근 머신러닝이나 인공지능에 관한 뉴스가 하루가 멀다하고 쏟아져 나오고 있습니다. 가끔은 최첨단 기술을 실제로 쓰지 않았음에도 불구하고 'AI 탑재'와 같은 홍보 문구가 남발되는 웃지 못할 상황도 종종 생깁니다. 그래서 뉴스 기사만 보다 보면 어떤 것이 진짜 'state of the art'인지 판단하기 어렵고, 그러다 보니 결국 그런 기사를 접한 사람이 해당 기술을 얼마나 잘 이해하고 있는지에 따라 그 기술에 대한 평가와 판단이 달라지게 됩니다.

인공지능 기술은 과연 좋은 기술인가? 아니면 나쁜 기술인가? 이를 판단할 수 있으려면 인공지능에 대한 제대로 된 지식을 갖춰야 함은 물론, 올바른 가치관도 겸비하고 있어야 합니다.

지금은 아직 인공지능 분야가 전문성을 필요로 하는 분야라 많은 이들이 이해하기 어렵고, 이에 대한 사람들의 생각도 천차만별이겠지만, 앞으로 인공지능이 본격화될 미래에는 누구나 다 이해하는 보편적인 교양이 되어 있지 않을까요?

...그러지 않을까요?

2

미분

미분微分, differential은 그래프의 어느 지점에서 아주 짧은 순간에 변화하는 값의 비율을 알고 싶을 때 사용하는 수학적 개념으로, 고등학교에서 대학교 전공 과정까지 폭넓게 사용됩니다. 보통은 미분과 적분을 함께 다루는데 머신러닝 분야에서는 적분이 거의 사용되지 않습니다. 그래서 이 책에서도 미분은 나오지만 적분은 나오지 않습니다.

이 장은 고등학교의 교과 과정에 수준을 맞추어 미분의 개념이나 표현 방법을 잊어버렸다고 하더라도 다시 상기할 수 있도록 구성되어 있습니다. 머신러닝에서는 미분을 많이 활용하는데 '딥러닝深層學習, deep learning', '신경망神經網, neural network', '최소제곱법最小自乘法, least square method', '경사하강법傾斜下降法, gradient descent', '오차역전파법誤差逆傳播法, backpropagation' 등을 배울 때 확인할 수 있습니다.

SECTION 2-1

극한

학습 포인트

- 극한은 수열이나 함숫값이 어떤 특정값에 한없이 가까워지는 것을 의미한다.
- 극한을 사용한 계산을 할 수 있다.

이 장부터는 미분微分, differential을 다룹니다. 학교에서 수학을 배울 때, 미분을 만난 후로 수학과 멀어진 분들도 있을 것 같습니다. 하지만 안타깝게도 미분은 인공지능 분야에서 상당히 자주 사용하는 중요한 수학적 개념입니다. 왜 그렇게도 중요한 것인지는 이번 장을 보면서 차차 알게 될 겁니다. 과거에 비록 수학을 포기했던 분이라도 천천히 따라 읽으면서 개념을 새로 잡아 보기 바랍니다.

우선 다음 $f(x)$의 식과 그림 2.1.1을 살펴봅시다.

$$f(x) = \frac{x^2 - 1}{x - 1} \quad \text{수식 2.1.1}$$

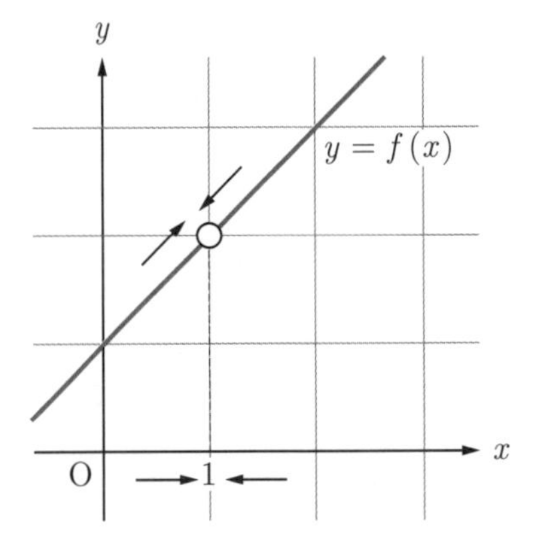

▲ 그림 2.1.1 $y=f(x)$의 그래프

$f(x)$는 $x=1$일 때 분모가 0이 되기 때문에 y값을 정의할 수 없습니다.[1] 0으로 숫자를 나누지 못한다는 것은 수학에서 중요한 규칙 중의 하나입니다.

대신 $x \neq 1$일 때는 함수 $f(x)$의 값을 정할 수 있습니다. 그래서 변수 x의 값을 1.1, 1.01, 1.001, ⋯ 이거나 0.9, 0.99, 0.999, ⋯ 와 같이 최대한 1에 가깝게 만들되, 결코 $x=1$이 되지 않게 해주면 $f(x)$의 값을 구할 수 있습니다. 이때의 $f(x)$값은 2.1, 2.01, 2.001, ⋯ 이거나 1.9, 1.99, 1.999, ⋯ 와 같이 2에 가까운 값이 나오게 됩니다.

이렇게 x의 값을 어떤 값 a에 최대한 가깝게 만들 때, 함수 $f(x)$의 값도 어떤 값 α에 최대한 가까워지는 모양을 일컬어 '수렴收斂, convergent한다'라고 표현합니다. 이것을 수식으로 표현할 때는 수식 2.1.2와 같이 쓰거나 더 간단한 형태로 수식 2.1.3과 같이 쓸 수 있습니다. 이때, 이 수식의 α는 함수 $f(x)$에서 $x \to a$일 때의 극한값極限값, limit, limiting value이라고 합니다.

$$\lim_{x \to a} f(x) = \alpha \quad \text{수식 2.1.2}$$

$$f(x) \to \alpha \ (x \to a) \quad \text{수식 2.1.3}$$

앞서 살펴본 수식 2.1.1도 lim 기호로 표현할 수 있습니다.

$$\lim_{x \to 1} \frac{x^2 - 1}{x - 1} = \lim_{x \to 1} \frac{(x-1)(x+1)}{x-1} = \lim_{x \to 1}(x+1) = 2$$

1 역자주: 0이 아닌 수를 0으로 나누는 경우는 불능(不能)이라고 하고, 0을 0으로 나누는 경우는 부정(不定)이라고 합니다.

연습문제

2-1

$\lim_{x \to 2} \dfrac{x^2 - x - 2}{x^3 - 8}$ 를 계산하시오.

풀이

분자 $x^2 - x - 2$는 $(x-2)(x+1)$로 인수분해因數分解, factorization[1]할 수 있고, 분모 $x^3 - 8$은 $(x-2)(x^2+2x+4)$로 인수분해할 수 있습니다. 이때, $x \neq 2$라는 전제조건을 붙인다면 분자와 분모에 둘 다 있는 $(x-2)$를 약분할 수 있습니다.

$$\frac{x^2 - x - 2}{x^3 - 8} = \frac{(x-2)(x+1)}{(x-2)(x^2+2x+4)} = \frac{x+1}{x^2+2x+4} \quad (\text{단, } x \neq 2)$$

결국 다음과 같이 답을 구할 수 있습니다.

$$\lim_{x \to 2} \frac{x^2 - x - 2}{x^3 - 8} = \lim_{x \to 2} \frac{x+1}{x^2+2x+4} = \frac{2+1}{2^2 + 2 \times 2 + 4} = \frac{3}{12} = \frac{1}{4}$$

정답: $\frac{1}{4}$

1 인수분해란 다항식을 일차식 등의 곱의 형태로 나타낸 것입니다. 예를 들어 (x^2-4)는 $(x+2)(x-2)$로 인수분해할 수 있습니다.

SECTION 2-2 미분의 기초

학습 포인트

- 미분과 극한의 관계를 설명할 수 있다.
- 미분은 아주 짧은 순간의 함수에 대한 기울기를 구하는 것이다.

이 절에서는 미분의 기초를 배워보겠습니다. 우선 다음 예제를 살펴봅시다.

최수정씨가 강남역에서 인천공항까지 72.56km의 거리를 자동차로 이동하는 데 1시간 반이 걸렸습니다. 이때, 자동차의 평균 속도를 구하시오.

평균 속도는 단위 시간당 얼마나 이동했는가를 나타내므로, 이동 거리를 이동 시간으로 나누면 구할 수 있습니다. 이 예에서 평균 속도 v는 다음과 같습니다.

$$\text{평균 속도 } v = \frac{72.56\text{km}}{1.5\text{h}} \fallingdotseq 48.37\text{km/h}$$ 수식 2.2.1

이때, 주의할 점은 자동차가 항상 이 속도로 달리는 것이 아니라는 점입니다. 신호 대기 상태라 멈춰있을 수도 있고, 고속도로를 달리느라 고속 주행을 하고 있을 수도 있기 때문에, 달리는 자동차의 속도계가 항상 48.37km로 표시되는 것은 아닙니다. 여기서 구한 속도는 해당 거리를 1시간 반 동안 달린 다음 평균을 낸 것이기 때문에, 가속과 감속을 반복하면서 만들어진 평균 속도에 불과합니다.

그러면 이번에는 시간 간격을 조금씩 줄여가면서 속도를 구해봅시다. 10분 동안 몇 km를 달렸는지, 1분 동안 몇 km를 달렸는지, 더 나아가 1초 동안 몇 km를 달렸는지 알아내는 과정을 반복하다 보면 아주 짧은 구간의 속도를 알게 될 것이고, 그에 따라 주행 중인 자동차의 속도도 더 정확하게 알아낼 수 있습니다. 이렇게 구하는 속도를 순간 속도라고 합니다. 자동차의 이동 거리를 x, 자동차의 이동 시간을 t, 시간이 t일 때의 자동차의 위치를 $x(t)$라고 가정할 때, 순간 속도 v는 수식 2.2.2와 같이 표현합니다.

$$\text{순간 속도 } v = \lim_{\Delta t \to 0} \frac{\Delta x}{\Delta t} = \lim_{\Delta t \to 0} \frac{x(t+\Delta t) - x(t)}{\Delta t} \quad \text{수식 2.2.2}$$

이런 수식 표현이 직관적으로는 잘 이해되지 않을 수도 있습니다. 일단 하나씩 풀어서 설명해 보겠습니다. 우선 $\lim_{\Delta t \to 0} \frac{\Delta x}{\Delta t}$에 대해 살펴봅시다. 수학에서 Δ는 변화량을 의미하는 기호입니다.[1] Δx나 Δt같은 기호도 눈에 띄는데, Δx는 이동 거리의 변화량을, Δt는 이동 시간의 변화량을 의미합니다. 결국 이 식은 극한의 개념을 이용해서 시간의 변화량 Δt를 최대한 0에 가깝게 만들 때의 순간 속도가 얼마인지 알아내기 위한 식인 것입니다.

이번에는 $\lim_{\Delta t \to 0} \frac{x(t+\Delta t) - x(t)}{\Delta t}$를 살펴봅시다. 이것은 앞의 Δx를 $x(t+\Delta t) - x(t)$로 풀어쓴 것입니다. $x(t)$가 시간이 t일 때의 자동차 위치라고 할 때, $x(t+\Delta t)$는 시간이 $t+\Delta t$일 때의 자동차 위치가 됩니다. 이 관계를 이미지로 표현하면 그림 2.2.1과 같습니다.

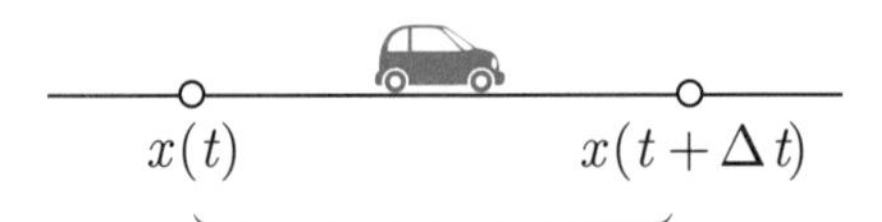

이 구간의 거리는 $\Delta x = x(t+\Delta t) - x(t)$ 라고 표현할 수 있습니다.

▲ 그림 2.2.1 이동 시간 Δt에 대한 자동차의 이동 거리 Δx

결국 앞에서 살펴본 수식 2.2.2의 계산이 바로 미분입니다. 풀어서 말하자면 Δt(이동 시

1 역자주: Δ는 'delta'라고 읽습니다.

간의 변화량)를 0에 가깝게 극한으로 만들 때의 Δx(이동 거리의 변화량)가 미분인 것입니다. 변화량이 극도로 작을 때는 Δ 대신 d를 사용하여 dt나 dx와 같이 표기할 수 있는데, 같은 방식으로 미분도 $\frac{\mathrm{d}x(t)}{\mathrm{d}t}$와 같이 쓸 수 있습니다. 이것은 t가 아주 미세하게 변할 때, x는 얼마나 변하는지를 의미하는 것으로, 결국 분자인 x를 분모인 t로 미분한 것과 같습니다.

$$\text{순간 속도 } v = \frac{\mathrm{d}x(t)}{\mathrm{d}t} = \lim_{\Delta t \to 0} \frac{\Delta x}{\Delta t} = \lim_{\Delta t \to 0} \frac{x(t+\Delta t) - x(t)}{\Delta t} \quad \text{수식 2.2.3}$$

이제 여기서 배운 순간 속도의 개념을 좀 더 일반적인 함수에 적용해 보면서 미분이 무엇인지 다시 한번 살펴봅시다. 우선 함수 $f(x)$ 위에 있는 두 점 $(a, f(a))$와 $(b, f(b))$가 있을 때, 이 점들을 통과하는 직선 $y = \alpha x + \beta$가 있다고 가정합시다. (단, $a \neq b$)

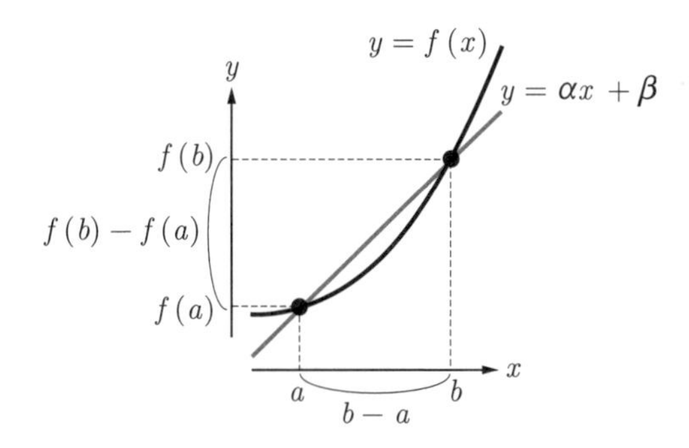

▲ 그림 2.2.2 두 점을 지나는 직선

이 식에 두 점의 좌표를 대입하면 다음과 같은 연립방정식聯立方程式, simultaneous equation[2]을 만들 수 있습니다.

$$f(a) = \alpha a + \beta$$
$$f(b) = \alpha b + \beta$$

2 역자주: 방정식계(方程式系, system of equation)라고도 합니다.

이때, 아래의 식에서 위의 식을 빼면 다음과 같은 식이 만들어집니다.

$$f(b) - f(a) = \alpha(b - a)$$ 수식 2.2.4

이제 이 식의 양변을 $(b - a)$로 나누면 직선의 기울기 α를 구할 수 있습니다. (단, $a \neq b$)

$$\alpha = \frac{f(b) - f(a)}{b - a}$$ 수식 2.2.5

이번에는 앞서 살펴본 $f(a) = \alpha a + \beta$를 β에 대한 식으로 모양을 바꿔줍시다.

$$\beta = f(a) - \alpha a$$

이제 이 식의 기울기 α에 수식 2.2.5를 대입합니다. 그러면 다음과 같이 β가 구해집니다.

$$\beta = f(a) - \alpha a = f(a) - \frac{f(b) - f(a)}{b - a}a$$ 수식 2.2.6

한편, 수식 2.2.5에서 구한 직선의 기울기 α는 '두 점 사이에서 평균적으로 변화한 정도'라고 말할 수 있습니다. 그렇다면 앞에서 주행 중인 자동차의 순간 속도를 구했던 것처럼, 함수 $f(x)$ 위의 점 $(a, f(a))$에서 '순간적으로 변화한 정도'인 기울기를 구하려면 어떻게 해야 할까요?

만약 점 $(b, f(b))$를 점 $(a, f(a))$에 일치시켜 버리면 분모가 $b - a = 0$이 되기 때문에 값을 정의하지 못합니다. 그래서 함수 $f(x)$의 점 $(a, f(a))$에서의 기울기 $\alpha = \frac{\mathrm{d}f(a)}{\mathrm{d}x}$를 구하려면 그림 2.2.3과 수식 2.2.7에서 볼 수 있듯이 극한을 사용해야 합니다. 결국 어떤 함수의 특정한 지점에서의 기울기를 구하는 것을 '미분한다'라고 합니다.

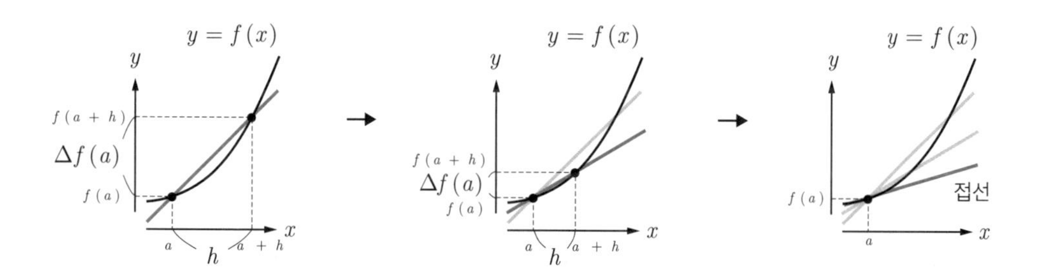

▲ 그림 2.2.3 두 점의 간격을 좁게 만들 때의 극한과 접선

$$\frac{\mathrm{d}f(a)}{\mathrm{d}x} = \lim_{\Delta x \to 0} \frac{\Delta f(a)}{\Delta x} = \lim_{h \to 0} \frac{f(a+h) - f(a)}{(a+h) - a}$$
$$= \lim_{h \to 0} \frac{f(a+h) - f(a)}{h} \quad \text{수식 2.2.7}$$

이렇게 해서 점 $(a,\ f(a))$에서 $y = f(x)$에 접하는 직선 $y = \alpha x + \beta$를 그릴 수 있게 되었습니다. 이때의 직선을 접선接線, tangent line, tangent이라고 하고, 평균변화율의 극한값인 α는 $x = a$일 때의 미분계수微分係數, differential coefficient라고 합니다.

$$y = \frac{\mathrm{d}f(a)}{\mathrm{d}x} x + \left(f(a) - \frac{\mathrm{d}f(a)}{\mathrm{d}x} a \right) = \frac{\mathrm{d}f(a)}{\mathrm{d}x}(x - a) + f(a) \quad \text{수식 2.2.8}$$

수식 2.2.8의 상수 a는 변수 x가 가질 수 있는 수많은 값들 중의 하나입니다. 상수 a에 어떤 x를 대입하더라도 $\frac{\mathrm{d}f(a)}{\mathrm{d}x}$의 값은 결정되므로 $\frac{\mathrm{d}f(a)}{\mathrm{d}x}$는 x에 대한 일종의 함수라고 볼 수 있습니다. 이 함수를 $\frac{\mathrm{d}f(x)}{\mathrm{d}x}$라고 쓰고 도함수導函數, derivative[1]라고 부릅니다.

1 도함수라는 말은 '함수에서 유도된 함수'라는 의미를 가지고 있습니다.

공식

$$\frac{\mathrm{d}f(x)}{\mathrm{d}x} = \lim_{\Delta x \to 0} \frac{\Delta f(x)}{\Delta x} = \lim_{h \to 0} \frac{f(x+h) - f(x)}{h}$$

함수 $f(x)$의 미분 $\frac{\mathrm{d}f(x)}{\mathrm{d}x}$는 간단히 $f'(x)$라고 표현하기도 합니다.[1] 이 공식은 변수 x가 $\mathrm{d}x$만큼 아주 조금 변화할 때, 함수 $f(x)$가 얼마나 변화($\mathrm{d}f(x)$)하는지를 아주 짧은 순간의 변화율로 표현하고 있습니다.

한편, 미분을 한번 한 것을 1계階 미분이라 하고, 미분한 식을 다시 한번 더 미분하여, 총 두 번 미분한 것을 2계 미분이라 합니다. 함수 $f(x)$에 대해 x를 2계 미분한 것은 $\frac{\mathrm{d}^2 f(x)}{\mathrm{d}x^2}$라고 쓰거나 간단히 $f''(x)$와 같이 표현할 수 있습니다.[2]

인공지능에서는 이렇게 활용한다

- 인공지능 분야에서는 함수의 값이 어느 지점에서 최소가 되는지를 알아내는 것이 중요합니다.
- 예를 들어, 손실 함수損失函數, loss function[3]는 정답과 예측값(측정값) 사이의 오차를 표현하는 함수인데, 인공지능 분야에서는 이 함수의 값을 최소로 만들기 위해 다양한 기법을 사용합니다.
- 손실 함수를 미분하면 어떤 특정 지점에서 어느 정도의 기울기가 나오는지 알 수 있는

1 역자주: $f'(x)$는 영어로 'f prime of x', 한국어로 '에프 프라임 엑스'라고 읽습니다.

2 역자주: $f''(x)$는 영어로 'f double prime of x', 한국어로 '에프 더블 프라임 엑스'라고 읽습니다.

3 역자주: '비용 함수(費用函數, cost function)'라고도 하며, 최댓값이나 최솟값을 구할 '목적'이 있다고 해서 '목적 함수(目的函數, objective function)'라고도 합니다.

데, 이러한 기울기의 절댓값이 작아지는 방향으로 그 지점을 옮기다 보면 손실 함수의 최솟값을 구할 수 있습니다. 이 방법을 **경사하강법**gradient descent이라 부릅니다. 경사하강법은 뒤에서 다루는 6장의 딥러닝 부분에서 상당히 중요한 역할을 하게 되니 그때 다시 살펴보도록 합시다.

연습문제

2-2 다음 문제에 답하시오.

① 미분의 정의에 따라 $f(x) = x^2$을 미분하시오.

② $y = x^2$ 위의 점 (3, 9)에 대한 접선의 방정식을 구하시오.

풀이

① 정의한 식에 $f(x) = x^2$을 대입합니다.

$$\frac{\mathrm{d}f(x)}{\mathrm{d}x} = \lim_{h\to 0}\frac{(x+h)^2 - x^2}{h} = \lim_{h\to 0}\frac{x^2 + 2xh + h^2 - x^2}{h} = \lim_{h\to 0}\frac{h(2x+h)}{h}$$

$$= \lim_{h\to 0}(2x+h) = 2x$$

정답: $2x$

② $f(x) = x^2$의 미분은 앞의 문제 ①에서 본 것처럼 $f'(x) = 2x$입니다. 따라서 $x = 3$일 때의 $f'(x)$의 값은 $f'(3) = 2 \times 3 = 6$입니다. 접선의 기울기를 알았으니 $y = 6x + b$와 같은 식을 쓸 수 있게 되었고, 이 식에 $y = f(3) = 9$를 대입하면 $b = -9$라는 것을 알 수 있습니다.

이제까지 확인한 값들을 모두 모아보면 다음과 같은 답을 얻을 수 있습니다.

정답: $y = 6x - 9$

SECTION 2-3

상미분과 편미분

학습 포인트

- 미분을 하는 방법을 이해하고 계산에 활용할 수 있다.
- 상미분과 편미분의 다양한 표현 방법을 이해할 수 있다.

우리는 앞선 절에서 미분이란 어떤 함수가 특정 시점에서 변화하는 정도, 즉 기울기를 나타내는 것이라고 배웠습니다. 그리고 연습문제 2-2의 ①번 문제처럼 미분을 구하기 위해 극한을 사용해서 계산하는 것도 배웠습니다. 하지만 이런 계산 방법은 상당히 번거로운 일이기 때문에, 실제로 미분을 계산할 때는 다음과 같은 공식을 사용하는 것이 일반적입니다.

공식

① $y = x^r$일 때 $\dfrac{\mathrm{d}y}{\mathrm{d}x} = rx^{r-1}$ (r은 임의의 실수)

② $\dfrac{\mathrm{d}}{\mathrm{d}x}\left\{f(x) + g(x)\right\} = \dfrac{\mathrm{d}f(x)}{\mathrm{d}x} + \dfrac{\mathrm{d}g(x)}{\mathrm{d}x}$

③ $\dfrac{\mathrm{d}}{\mathrm{d}x}\left\{kf(x)\right\} = k\dfrac{\mathrm{d}f(x)}{\mathrm{d}x}$

이제까지는 변수가 하나만 있는 함수, 즉 변수가 x 하나만 있는 함수의 미분을 다루었습니다. 이런 미분을 상미분常微分, ordinary derivative이라고 합니다.

그러면 $z = f(x,\ y) = 3x^2 + 2xy + 2y^2$과 같이 변수가 두 개 이상 있는 함수[1]는 어떻게 해

1 역자주: 이런 함수를 다변수 함수(多變數函數, multivariate function)라고 합니다.

야 할까요? 2.2절에서 배운 방법과 크게 다르지는 않습니다. 변수 x, y가 Δx, Δy만큼 변할 때, z의 변화율 Δz가 얼마인지를 생각하면 됩니다.

$$\begin{aligned}\Delta z &= f(x+\Delta x,\ y+\Delta y) - f(x,\ y) \\ &= 3(x+\Delta x)^2 + 2(x+\Delta x)(y+\Delta y) + 2(y+\Delta y)^2 - (3x^2+2xy+2y^2) \\ &= (6x+2y)\Delta x + (2x+4y)\Delta y + 3\Delta x^2 + 2\Delta x\Delta y + 2\Delta y^2\end{aligned}$$ 수식 2.3.1

그런 다음 $\Delta x,\ \Delta y \to 0$과 같이 극한값을 구하면 함수 $f(x,\ y)$의 미분을 구할 수 있습니다. 이때, 이러한 미분을 전미분全微分, total differentiation[2]이라고 합니다. 단, 이 함수의 극한값을 구하려면 점 $(x+\Delta x,\ y+\Delta y)$를 점 $(x,\ y)$에 최대한 가깝게 접근시켜야 하는데, 이때 그림 2.3.1과 같이 다양한 접근 방식이 가능합니다.

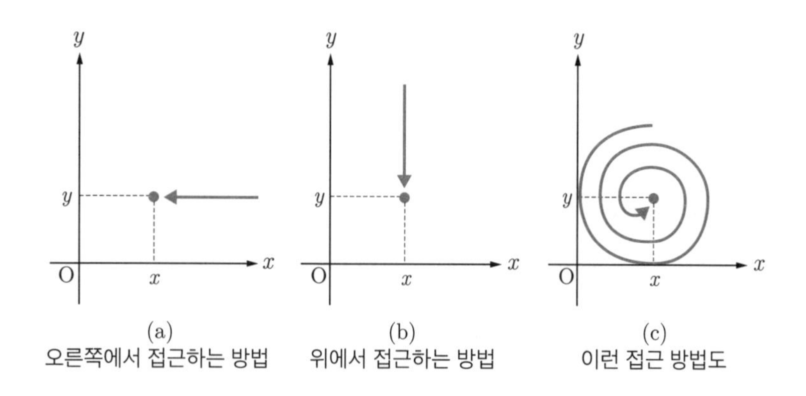

▲ 그림 2.3.1 정점 $(x,\ y)$에 접근하기 위한 다양한 방법

2 변수 x, y가 dx, dy만큼 아주 작게 변화할 때 z의 변화량을 $dz = \frac{\partial f(x,y)}{\partial x}dx + \frac{\partial f(x,y)}{\partial y}dy$와 같이 표현하고, 이를 전미분이라고 한다.

일단 그림 2.3.1에서 (c)의 경우는 x와 y가 함께 움직이므로 처리가 복잡합니다. 그래서 그림 2.3.1의 (a)와 같이 y는 상수라 생각하고 고정시켜 봅시다. $\Delta y = 0$일 때 x를 변화시키는 것은 수식 2.3.2와 같은 극한 $\Delta x \to 0$으로 생각할 수 있는데, 이런 접근 방식을 x에 대한 편미분偏微分, partial derivative이라고 합니다.

$$\frac{\partial f(x,y)}{\partial x} = \lim_{\Delta x \to 0} \frac{\Delta z}{\Delta x} = \lim_{\Delta x \to 0} 6x + 2y + 3\Delta x = 6x + 2y \quad \text{수식 2.3.2}$$

이번에는 그림 2.3.1의 (b)와 같이 x를 상수라 생각하고 고정시킨 다음, y에 대해 편미분을 하면 다음과 같습니다.

$$\frac{\partial f(x,y)}{\partial y} = 2x + 4y \quad \text{수식 2.3.3}$$

이때, $\frac{\partial f(x,y)}{\partial x}$는 $f_x(x,\ y)$로, $\frac{\partial f(x,y)}{\partial y}$는 $f_y(x,\ y)$와 같이 아래 첨자를 사용해서 간단히 표현을 할 수도 있습니다.[1]

인공지능에서는 이렇게 활용한다

- 인공지능과 관련된 책이나 논문을 보다 보면 $\frac{\mathrm{d}y}{\mathrm{d}x}$나 $\frac{\partial f(x,y)}{\partial x}$와 같이 'd'나 '$\partial$'를 사용한 식을 자주 볼 수 있습니다. 그만큼 인공지능 분야에는 미분이 많이 사용된다는 의미인데, 이러한 수식이 다소 복잡해 보이다 보니 지레 겁을 먹고 쉽게 포기할 수도 있을 겁니다. 그럴 때는 기호가 'd'나 '∂', 어느 것이든 분모에 있는 변수로 분자를 미분한다는 의미만 정확하게 기억하고 있다면 큰 무리 없이 수식을 이해할 수 있을 것입니다.

1 역자주: 편미분 기호 ∂는 'del'이라고 읽거나 'round d'라고 읽습니다. $\frac{\partial f(x,y)}{\partial x}$와 $\frac{\partial f(x,y)}{\partial y}$ 같이 표기하는 것을 라이프니츠 표기법, $f_x(x,\ y)$와 $f_y(x,\ y)$ 같이 표기하는 것을 라그랑주 표기법이라고 합니다.

연습문제

2-3 다음 문제에 답하시오.

① 다음 식을 x에 대해 미분하시오.

$$f(x) = ax^2 + bx + c$$

② 다음 식을 x와 y에 각각에 대해 편미분하시오.

$$f(x,\ y) = 3x^2 + 5xy + 3y^3$$

풀이

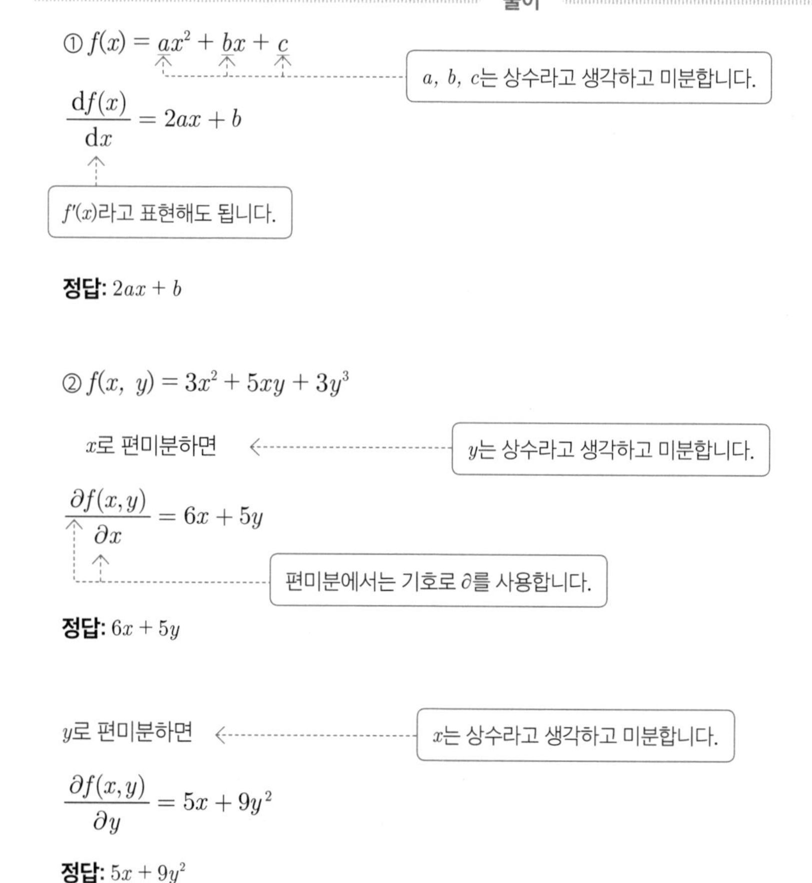

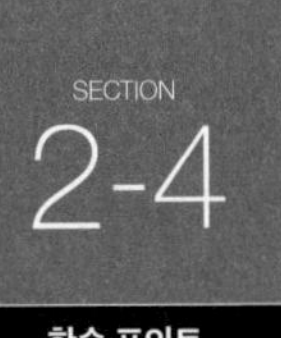

그래프 그리기

학습 포인트

- 증감표를 작성하고 그래프를 그릴 수 있다.

수식으로 표현된 함수는 한눈에 직관적으로 이해하기 어려울 수 있습니다. 하지만 함수를 그래프로 표현하면 한결 이해하기 쉬워지는데, 이 절에서는 몇 가지 예제를 통해 함수를 그래프로 표현하는 방법에 대해 배워보겠습니다.

엘리베이터가 1층 → 5층 → 3층 → 4층 → 2층 → 1층으로 이동한다고 가정할 때, 시간 t에 대한 엘리베이터의 위치 x와 속도 v, 그리고 가속도 a를 그래프로 표현하시오.*

* 역자주: 시간 't'는 'time'을, 속도 'v'는 'velocity'를, 가속도 'a'는 'acceleration'을 의미합니다.

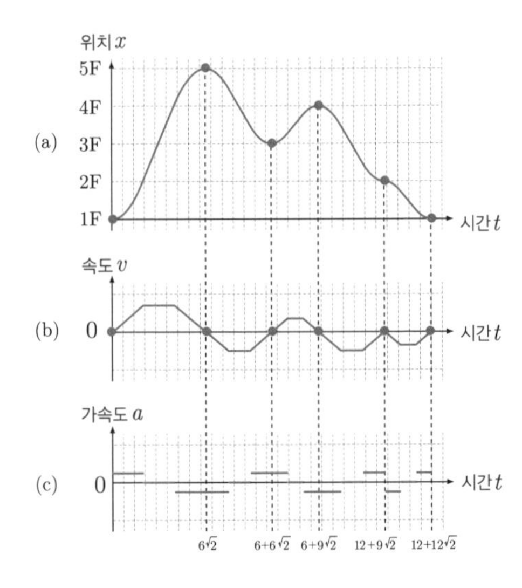

▲ 그림 2.4.1 시간 t에 대한 엘리베이터의 위치 x, 속도 v, 가속도 a

속도는 엘리베이터가 움직이는 빠르기를 표현하는 척도입니다. 이 예에서는 엘리베이터가 위로 올라가고 있을 때의 속도를 양으로, 아래로 내려가고 있을 때의 속도를 음으로 표현하고 있습니다. 가속도는 엘리베이터의 속도가 변화하는 정도를 나타냅니다. 이 예에서는 엘리베이터가 위로 올라가며 가속될 때를 양의 가속도로, 아래로 내려가며 가속될 때를 음의 가속도로 표현하였습니다.

한편, 속도 $v = \frac{\mathrm{d}x}{\mathrm{d}t}$는 엘리베이터의 위치 x를 시간 t로 미분한 것이고, 가속도 $a = \frac{\mathrm{d}v}{\mathrm{d}t}$는 엘리베이터의 속도 v를 시간 t로 미분한 것입니다. 결국 가속도 a는 위치 x를 시간 t로 두 번 미분한 것으로 볼 수 있고, 이것을 수식으로 표현하면 $a = \frac{\mathrm{d}^2x}{\mathrm{d}t^2}$가 됩니다.

그림 2.4.1의 (a)에서 위치 x의 그래프와 그림 2.4.1의 (b)에서 속도 v의 그래프에서는 엘리베이터가 일시 정지하는 시간 t 지점을 ● 점으로 표시하고 있습니다. 우선 그림 2.4.1의 (a) 그래프를 먼저 살펴봅시다. 위치 x의 움직임을 보면 5층, 3층, 4층에서 엘리베이터가 일시 정지할 때, 그래프의 모양은 위로 볼록 (⌒)하거나 아래로 볼록(‿)한 모양입니다. 위로 볼록한 ⌒의 정점은 그 지점의 근방에서 앞뒤와 비교할 때 가장 큰 값을 가지게 되는데, 이 값을 극댓값極大값, local maximum value이라 하고 그 지점을 극대점極大點, local maximum point이라 합니다. 반대로 아래로 볼록한 ‿의 정점은 그 지점의 근방에서 앞뒤와 비교할 때 가장 작은 값을 가지게 되고, 이 값을 극솟값極小값, local minimum value이라 하고 그 지점을 극소점極小點, local minimum point이라 합니다. 이것을 조금 다르게 표현하자면 극댓값과 극솟값을 가지는 지점은 그 지점의 앞뒤에서 미분계수의 값이 양에서 음으로, 또는 음에서 양으로 바뀌는 지점이라는 것을 알 수 있습니다.[1]

이번에는 그림 2.4.1의 (b)에서 속도 v의 그래프를 살펴봅시다. 위치 x가 극댓값이나 극솟값을 가질 때, 속도 v의 그래프는 시간 축을 지나가면서 $v = 0$이 됩니다. 주의할 점은 $v = 0$이라고 해서 위치 x가 반드시 극댓값이거나 극솟값이 아니라는 점입니다. 예를 들

1 역자주: 어떤 함수의 도함수가 0이 되거나 존재하지 않는 점을 임계점(臨界點, critical point)이라고 하고 극대점이나 극소점의 후보가 됩니다.

어, 이 예에서는 2층에 엘리베이터가 멈출 때 $v=0$이 되는데, 그렇다고 그림 2.4.1의 (a)에서 그래프 모양이 위로 볼록(⌒)하거나 아래로 볼록(⌣)한 것은 아닙니다. 이 말은 곧 그 지점의 값이 극댓값이거나 극솟값이 아니라는 말입니다.
일반적으로 그래프를 그릴 때는 다음과 같은 두 가지 사항을 확인해둘 필요가 있습니다.

1. 함수의 값이 증가하는지, 또는 감소하는지 확인
2. 증감하는 형태가 위로 볼록(⌒)한지, 아래로 볼록(⌣)한지 확인

이런 그래프의 특징을 표로 정리한 것이 증감표增減表입니다.[1] 표 2.4.1은 엘리베이터가 1층에서 출발하여 3층을 통과하기까지의 과정을 표현한 증감표입니다.

▼ 표 2.4.1 엘리베이터의 증감표

시간 t	0	$\cdots$	$2\sqrt{2}$	$\cdots$	$4\sqrt{2}$	$\cdots$	$6\sqrt{2}$	$\cdots$	$2+6\sqrt{2}$	$\cdots$	$4+6\sqrt{2}$	$\cdots$	$6+6\sqrt{2}$	$\cdots$
속도 $v=\frac{dx}{dt}$	0	+					0	−					0	+
가속도 $a=\frac{d^2x}{dt^2}$		+		0		−				0		+		
위치 x	1F	↗	2F	↗	4F	↗	5F (극대)	↘	4.5F	↘	3.5F	↘	3F (극소)	↗

증감표는 다음과 같은 순서로 만듭니다. 우선 함수 $x(t)$의 1계 미분 $\frac{dx}{dt}$의 값과 2계 미분 $\frac{d^2x}{dt^2}$의 값이 0인지, 양인지, 음인지를 구분합니다.[2] 앞의 표 2.4.1에서 두 번째 행과 세 번

1 역자주: 증감표에 나오는 그래프의 진행 방향이나 부호는 뒤에 나올 '경사하강법'을 이해할 때 도움이 됩니다. 지금은 '이런 것이 있구나'라고 봐 둔 후에 뒤에서 경사하강법이 나올 때 다시 내용을 살펴보기 바랍니다.

2 역자주: 미분을 한 번 하면 1계(階) 미분, 두 번하면 2계(階) 미분입니다.

째 행이 이에 해당합니다.[3] 다음은 두 번째, 세 번째 행에서 확인한 0, 양, 음의 표시 양쪽 끝 단에 해당하는 변수 t의 값을 첫 번째 행에 써 넣습니다. 그런 다음 첫 번째 행의 t값에 대응하는 $x(t)$값을 네 번째 행에 써 넣습니다. 마지막으로 네 번째 행의 숫자가 채워진 칸 사이사이에 증감하는 형태에 맞춰 화살표를 그립니다. 화살표를 그릴 때는 증감표의 두 번째 행, 세 번째 행에 있는 $\frac{\mathrm{d}x}{\mathrm{d}t}$, $\frac{\mathrm{d}^2x}{\mathrm{d}t^2}$의 부호가 양인지, 음인지를 확인한 후, 다음 기준에 따라 화살표의 모양을 결정하면 됩니다.

▼ 표 2.4.2 $\frac{\mathrm{d}x}{\mathrm{d}t}$, $\frac{\mathrm{d}^2x}{\mathrm{d}t^2}$의 부호와 화살표의 종류

$\frac{\mathrm{d}x}{\mathrm{d}t}$	$\frac{\mathrm{d}^2x}{\mathrm{d}t^2}$	화살표	의미
0	╱	→	x 는 일정 $\left(\frac{\mathrm{d}x}{\mathrm{d}t}=0\right)$
+	+	⤴	x 는 증가 $\left(\frac{\mathrm{d}x}{\mathrm{d}t}>0\right)$ 하고, 증가율이 증가 $\left(\frac{\mathrm{d}^2x}{\mathrm{d}t^2}>0\right)$
+	0	↗	x 는 증가 $\left(\frac{\mathrm{d}x}{\mathrm{d}t}>0\right)$ 하고, 증가율이 일정 $\left(\frac{\mathrm{d}^2x}{\mathrm{d}t^2}=0\right)$
+	−	↱	x 는 증가 $\left(\frac{\mathrm{d}x}{\mathrm{d}t}>0\right)$ 하고, 증가율이 감소 $\left(\frac{\mathrm{d}^2x}{\mathrm{d}t^2}<0\right)$
−	+	↳	x 는 감소 $\left(\frac{\mathrm{d}x}{\mathrm{d}t}<0\right)$ 하고, 감소율이 감소 $\left(-\frac{\mathrm{d}^2x}{\mathrm{d}t^2}<0\right)$
−	0	↘	x 는 감소 $\left(\frac{\mathrm{d}x}{\mathrm{d}t}<0\right)$ 하고, 감소율이 일정 $\left(-\frac{\mathrm{d}^2x}{\mathrm{d}t^2}=0\right)$
−	−	⤵	x 는 감소 $\left(\frac{\mathrm{d}x}{\mathrm{d}t}<0\right)$ 하고, 감소율이 증가 $\left(-\frac{\mathrm{d}^2x}{\mathrm{d}t^2}>0\right)$

이렇게 증감표가 작성되면 그래프를 그리는 것은 식은 죽 먹기입니다. 우선 표 2.4.1의 증감표에서 첫 번째 행의 t, 네 번째 행의 x에 대응하는 점을 그래프상에 찍습니다. 다음으

3 표 2.4.1의 증감표에서 가속도 a을 표시하는 칸 중에는 $t=2\sqrt{2}$일 때와 같이 표의 칸을 사선으로 막아둔 것이 있습니다. 그 이유는 그림 2.4.1의 (c)인 가속도 그래프를 보면 알 수 있는데, $t=2\sqrt{2}$와 일부 지점의 앞뒤에서 그래프가 끊어지는 것을 알 수 있습니다. 그런 이유에서 $t\to 2\sqrt{2}$일 때의 가속도 a는 정의할 수 없습니다.

로 네 번째 행의 화살표 모양을 참고하면서 앞서 찍은 점들을 연결하면 그래프가 완성됩니다.

극댓값과 극솟값은 통틀어서 극값local extremum value이라 부르고 그 지점을 극점極點, local extremum point이라 부르는데, 증감표를 보면 극값이 나오는 극점의 앞뒤에서 화살표 방향이 뒤바뀌는 것을 알 수 있습니다.

연습문제

2-4 다음의 함수 $f(x)$에 대한 증감표를 작성하고 그래프를 그리시오.

$f(x) = x^3 - 3x^2 + 4$

풀이

함수 $f(x)$를 미분해서 $f'(x)$를 구하고, 한번 더 미분해서 $f''(x)$를 구합니다.

$f'(x) = 3x^2 - 6x = 3x(x-2)$

$f''(x) = 6x - 6 = 6(x-1)$

방정식 $f'(x) = 0$을 풀어 보면 답은 $x = 0,\ 2$가 나옵니다.

방정식 $f''(x) = 0$을 풀어 보면 답은 $x = 1$이 나옵니다.

x가 이들 값을 가질 때의 $f(x)$값은 $f(0) = 4,\ f(1) = 2,\ f(2) = 0$이 나옵니다.

이 정보들을 토대로 증감표를 그립니다.

x	$\cdots$	0	$\cdots$	1	$\cdots$	2	$\cdots$
$\frac{df(x)}{dx}$	+	0	−			0	+
$\frac{d^2f(x)}{dx^2}$	−			0	+		
$f(x)$	↗	4 (극대)	↘	2 (변곡점)[1]	↘	0 (극소)	↗

1 변곡점이란 그래프상에서 곡선의 방향이 바뀌는 지점을 말합니다. 그 지점에서 함수를 2계 미분하면 값이 0이 되며, 그 지점의 앞, 뒤에서 값의 부호가 양에서 음으로, 또는 음에서 양으로 바뀌는 특징이 있습니다.

그래프에 세 개의 점 (0, 4), (1, 2), (2, 0)을 다음 그림의 (a)처럼 찍습니다.

이어서 증감표의 화살표 모양(↗ ↘ ↘ ↗)에 맞춰 먼저 찍은 각 점들을 다음 그림의 (b)처럼 곡선(╱╲╲╱)으로 이어주면 그래프가 완성됩니다.

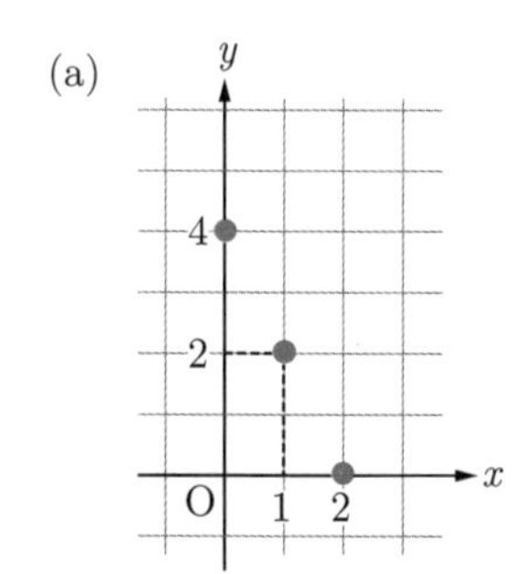

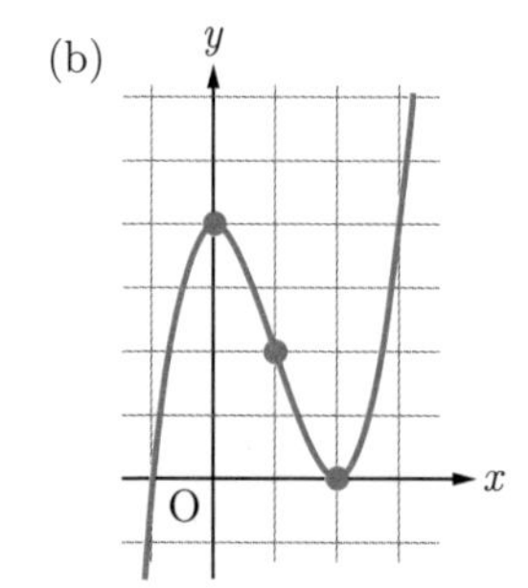

함수의 최댓값과 최솟값

학습 포인트

- 함수의 최댓값, 최솟값은 극점이나 구간의 양끝단에서 나온다.
- 1계 미분한 값이 0일 때 극값을 구할 수 있다.

2차함수 $f(x) = x^2 - 2x + 5 \ (-3 \leq x \leq 10)$를 예로 들어 최댓값最大값, global maximum value과 최솟값最小값, global minimum value을 구해봅시다. 일반적으로 어떤 함수의 최댓값과 최솟값은 극점이나 구간의 양끝단에서 나옵니다. 극값은 그래프에서 볼록한 부분의 정점에서 나오기 때문에 그 값이 최댓값이거나 최솟값이 될 가능성이 있습니다. 또한, 구간의 양끝단에서 함숫값이 극댓값보다 크거나, 극솟값보다 작을 수도 있습니다.

예를 들기 위해 구간의 양끝단(-3과 10)을 추가한 증감표를 그려 봅시다. $f'(x) = 2(x-1)$이고 $f''(x) = 2$이기 때문에 증감표는 다음과 같이 나옵니다.

▼ 표 2.5.1 함수 $f(x)=x^2-2x+5 \ (-3 \leq x \leq 10)$의 증감표

x	-3	$\cdots$	1	$\cdots$	10
$\frac{\mathrm{d}f(x)}{\mathrm{d}x}$	$-$		0	$+$	
$\frac{\mathrm{d}^2 f(x)}{\mathrm{d}x^2}$	$+$				
$f(x)$	20	↘	4	↗	85

이때, 나온 세 개의 숫자 20, 4, 85를 비교해보면 최댓값이 85이고 최솟값이 4인 것을 알 수 있습니다.

보통은 극값이 최댓값, 최솟값이 되는 경우가 대부분입니다. 실제로 5.4절에 나오는 최소

제곱법에서는 극값이 무조건 최솟값이 됩니다. 1계 미분한 $f'(x)$의 값이 0이 되는 극점에서 극값이 나온다는 것을 기억해 둡시다.

인공지능에서는 이렇게 활용한다

- 최소제곱법最小自乘法, least square method은 여러 개의 오차들을 제곱하고, 그 제곱들의 합이 최소가 되는 관계식을 구한 것으로, **선형회귀**線形回歸, linear regression 알고리즘에서 사용하는 최적화 기법입니다. 선형회귀 알고리즘은 인공지능 분야에서 자주 사용되는 기본 알고리즘 중의 하나입니다.
- $f(a,\ b)$ = (오차의 제곱들의 합)이라고 가정할 때, $\frac{\partial f(a,b)}{\partial a}=0$이고 $\frac{\partial f(a,b)}{\partial b}=0$이 되는 방정식을 풀면 오차의 제곱들을 합한 결과가 최소가 되는 관계식을 풀 수 있습니다.
- 이런 풀이는 2차함수를 1계 미분한 함수의 값이 0일 때, 극값(최소 제곱법에서는 최솟값)을 구할 수 있다는 특징을 잘 활용한 예입니다.

연습문제

2-5 다음 함수의 최댓값, 최솟값을 구하시오.

$$g(x)=x^3-3x^2+4\ \ (-0.5\leq x\leq 2.5)$$

풀이

$g'(x) = 3x^2 - 6x = 3x(x-2)$와 $g''(x) = 6x - 6 = 6(x-1)$의 정보를 이용하여 증감표를 작성합니다.

x	-0.5	$\cdots$	0	$\cdots$	1	$\cdots$	2	$\cdots$	2.5
$\frac{dg(x)}{dx}$	$+$		0	$-$			0	$+$	
$\frac{d^2g(x)}{dx^2}$	$-$				0	$+$			
$g(x)$	3.125	↗	4 (극대)	↘	2 (변곡점)	↘	0 (극소)	↗	0.875

이때, 나온 5개의 숫자 3.125, 4, 2, 0, 0.875를 살펴보면 최댓값이 4, 최솟값이 0인 것을 알 수 있습니다. 단, $g''(x) = 0$이 되는 변곡점 (1, 2)는 두 개의 극값 (0, 4)와 (2, 0) 사이에 있어서 최댓값이나 최솟값의 후보가 되진 못합니다. 결국 최댓값, 최솟값을 구할 때는 다음 증감표와 같이 2계 미분 $g''(x)$ 부분을 생략해도 상관없습니다.

x	-0.5	$\cdots$	0	$\cdots$	2	$\cdots$	2.5
$\frac{dg(x)}{dx}$	$+$		0	$-$	0	$+$	
$g(x)$	3.125	↗	4 (극대)	↘	0 (극소)	↗	0.875

정답: 최댓값 4, 최솟값 0

초등함수와 합성함수의 미분, 그리고 곱의 법칙

학습 포인트

- 다양한 함수의 미분법을 이해하고 계산에 활용할 수 있다.
- 합성함수合成函數의 미분법과 연쇄법칙을 이해하고 계산에 활용할 수 있다.
- 곱의 법칙product rule을 이해하고 계산에 활용할 수 있다.

우리가 이제까지 다루었던 멱함수冪函數, power function x^r이나 1장에서 다루었던 지수함수 a^x, 로그함수 $\log_e x$, 그리고 삼각함수 $\sin x$, $\cos x$, $\tan x$ 등은 모두 통틀어서 초등함수初等函數, elementary function라고 합니다.[1] 초등함수끼리 사칙연산을 하거나 합성을 하면서 만들어지는 함수들은 언뜻 보기에 복잡해 보여서 미분을 한다는 것이 엄두가 나지 않을 수 있습니다. 하지만 사실 이런 식들은 몇 가지 공식들을 잘만 조합하면 어렵지 않게 미분을 할 수 있는데, 이때 필요한 공식들을 정리하면 다음과 같습니다.

▼ 표 2.6.1 초등함수의 미분 공식[2]

원래 함수			원래 함수를 x로 미분한 것
멱함수		x^r	rx^{r-1}
지수함수		$e^x, \exp(x)$	$e^x, \exp(x)$
		a^x	$a^x \log_e a$
로그함수		$\log_e x \ (x > 0)$	$\frac{1}{x}$
삼각함수	사인함수	$\sin x$	$\cos x$
	코사인함수	$\cos x$	$-\sin x$
	탄젠트함수	$\tan x$	$\frac{1}{\cos^2 x}$

1 역자주: 멱함수라는 말이 이해하기 어려울 수 있는데 '멱(冪)'은 '덮을 멱'으로 무엇을 덮는다는 의미를 가지고 있어서, 둘 이상의 수나 식을 서로 곱한다는 뜻으로 거듭제곱의 의미로 사용됩니다.

2 역자주: 지수함수와 로그함수의 미분 결과가 왜 이렇게 나오는지 궁금하다면 유튜브 '수악중독 - 지수함수와 로그함수의 도함수'를 참고하세요. (https://youtu.be/gzXPqMB8584)

1.7절에서 배웠던 지수함수 $\exp(x)$는 미분을 해도 함수의 모양이 달라지지 않는 특징이 있습니다. 1.6절에서 배웠던 로그함수 $\log_e x$는 미분하면 분수함수 $\frac{1}{x}$이 됩니다. 이 함수는 이런 특징 덕분에 1.8절에서 배웠던 시그모이드 함수를 시작으로 다양한 곳에 활용되기도 합니다.

삼각함수인 $\sin x$와 $\cos x$의 미분 결과는 cosine의 접두어 'co'에서 짐작할 수 있듯이 상호 보완적인complementary 관계가 있습니다. 그림 2.6.1과 같이 $\sin x$와 $\cos x$는 미분을 할 때마다 서로가 뒤바뀌는 특징이 있는데, 주의할 점은 $\cos x$를 미분할 때는 음양의 부호가 뒤바뀐다는 점입니다. 그래서 네 번 미분을 하고 나면 원래 모양으로 돌아갑니다.

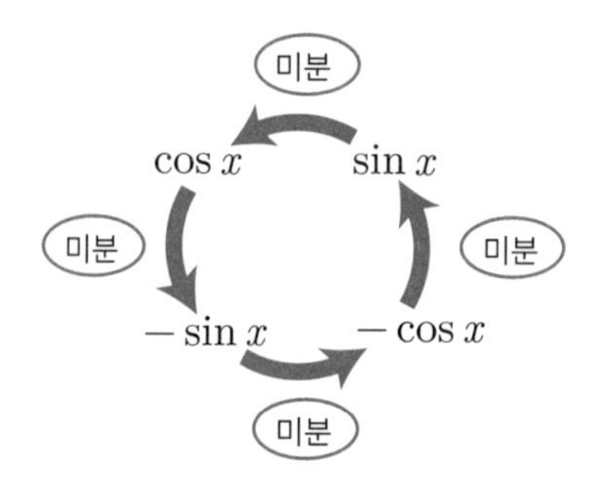

▲ 그림 2.6.1 삼각함수 미분의 관계

한편, 인공지능 분야에는 이보다 더 복잡한 함수들이 많이 등장합니다. 그런 함수들을 미분할 때, 도움이 될만한 공식들을 정리하였으니 하나씩 살펴봅시다.

공식

합성함수(변수가 1개) $y = f(x)$의 미분법

$$\frac{\mathrm{d}y}{\mathrm{d}x} = \frac{\mathrm{d}y}{\mathrm{d}u} \cdot \frac{\mathrm{d}u}{\mathrm{d}x}$$ 수식 2.6.1

합성함수(변수가 여러 개) $z = f(x, y)$의 미분법

$$\frac{\partial z}{\partial x} = \frac{\partial z}{\partial u} \cdot \frac{\partial u}{\partial x} + \frac{\partial z}{\partial v} \cdot \frac{\partial v}{\partial x} \quad \text{수식 2.6.2}$$

곱의 법칙

$$\frac{\mathrm{d}}{\mathrm{d}x}\left\{f(x)g(x)\right\} = \frac{\mathrm{d}f(x)}{\mathrm{d}x}g(x) + f(x)\frac{\mathrm{d}g(x)}{\mathrm{d}x} \quad \text{수식 2.6.3}$$

난데없이 한번에 미분 공식 3개가 나왔습니다만 하나씩 천천히 살펴보기로 합시다.

우선 수식 2.6.1은 '합성함수의 미분', 또는 '연쇄법칙chain rule'이라 합니다.

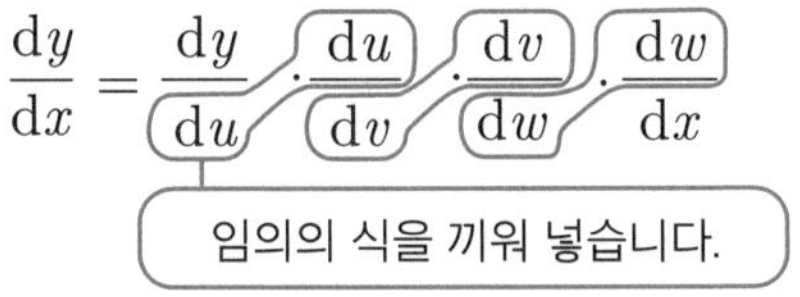

$$\frac{\mathrm{d}y}{\mathrm{d}x} = \frac{\mathrm{d}y}{\mathrm{d}u} \cdot \frac{\mathrm{d}u}{\mathrm{d}v} \cdot \frac{\mathrm{d}v}{\mathrm{d}w} \cdot \frac{\mathrm{d}w}{\mathrm{d}x}$$

임의의 식을 끼워 넣습니다.

▲ 그림 2.6.2 합성함수의 미분, 연쇄법칙

이와 같이 연쇄법칙을 사용하면 임의의 식을 여러 개 끼워 넣어서 계산할 수 있습니다. 이해를 돕기 위해 몇 가지 예를 들어보겠습니다.

함수 $f(x) = (3x - 4)^{50}$을 x에 대해 미분하시오.

$u = 3x - 4$라고 가정하고 연쇄법칙을 적용하면 다음과 같이 표현할 수 있고,

$$\frac{\mathrm{d}f(x)}{\mathrm{d}x} = \frac{\mathrm{d}f(x)}{\mathrm{d}u} \cdot \frac{\mathrm{d}u}{\mathrm{d}x}$$

이를 다음과 같이 손쉽게 계산할 수 있습니다.

$$\frac{\mathrm{d}f(x)}{\mathrm{d}x} = \frac{\mathrm{d}u^{50}}{\mathrm{d}u} \cdot \frac{\mathrm{d}(3x-4)}{\mathrm{d}x} = 50u^{49} \cdot 3 = 150(3x-4)^{49}$$

한편, 변수가 여러 개일 때는 조금 푸는 방식이 달라집니다. 이번에는 수식 2.6.2를 써보기로 합시다.

예제 $f(x,\ y) = (3x+1)^2 + (x+y+1)^3$을 x에 대해 미분하시오.

$u = 3x + 1,\ v = x + y + 1$이라고 가정하면 $f(x,\ y) = u^2 + v^3$이 됩니다.

여기에 연쇄법칙을 적용하면 다음과 같이 표현할 수 있고,

$$\frac{\partial f(x,y)}{\partial x} = \frac{\partial f(x,y)}{\partial u} \cdot \frac{\partial u}{\partial x} + \frac{\partial f(x,y)}{\partial v} \cdot \frac{\partial v}{\partial x}$$

이를 다음과 같이 계산할 수 있습니다.

$$\begin{aligned}\frac{\partial f(x,y)}{\partial x} &= \frac{\partial u^2}{\partial u} \cdot \frac{\partial u}{\partial x} + \frac{\partial v^3}{\partial v} \cdot \frac{\partial v}{\partial x} \\ &= 2u \cdot 3 + 3v^2 \cdot 1 \\ &= 6(3x+1) + 3(x+y+1)^2 \\ &= 3x^2 + (6y+24)x + 3y^2 + 6y + 9\end{aligned}$$

마지막은 수식 2.6.3을 사용하는 예입니다.

예제 $y = xe^x$를 x에 대해 미분하시오.

우선 $f(x) = x,\ g(x) = e^x$라고 가정하면 $y = f(x)g(x)$와 같이 표현할 수 있고, 다음과 같이 곱의 법칙으로 쉽게 풀 수 있습니다.

$$\begin{aligned}\frac{\mathrm{d}y}{\mathrm{d}x} &= \frac{\mathrm{d}f(x)}{\mathrm{d}x} g(x) + f(x) \frac{\mathrm{d}g(x)}{\mathrm{d}x} \\ &= 1 \cdot e^x + x \cdot e^x \\ &= (1+x)e^x\end{aligned}$$

인공지능에서는 이렇게 활용한다

- 신경망에서는 학습한 결과로 도출된 답이 정답 데이터에 가까워질 수 있도록 가중치(w)를 조정하는 과정을 반복합니다.
- 이때, 실제 정답과 학습 결과 사이의 오차 값을 가중치로 편미분한 다음, 그 값을 가중치의 조정량으로 사용합니다.
- 이렇게 편미분을 하는 과정에서 앞서 살펴본 연쇄법칙이 사용되는데, 이런 일련의 기법을 **오차역전파법**誤差逆傳播法, backpropagation이라고 합니다.[1]

연습문제

2-6 다음 함수를 x에 대해 미분하시오.

① $f(x) = \sin x + \cos x$

② $f(x) = \dfrac{1}{1 + \exp(-ax)}$

풀이

① 초등함수의 미분 공식을 사용합니다.

$$\frac{\mathrm{d}f(x)}{\mathrm{d}x} = \cos x - \sin x$$

정답: $\cos x - \sin x$

② $f(x)$를 다음과 같이 미분합니다.

$f(x) = \dfrac{1}{1 + \exp(-ax)}$를 분해하여 다음과 같이 만듭니다.

$$u = 1 + \exp(v),\ v = -ax,\ f(x) = \frac{1}{u} = u^{-1}$$

---

1 역자주: 오차역전파법은 7.9절에서 자세히 다룹니다. 7.9절을 모두 읽고 나면 다시 돌아와서 내용을 상기해 보세요.

이제 다음과 같은 연쇄법칙을 사용합니다.

$$\frac{\mathrm{d}f(x)}{\mathrm{d}x} = \frac{\mathrm{d}f(x)}{\mathrm{d}u} \cdot \frac{\mathrm{d}u}{\mathrm{d}v} \cdot \frac{\mathrm{d}v}{\mathrm{d}x}$$

여기에 분해했던 u와 v, $f(x)$를 대입합니다.

$$\begin{aligned}\frac{\mathrm{d}f(x)}{\mathrm{d}x} &= \frac{\mathrm{d}u^{-1}}{\mathrm{d}u} \cdot \frac{\mathrm{d}\{1+\exp(v)\}}{\mathrm{d}v} \cdot \frac{\mathrm{d}(-ax)}{\mathrm{d}x} \\ &= -u^{-2} \cdot \exp(v) \cdot (-a) = \frac{a \cdot \exp(v)}{u^2}\end{aligned}$$

여기에 다시 u, v를 대입하면 다음과 같이 답을 도출할 수 있습니다.

$$\frac{\mathrm{d}f(x)}{\mathrm{d}x} = \frac{a \cdot \exp(-ax)}{\{1+\exp(-ax)\}^2}$$

정답: $\dfrac{a \cdot \exp(-ax)}{\{1+\exp(-ax)\}^2}$

한편, 이 미분 $\dfrac{\mathrm{d}f(x)}{\mathrm{d}x}$는 다음과 같이 형변환을 해서 함수 $f(x)$ 자신으로 간단하게 표현할 수도 있습니다.

$$\begin{aligned}\frac{\mathrm{d}f(x)}{\mathrm{d}x} &= \frac{a \cdot \exp(-ax) + a - a}{\{1+\exp(-ax)\}^2} = \frac{a\{1+\exp(-ax)\} - a}{\{1+\exp(-ax)\}^2} \\ &= \frac{a}{1+\exp(-ax)}\left\{1 - \frac{1}{1+\exp(-ax)}\right\} \\ &= af(x)\Big\{1 - f(x)\Big\}\end{aligned}$$

또 다른 정답: $af(x)\{1 - f(x)\}$

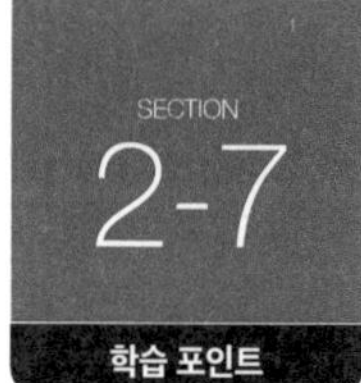

특수 함수의 미분

- 시그모이드 함수와 이를 미분한 식의 그래프를 알아보고 그 특징을 알 수 있다.
- ReLU 함수와 이를 미분한 식의 그래프를 알아보고 그 특징을 알 수 있다.

1.8절에 나왔던 시그모이드 함수는 인공지능 분야에서 가장 중요한 함수 중의 하나입니다. 이 절에서는 시그모이드 함수의 미분에 대해 알아보겠습니다.

이미 눈치챈 분들도 있을 것 같습니다만, 앞서 나왔던 연습문제 2-6의 문제 ②는 사실 시그모이드 함수였습니다. 기억을 상기할 겸 여기서 시그모이드 함수의 미분에 대해 다시 정리하겠습니다. 앞에서 살펴본 연습문제에서는 시그모이드 함수를 $f(x)$로 표현했는데 특별히 시그모이드 함수라는 것을 알 수 있도록 $\varsigma_a(x)$로 표현하기도 합니다. 앞에서 보았던 미분 결과를 $\varsigma_a(x)$로 다시 바꿔서 표현하면 다음과 같습니다.

공식

$$\varsigma_a(x) = \frac{1}{1+\exp(-ax)}$$

$$\frac{\mathrm{d}\varsigma_a(x)}{\mathrm{d}x} = \frac{a\cdot\exp(-ax)}{\left\{1+\exp(-ax)\right\}^2} = a\varsigma_a(x)\left\{1-\varsigma_a(x)\right\}$$

이번에는 시그모이드 함수를 두 번 미분한 2계 미분 $\frac{\mathrm{d}^2\varsigma_a(x)}{\mathrm{d}x^2}$, 즉 $\frac{\mathrm{d}\varsigma_a(x)}{\mathrm{d}x}$를 x로 한번 더 미분한 식을 만들어보겠습니다. 이 식을 계산할 때는 앞서 살펴본 수식 2.6.3 곱의 법칙을 이용하면 되는데, 우선 하나의 함수를 골라 미분을 한 다음, 다른 함수를 곱합니다. 같은 방식으로 이번엔 다른 함수를 골라 미분한 다음 남은 함수를 곱합니다. 이들을 합치면 원하는 답을 얻을 수 있습니다.

$$\frac{\mathrm{d}^2\varsigma_a(x)}{\mathrm{d}x^2} = \frac{\mathrm{d}\left[a\varsigma_a(x)\left\{1-\varsigma_a(x)\right\}\right]}{\mathrm{d}x}$$

$$= a\frac{\mathrm{d}\varsigma_a(x)}{\mathrm{d}x}\left\{1-\varsigma_a(x)\right\} + a\varsigma_a(x)\frac{\mathrm{d}\{1-\varsigma_a(x)\}}{\mathrm{d}x}$$

첫 번째 함수를 미분한다. 두 번째 함수를 미분한다.

$$= a\frac{\mathrm{d}\varsigma_a(x)}{\mathrm{d}x}\left\{1-\varsigma_a(x)\right\} - a\varsigma_a(x)\frac{\mathrm{d}\varsigma_a(x)\}}{\mathrm{d}x} = a\frac{\mathrm{d}\varsigma_a(x)}{\mathrm{d}x}\left\{1-2\varsigma_a(x)\right\}$$

$$= a^2\varsigma_a(x)\left\{1-\varsigma_a(x)\right\}\left\{1-2\varsigma_a(x)\right\}$$ 수식 2.7.1

이렇게 해서 시그모이드 함수 $\varsigma_a(x)$의 1계 미분 $\frac{\mathrm{d}\varsigma_a(x)}{\mathrm{d}x}$와 2계 미분 $\frac{\mathrm{d}^2\varsigma_a(x)}{\mathrm{d}x^2}$를 구했습니다. 증감표는 표 2.7.1과 같습니다. 그림 2.7.1은 $a=1$일 때의 그래프인데 1.8절에서 살펴본 것처럼 $a=1$일 때의 시그모이드 함수를 특별히 표준 시그모이드 함수라고 부릅니다.

▼ 표 2.7.1 시그모이드 함수 $\varsigma_a(x)$의 증감표 $(a>0)$

x	$(-\infty)$	$\cdots$	0	$\cdots$	(∞)
$\frac{\mathrm{d}\varsigma_a(x)}{\mathrm{d}x}$	+				
$\frac{\mathrm{d}^2\varsigma_a(x)}{\mathrm{d}x^2}$	+		0	−	
$\varsigma_a(x)$	(0)	↗	$\frac{1}{2}$	↗	(1)

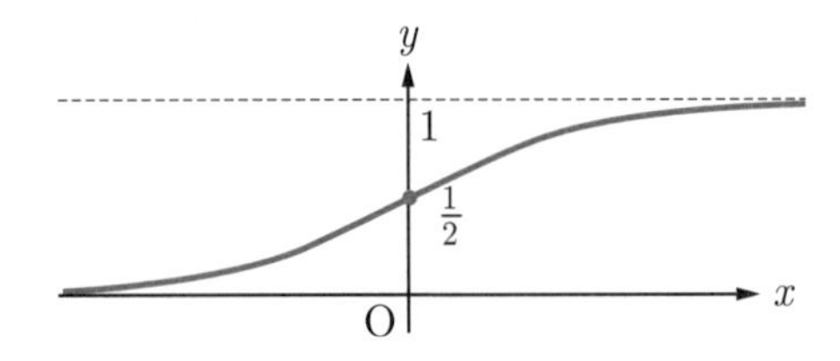

▲ 그림 2.7.1 표준 시그모이드 함수 $\varsigma_1(x)$의 그래프

한편, 표준 시그모이드 함수를 한번 미분한 그래프는 다음과 같습니다.

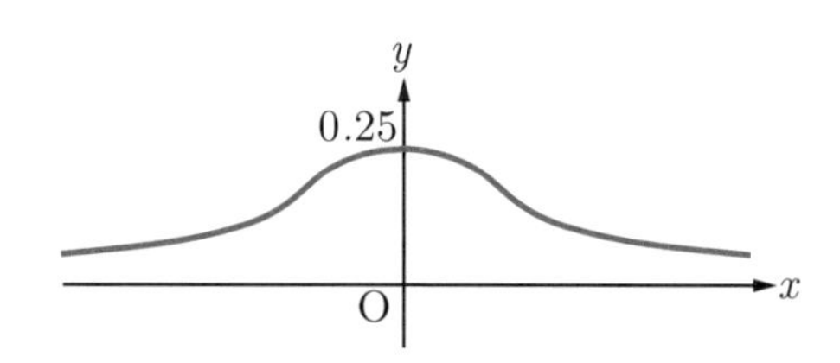

▲ 그림 2.7.2 표준 시그모이드 함수를 미분한 $\frac{\mathrm{d}\varsigma_1(x)}{\mathrm{d}x}$의 그래프

그림 2.7.2에서도 알 수 있듯이 표준 시그모이드 함수는 미분했을 때의 최댓값이 0.25입니다.

시그모이드 함수는 1.8절에서 소개한 활성화 함수의 일종으로 신경망의 표현력을 높일 때 사용합니다. 표현력을 높일 수 있는 활성화 함수는 몇 종류가 더 있는데 그중에서 ReLU^rectified linear unit 함수 $\varphi(x)$를 소개하겠습니다.[1]

공식

$$\varphi(x) = \max(0, x) = \begin{cases} x & (x > 0) \\ 0 & (x \le 0) \end{cases}$$

$$\varphi'(x) = \begin{cases} 1 & (x > 0) \\ 0 & (x \le 0) \end{cases}$$

ReLU 함수를 그래프로 표현하면 다음과 같습니다.

1 역자주: φ는 'phi'라고 읽습니다.

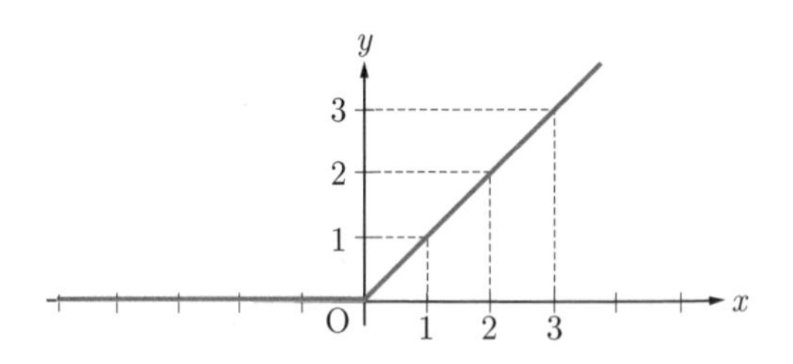

▲ 그림 2.7.3 ReLU 함수 $\varphi(x)$의 그래프

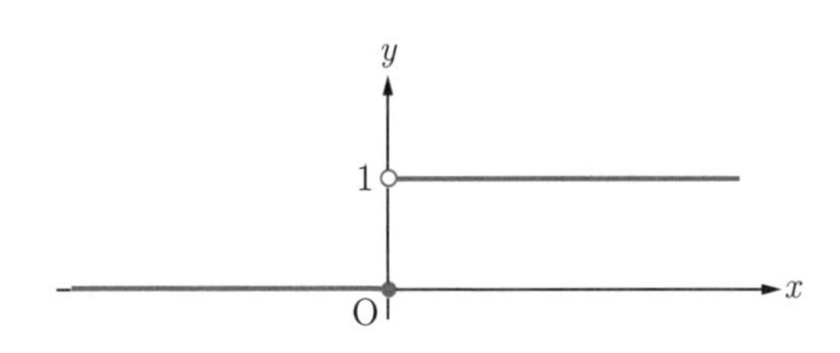

▲ 그림 2.7.4 ReLU 함수를 미분한 $\varphi'(x)$의 그래프

이렇게 ReLU 함수는 상당히 단순해 보이는 비선형 함수非線型函數, non-linear function인데 신경망의 표현력을 높이는 데 도움을 줍니다. 참고로 이 함수는 미분했을 때의 최댓값이 1입니다.

인공지능에서는 이렇게 활용한다

- 신경망에서 가중치(w)의 조정량은 오차 값을 가중치로 편미분한 것을 사용합니다. 같은 방식으로 활성화 함수도 미분해서 사용합니다.
- 다만, 표준 시그모이드 함수를 미분하면 최댓값이 0.25가 되는데 신경망의 계층이 많아질수록 오차역전파법에서 오차가 전파되기 어려워지는 상황이 발생할 수 있습니다. 이런 현상을 **기울기 소실**vanishing gradient **문제**라고 합니다.
- 이런 문제를 해결하기 위해 사용하는 것이 ReLU 함수입니다. ReLU 함수를 미분하면 0 아니면 1의 값을 가지게 되고, 이런 특징이 기울기 소실 문제를 해결하는 데 도움을 줍니다. 그래서 최근의 신경망에서는 활성화 함수로 ReLU 함수를 많이 사용하고 있습니다.

연습문제

2-7 정규분포正規分布, normal distribution의 확률밀도함수[1] $\varphi_{\mu,\sigma^2}(x) = \frac{1}{\sqrt{2\pi}\sigma}\exp\left(-\frac{(x-\mu)^2}{2\sigma^2}\right)$를 미분하시오.[2]

풀이

$u = -\frac{(x-\mu)^2}{2\sigma^2}$라고 가정할 때, 함수 $\varphi_{\mu,\sigma^2}(x)$는 또 다른 두 개의 함수인

$\varphi_{\mu,\sigma^2}(x) = \varphi_{\mu,u}(x) = \frac{1}{\sqrt{2\pi}\sigma}\exp u$와 $u = -\frac{(x-\mu)^2}{2\sigma^2}$로 분해할 수 있습니다.

$$\frac{d\varphi_{\mu,\sigma^2}(x)}{dx} = \frac{d\varphi_{\mu,u}(x)}{du}\cdot\frac{du}{dx} = \frac{1}{\sqrt{2\pi}\sigma}\exp u \times \left(-\frac{2(x-\mu)}{2\sigma^2}\right)$$

$$= -\frac{x-\mu}{\sqrt{2\pi}\sigma^3}\exp\left(-\frac{(x-\mu)^2}{2\sigma^2}\right)$$

정답: $-\frac{x-\mu}{\sqrt{2\pi}\sigma^3}\exp\left(-\frac{(x-\mu)^2}{2\sigma^2}\right)$

한편, 이런 풀이 방법이 익숙해지면 u를 생략하여 다음과 같이 계산할 수도 있습니다.

$$\frac{d\varphi_{\mu,\sigma^2}(x)}{dx} = \underbrace{\frac{1}{\sqrt{2\pi}\sigma}\exp\left(-\frac{(x-\mu)^2}{2\sigma^2}\right)}_{\text{바깥쪽 함수의 미분}} \times \underbrace{\left(-\frac{2(x-\mu)}{2\sigma^2}\right)}_{\text{안쪽 함수의 미분}}$$

$$= -\frac{x-\mu}{\sqrt{2\pi}\sigma^3}\exp\left(-\frac{(x-\mu)^2}{2\sigma^2}\right)$$

1 역자주: 정규분포는 뒤에 나올 4장에서 자세히 다루게 되니 여기서는 미분을 하는 것에만 집중하고 나중에 4장 학습이 끝난 후에 다시 돌아와서 살펴보세요.

2 역자주: 이때, σ는 표준편차, σ^2은 분산, μ는 평균을 의미합니다. 그리고 φ는 'phi', σ는 'sigma', μ는 'mu'라고 읽습니다.

ReLu ReLu...

3

선형대수

선형대수학線型代數學, linear algebra은 벡터 공간vector space과 선형 변환線型變換, linear transformation을 중심으로 한 학문 체계를 말하며 다양한 분야에서 폭넓게 사용하고 있습니다. 선형대수를 많이 활용하는 이유는 방대한 양의 데이터나 복잡한 시스템을 비교적 간단하게 표현할 수 있을 뿐만 아니라 컴퓨터로 계산하기도 쉽기 때문입니다. 그러다 보니 인공지능 분야에서도 선형대수를 많이 활용하는데, 특히 인공지능 알고리즘의 최적화와 관련된 계산은 컴퓨터가 다 알아서 해줄 수 있는 수준이 되었습니다. 그래서 이 책에서는 선형대수와 관련된 각종 증명이나 복잡한 공식은 가능한 한 배제하고, 머신러닝에 필요한 최소한의 내용만 담고 있습니다.

이 장의 내용은 고등학교에서 배우는 수학 교과 과정 내용에다 대학교에서 배우는 선형대수의 일부 내용을 덧붙여서 만들었습니다. '벡터'와 '행렬', '선형 변환'과 같은 개념과 그것들의 표현 방법을 확인하는 것이 이 장의 목표입니다.

SECTION 3-1

벡터

학습 포인트

- 벡터를 표기하는 방법에는 하나의 문자로 간단히 표시하거나, 벡터의 성분을 구체적으로 나열하는 방법이 있다.
- 벡터에는 행벡터와 열벡터의 두 종류가 있다.

우리는 1.1절에서 변수란 어떤 형태의 데이터 1개를 담아낼 수 있는 일종의 상자 같은 것이라고 배웠습니다. 수학에서는 데이터 여러 개를 한 줄에 담아낼 수 있게 만든 것을 벡터vector라고 부릅니다. 프로그래밍에서도 여러 개의 데이터를 하나의 열에 담아 둔 것을 벡터, 또는 배열이라고 부릅니다.

벡터를 표기하는 방법으로는 하나의 문자로 나타내는 방법과, 구체적인 성분을 나열하는 방법이 있습니다.[1] 하나의 문자로 표기하는 방법은 다음의 표 3.1.1과 같습니다.

▼ 표 3.1.1 하나의 문자로 벡터를 표현하는 방법

쓰는 방법	예	용도
소문자를 굵게 표시	$\boldsymbol{a}, \boldsymbol{b}, \cdots$	출판물의 활자에 이 표기가 사용됩니다. (이 책도 이 관례를 따름)
문자의 위에 화살표 표시	$\vec{a}, \vec{b}, \cdots$	고교, 대학 교과 과정에서 칠판이나 노트에 필기할 때, 이 표기가 사용됩니다.
문자에 세로선 장식	$\mathbb{a}, \mathbb{b}, \cdots$	위와 비슷하지만 상대적으로 사용 빈도가 많지 않습니다.

1 역자주: 벡터의 구성 성분(性分, entry)을 '원소(元素, element)'라고도 합니다. 비슷해 보이는 개념으로 집합(集合, set)에서는 집합을 구성하는 성분을 주로 원소라고 부릅니다.

구체적인 성분을 나열하는 방법은 수식 3.1.1과 같이 가로로 성분을 나열한 방식과 세로로 성분을 나열한 방식이 있습니다. 참고로 앞의 것은 행벡터, 뒤의 것은 열벡터라고 부릅니다.[2]

$$\boldsymbol{a} = (a_1, a_2, \ldots, a_n),\ \boldsymbol{b} = \begin{pmatrix} b_1 \\ b_2 \\ \vdots \\ b_n \end{pmatrix} \qquad \text{수식 3.1.1}$$

2 3.8절까지는 벡터끼리 계산을 할 때 행벡터와 열벡터를 굳이 구분하지 않아도 됩니다. 행벡터와 열벡터의 구분이 필요해지는 것은 3.9절에서 행렬을 다룰 때부터입니다.

덧셈과 뺄셈, 그리고 스칼라배

학습 포인트

- 벡터에서는 서로 대응하는 성분끼리 덧셈과 뺄셈을 한다.
- 벡터의 모든 성분에 같은 수를 곱하는 것을 스칼라배라고 한다.
- 서로 다른 차원의 벡터끼리는 덧셈과 뺄셈을 할 수 없다.

벡터끼리 덧셈을 할 때는 서로 대응하는 성분끼리 덧셈을 합니다. 행벡터나 열벡터 상관없이 같은 방식으로 계산을 할 수 있는데, 다음은 열벡터의 덧셈을 예로 든 것입니다.

$$\begin{pmatrix}1\\2\\3\end{pmatrix}+\begin{pmatrix}4\\5\\6\end{pmatrix}=\begin{pmatrix}1+4\\2+5\\3+6\end{pmatrix}=\begin{pmatrix}5\\7\\9\end{pmatrix} \quad \text{수식 3.2.1}$$

벡터 성분의 수를 차원이라고 부릅니다. 예를 들어, 앞의 수식 3.2.1에 나온 열벡터는 3차원입니다. 다음 예는 서로 다른 차원의 벡터를 더하고 있는데, 두 번째 벡터의 7에 해당하는 성분이 첫 번째 벡터에 없기 때문에 계산 자체가 불가능합니다.

$$\begin{pmatrix}1\\2\\3\end{pmatrix}+\begin{pmatrix}4\\5\\6\\7\end{pmatrix}=\text{계산 불가} \quad \text{수식 3.2.2}$$

벡터끼리 뺄셈을 할 때는 덧셈과 같은 방식으로 서로 대응하는 성분끼리 뺄셈을 합니다.

$$\begin{pmatrix}1\\2\\3\end{pmatrix}-\begin{pmatrix}4\\5\\6\end{pmatrix}=\begin{pmatrix}1-4\\2-5\\3-6\end{pmatrix}=\begin{pmatrix}-3\\-3\\-3\end{pmatrix} \quad \text{수식 3.2.3}$$

벡터에는 덧셈과 뺄셈 외에도 스칼라배scalar multiple라는 계산이 있습니다. 스칼라는 벡터에 대비되는 개념으로 크기만 있고 방향이 없는 상수나 변수 같은 1차원의 값을 의미합니다.

그래서 스칼라배를 할 때는 전체 성분에 스칼라값을 곱셈하면 됩니다.

$$2\begin{pmatrix}1\\2\\3\end{pmatrix}=\begin{pmatrix}2\times1\\2\times2\\2\times3\end{pmatrix}=\begin{pmatrix}2\\4\\6\end{pmatrix}$$ ……… 수식 3.2.4

인공지능에서는 이렇게 활용한다

- 컴퓨터에서는 언어를 처리하기 위해 단어들을 마치 벡터처럼 취급하는 방법이 있습니다. word2vec이 바로 이 개념을 사용하는데, 단어 하나하나를 일렬로 늘어놓아 벡터를 만듭니다.
- 일단 벡터로 변환하게 되면 일반적인 벡터 연산처럼 단어들도 덧셈과 뺄셈을 할 수 있게 됩니다. 예를 들면 '왕'-'남성' + '여성'='여왕'이라거나 '동경' - '일본' + '한국'='서울'과 같이 단어들 간의 연산이 가능해집니다.

단어의 벡터화란?

앞서 '인공지능에서는 이렇게 활용한다'에 소개한 것처럼 word2vec은 단어를 벡터처럼 다루는 방법인데 2013년에 구글Google이 발표한 논문[1]을 통해 세상에 알려졌습니다. 정작 만든 본인도 놀랐다고 할 정도로 상당히 효과적인 기법인지라, 이미 다양한 머신러닝 알고리즘과 조합하여 사용되고 있습니다. 2016년에는 페이스북Facebook에서 fastText라고 하는 기법이 제안되었는데, 이 방법은 word2vec의 연장선상에서 언어를 벡터로 표현하는 기법입니다. 인터넷에는 위키피디아Wikipedia의 데이터를 활용하여 word2vec으로 학습된 모델이나 fastText로 학습된 모델들이 무료로 공개되어 있습니다.[2] 이러한 모델을 잘 활용하면 큰 부담없이 언어를 벡터화하거나 벡터 표현을 이용하여 계산을 할 수 있습니다.

1 역자주: 'Efficient Estimation of Word Representations in Vector Space' https://arxiv.org/pdf/1301.3781.pdf

2 역자주: https://code.google.com/archive/p/word2vec/, https://github.com/facebookresearch/fastText

유향선분

학습 포인트

- 벡터를 유향선분(화살표)으로 가시화하면 이해하기 쉬워진다.

수식을 그래프로 표현하면 직관적으로 이해하기 쉬운 것처럼 벡터도 그림으로 표현하면 이해하기 쉽습니다. 과연 그러한지 스칼라배와 벡터의 덧셈, 뺄셈을 그림으로 한번 표현해 봅시다. 우선 벡터 $\boldsymbol{a}=(4,\ 3)$은 '오른쪽으로 4, 위쪽으로 3 움직이는 것'과 같은 의미입니다. 이 벡터는 결국 다음 그림과 같이 오른쪽 대각선으로 5만큼 움직이게 되고, 그와 동시에 방향과 거리라는 두 가지 요소를 가지고 있다는 것을 알 수 있습니다. 이렇게 방향과 거리를 나타내는 화살표를 유향선분有向線分, directed segment이라고 합니다.

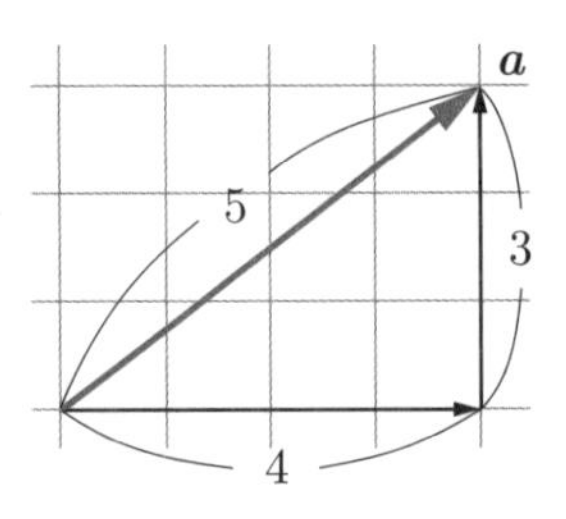

▲ 그림 3.3.1 벡터 $\boldsymbol{a}=(4,\ 3)$에 대응하는 유향선분

먼저 벡터 $\boldsymbol{b}=(2,\ 1)$을 3, 2, 1, 0, −1로 스칼라배를 하는 것을 생각해봅니다. $3\boldsymbol{b}$, $2\boldsymbol{b}$, $\boldsymbol{b}$, $\boldsymbol{0}$, $-\boldsymbol{b}$에 대응하는 유향선분은 다음 그림과 같습니다.

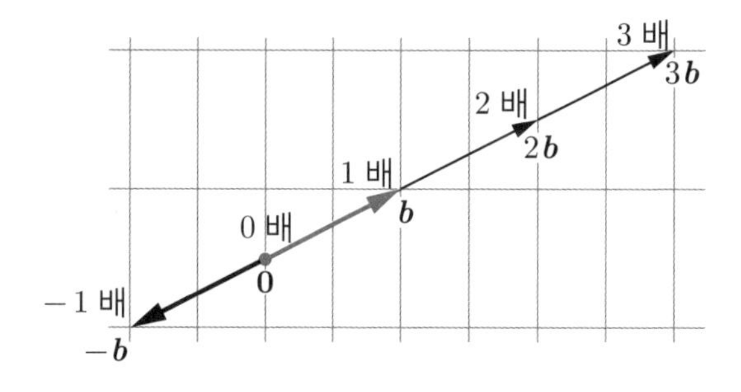

▲ 그림 3.3.2 벡터 3$\boldsymbol{b}$, 2$\boldsymbol{b}$, $\boldsymbol{b}$, $\mathbf{0}$, $-\boldsymbol{b}$에 대응하는 유향선분

그림에서 1배로 표시된 벡터는 기존의 벡터 $\boldsymbol{b}$ 자체입니다. 2$\boldsymbol{b}$ 와 3$\boldsymbol{b}$는 $\boldsymbol{b}$와 방향은 같지만 벡터의 길이가 각각 2배와 3배만큼 더 깁니다. −1배는 벡터 $\boldsymbol{b}$와 길이는 같지만 방향이 반대입니다. 0배의 벡터 $\mathbf{0}$은 아무곳으로도 이동하지 않는다는 것을 의미합니다.[1] 결국 스칼라배는 화살표의 방향을 바꾸지 않고 길이만 바꾸는 계산이라고 할 수 있습니다.[2]

다음은 덧셈에 대해 생각해봅시다. 그림 3.3.3의 왼쪽 위에 있는 화살표 두 개처럼 $\boldsymbol{a} = (1, 2)$만큼 움직인 후 다시 $\boldsymbol{b} = (3, 1)$만큼 움직이면 결과적으로 $\boldsymbol{a} + \boldsymbol{b} = (4, 3)$만큼 움직인 것이 됩니다. 다른 관점으로는 $\boldsymbol{a}$와 $\boldsymbol{b}$로 만든 평행사변형의 대각선이 $\boldsymbol{a} + \boldsymbol{b}$라고 볼 수도 있습니다.

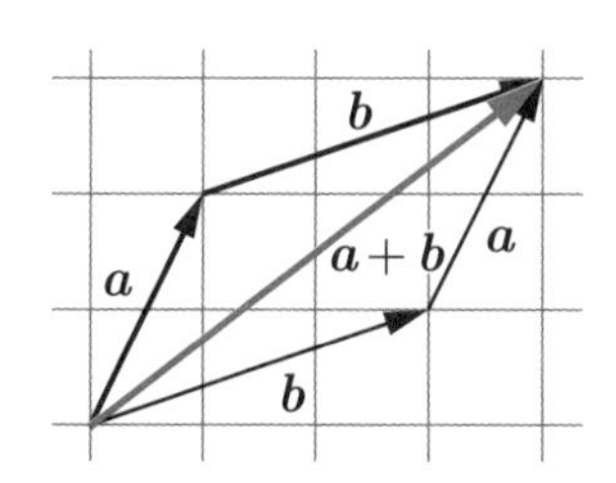

▲ 그림 3.3.3 벡터 $\boldsymbol{a}$, $\boldsymbol{b}$, $\boldsymbol{a} + \boldsymbol{b}$에 대응하는 유향선분

1 제로 벡터라고 읽습니다.

2 역자주: 음수로 스칼라배를 하면 방향이 반대가 되긴 하나 이때는 '같은 방향인데 길이가 마이너스'라고 간주합니다.

마지막으로 뺄셈에 대해 생각해봅시다. 그림 3.3.4의 왼쪽 삼각형이 의미하는 것처럼, $\boldsymbol{a} = (1,\ 2)$만큼 움직인 후 다시 $-\boldsymbol{b} = (-3,\ -1)$만큼 움직이면 결과적으로 $\boldsymbol{a} - \boldsymbol{b} = (-2,\ 1)$만큼 움직인 것이 됩니다. 역시 다른 관점으로는 $\boldsymbol{a}$와 $\boldsymbol{b}$의 시작점을 일치시켜서, $\boldsymbol{b}$의 화살표 끝에서 $\boldsymbol{a}$의 화살표 끝까지 향하는 화살표가 $\boldsymbol{a} - \boldsymbol{b}$라고 볼 수도 있습니다.

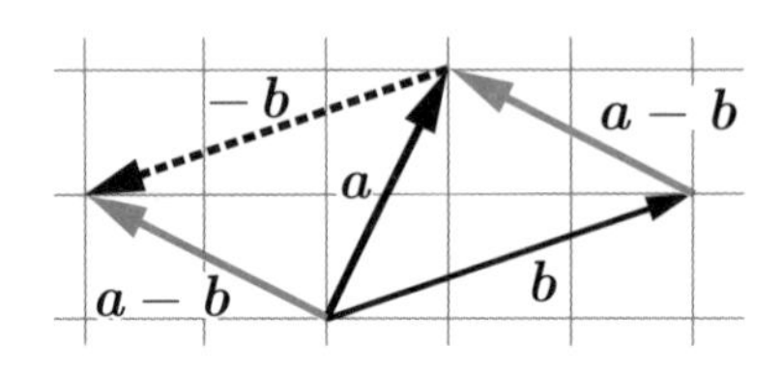

▲ 그림 3.3.4 벡터 $\boldsymbol{a}$, $\boldsymbol{b}$, $-\boldsymbol{b}$, $\boldsymbol{a}-\boldsymbol{b}$에 대응하는 유향선분

이제까지 2차원인 평면상에서 유향성분을 예로 들어 설명했는데, 이런 접근 방법은 3차원 이상이 되더라도 똑같이 적용할 수 있습니다. 이렇게 화살표를 사용하여 가시화하는 것은 벡터의 개념을 이해하는 데 큰 도움이 됩니다.

SECTION 3-4

내적

학습 포인트

- 벡터에서 서로 대응하는 성분끼리 곱한 다음, 그것들을 모두 더한 것이 내적이다.
- 벡터와 벡터의 내적은 수數, 즉 스칼라가 된다.
- 서로 다른 차원의 벡터끼리는 계산을 할 수 없다.

내적內積, inner product[1]의 계산은 벡터에서 서로 대응하는 성분끼리 곱한 다음 그것들을 모두 더한 값입니다. 내적의 기호로는 $\langle \boldsymbol{a}, \boldsymbol{b} \rangle$가 사용되지만 고등학교 수학 교과 과정에서는 $\vec{\boldsymbol{a}} \cdot \vec{\boldsymbol{b}}$와 같은 기호가 사용됩니다. 내적의 계산에서 주의해야 할 것은 벡터와 벡터를 내적한 결과는 벡터가 아니라 스칼라가 된다는 것, 그리고 서로 다른 차원의 벡터끼리는 계산을 할 수 없다는 것입니다.

정의

$$\boldsymbol{a} = \begin{pmatrix} a_1 \\ a_2 \\ \vdots \\ a_n \end{pmatrix}, \boldsymbol{b} = \begin{pmatrix} b_1 \\ b_2 \\ \vdots \\ b_n \end{pmatrix} \text{일 때}$$

$$\langle \boldsymbol{a}, \boldsymbol{b} \rangle = a_1 b_1 + a_2 b_2 + \ldots + a_n b_n = \sum_{i=1}^{n} a_i b_i$$

1 역자주: 내적은 다른 말로 '점곱(dot product)', '스칼라곱(scalar product)', '영사곱(projection product)'이라고도 하고, 외적(outer product)은 다른 말로 '교차곱(cross product)', '벡터곱(vector product)', '텐서곱(tensor product)'이라고도 합니다. 특히, 스칼라곱은 3.2절의 스칼라배(scalar multiple)와 헛갈릴 수 있으니 주의하세요.

이해를 돕기 위해 예제를 풀어봅시다.

예제 $\boldsymbol{a} = \begin{pmatrix} 1 \\ 2 \\ 3 \end{pmatrix}$, $\boldsymbol{b} = \begin{pmatrix} 4 \\ 5 \\ 6 \end{pmatrix}$일 때 $\langle \boldsymbol{a}, \boldsymbol{b} \rangle$를 구하시오.

내적 $\langle \boldsymbol{a}, \boldsymbol{b} \rangle$는 다음과 같이 계산할 수 있습니다.

$$\langle \boldsymbol{a}, \boldsymbol{b} \rangle = 1 \times 4 + 2 \times 5 + 3 \times 6 = 4 + 10 + 18 = 32$$ .... 수식 3.4.1

내적을 정의할 때는 기하학적인 특징으로 정의할 수도 있습니다.

정의

벡터 $\boldsymbol{a}$와 $\boldsymbol{b}$가 이루는 각이 θ일 때 $\langle \boldsymbol{a}, \boldsymbol{b} \rangle$는 다음과 같이 정의할 수 있다.

$$\langle \boldsymbol{a}, \boldsymbol{b} \rangle = \|\boldsymbol{a}\| \|\boldsymbol{b}\| \cos \theta$$

여기서 각 θ는 두 개의 벡터 $\boldsymbol{a}$와 $\boldsymbol{b}$의 시작점을 일치시켰을 때 생기는 벡터와 벡터 사이의 각을 말합니다. $\|\boldsymbol{a}\|$는 벡터 $\boldsymbol{a}$의 길이, 즉 유클리드 거리를 의미합니다.[1]

1 역자주: 유클리드 거리는 1.10절에서 다루었고 뒤의 3.7절에서도 다시 한번 나옵니다.

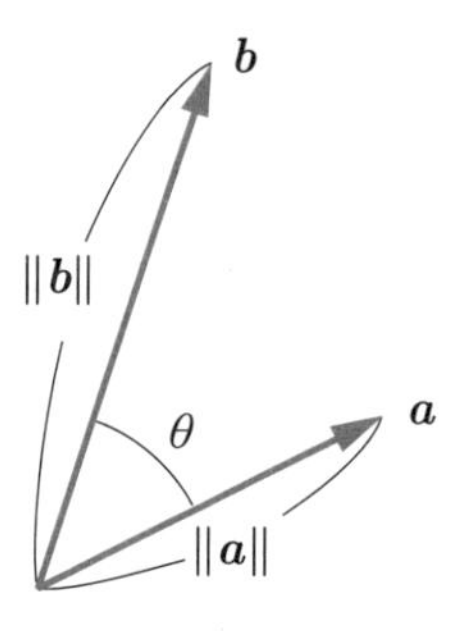

▲ 그림 3.4.1 벡터 $\boldsymbol{a}$와 벡터 $\boldsymbol{b}$가 이루는 각 θ

그림 3.4.1에 표시되어있는 벡터 $\boldsymbol{a}$, $\boldsymbol{b}$는 각각 $\boldsymbol{a} = (2,\ 1)$과 $\boldsymbol{b} = (1,\ 3)$으로 두 벡터가 이루는 각은 $\theta = 45°$입니다. 내적에 대한 첫 번째 정의식으로 계산해 보면 다음과 같은 결과가 나옵니다.

$$\langle \boldsymbol{a}, \boldsymbol{b} \rangle = 2 \times 1 + 1 \times 3 = 2 + 3 = 5$$ 수식 3.4.2

이어 내적에 대한 두 번째 정의식으로 계산해 보면 $\|\boldsymbol{a}\| = \sqrt{2^2 + 1^2} = \sqrt{5}$, $\|\boldsymbol{b}\| = \sqrt{1^2 + 3^2} = \sqrt{10}$ 이므로 다음과 같이 풀수 있고, 첫 번째 정의식으로 계산한 것과 결과가 같다는 것을 알 수 있습니다.

$$\langle \boldsymbol{a}, \boldsymbol{b} \rangle = \|\boldsymbol{a}\| \|\boldsymbol{b}\| \cos 45° = \sqrt{5} \times \sqrt{10} \times \frac{\sqrt{2}}{2} = 5$$ 수식 3.4.3

연습문제

3-4 $\boldsymbol{a} = \left(\sqrt{3}, 1\right)$, $\boldsymbol{b} = \left(1, \sqrt{3}\right)$, $\boldsymbol{c} = \left(-1, \sqrt{3}\right)$라고 할 때 $\langle \boldsymbol{a}, \boldsymbol{b} \rangle$, $\langle \boldsymbol{b}, \boldsymbol{c} \rangle$, $\langle \boldsymbol{c}, \boldsymbol{a} \rangle$를 각각 두 가지 정의식으로 계산하시오.

단, 두 벡터가 이루는 각은 다음 그림과 같습니다.

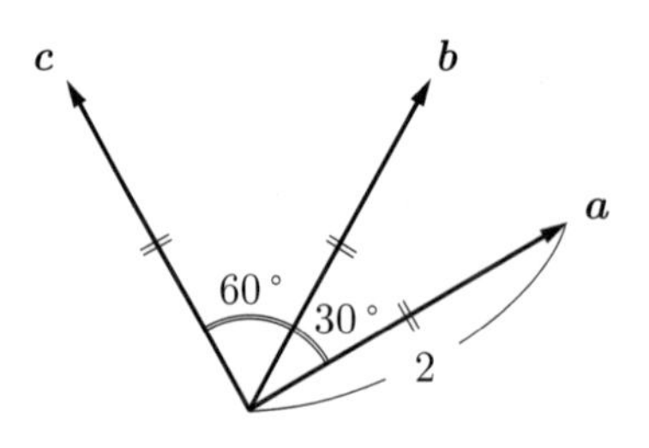

▲ 그림 3.4.2 벡터 $\boldsymbol{a}$, $\boldsymbol{b}$, $\boldsymbol{c}$와 각도

풀이

우선 첫 번째 정의식으로 내적을 계산합니다.

정답: $\langle \boldsymbol{a}, \boldsymbol{b} \rangle = \sqrt{3} \times 1 + 1 \times \sqrt{3} = 2\sqrt{3}$

$\langle \boldsymbol{b}, \boldsymbol{c} \rangle = 1 \times (-1) + \sqrt{3} \times \sqrt{3} = 2$

$\langle \boldsymbol{c}, \boldsymbol{a} \rangle = -1 \times \sqrt{3} + \sqrt{3} \times 1 = 0$

벡터에서 대응하는 성분끼리 곱한 다음 그것들을 모두 더합니다.

다음은 두 번째 정의식으로 내적을 계산합니다.

유클리드 거리의 정의에 따라 벡터 $\boldsymbol{a}$, $\boldsymbol{b}$, $\boldsymbol{c}$의 유클리드 거리를 구해보면 모두 같게 나옵니다.

$$\|\boldsymbol{a}\| = \|\boldsymbol{b}\| = \|\boldsymbol{c}\| = \sqrt{1^2 + (\sqrt{3})^2} = \sqrt{4} = 2$$

벡터의 모든 성분을 제곱한 후, 그것들을 모두 더합니다. 마지막으로 이렇게 더한 값의 제곱근을 구하면 거리가 나옵니다.

따라서 각각의 내적은 다음과 같습니다.

정답: $\langle \boldsymbol{a}, \boldsymbol{b} \rangle = 2 \times 2 \times \cos 30^\circ = 2 \times 2 \times \dfrac{\sqrt{3}}{2} = 2\sqrt{3}$

$\langle \boldsymbol{b}, \boldsymbol{c} \rangle = 2 \times 2 \times \cos 60^\circ = 2 \times 2 \times \dfrac{1}{2} = 2$

$\langle \boldsymbol{c}, \boldsymbol{a} \rangle = 2 \times 2 \times \cos 90^\circ = 2 \times 2 \times 0 = 0$

벡터의 유클리드 거리 두 개와 cos(두 벡터가 이루는 각)을 곱합니다.

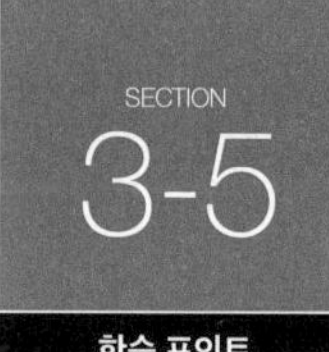

직교 조건

학습 포인트

- 내적이 0인 벡터는 서로 직교하고 있다.

두 개의 벡터 $\boldsymbol{a}$, $\boldsymbol{b}$가 서로 직교直交한다(수직으로 만난다)는 것은 곧 두 벡터가 이루는 각이 90°라는 의미입니다. 달리 말하자면 내적 $\langle \boldsymbol{a},\boldsymbol{b} \rangle$가 0이라는 말이기도 합니다. 3.4절 내적의 정의와 1.9절의 삼각함수에서 cos90°=0을 조합해보면 $\langle \boldsymbol{a},\boldsymbol{b} \rangle = \|\boldsymbol{a}\|\|\boldsymbol{b}\|\cos 90^\circ = 0$이라는 것을 쉽게 확인할 수 있습니다. 따라서 두 벡터가 직교하는지를 알아보려면 내적이 0인지 확인해 보면 됩니다.

정의

벡터 $\boldsymbol{a}$, $\boldsymbol{b}$가 서로 직교할 때 다음 식이 성립한다.

$$\langle \boldsymbol{a},\boldsymbol{b} \rangle = 0$$

예를 들어, $\boldsymbol{a} = (2,\ 1)$과 $\boldsymbol{b} = (-1,\ 2)$의 내적을 구해보면 $\langle \boldsymbol{a},\boldsymbol{b} \rangle = 2 \times (-1) + 1 \times 2 = 0$이 됩니다. 그리고 이 벡터들을 그림으로 표현해 보면 실제로 직교하는 것을 알 수 있습니다.

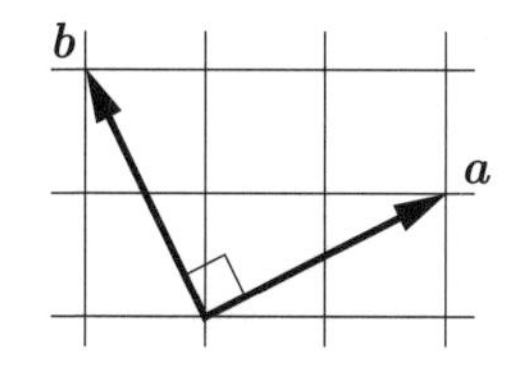

▲ 그림 3.5.1 서로 직교하는 벡터 $\boldsymbol{a}$, $\boldsymbol{b}$

법선벡터

학습 포인트

- 하나의 점과 법선벡터가 주어지면 하나의 평면을 정할 수 있다.

앞서 2.2절에서는 미분을 배우면서 2차원 곡선에 대한 접선을 다루어 보았습니다. 그렇다면 3차원 곡면에 대한 접선은 어떻게 다룰 수 있는지 생각해 봅시다.

비교적 단순한 곡면으로 공과 같은 모양인 구球를 예로 들어 보겠습니다. 구의 표면에 점을 하나 찍은 후, 그 점에 접하는 접선을 구해봅시다. 구는 3차원 곡면이기 때문에 이러한 접선은 무수히 많이 나오는데, 그럼에도 불구하고 이러한 접선들은 모두 같은 평면 위에 존재한다는 공통점이 있습니다. 이때, 이 평면을 **접평면**接平面, tangent plane이라 하고, 접평면과 접하는 구의 점을 접점接點이라고 합니다. 접평면상에 있는 접선들은 무한히 많으므로 일반적인 방법으로는 이 접선들을 다루지 못합니다.

그래서 이러한 접선들과 직교하는 벡터를 통해 무한한 접선들(접평면)을 다룰 수 있는 개념이 필요한데, 이러한 벡터를 **법선벡터**法線벡터, normal vector라고 합니다. 다시 말해 법선벡터는 3차원 곡면에 대한 전체 접선(접평면)과 직교하는 벡터라고 정의할 수 있습니다.

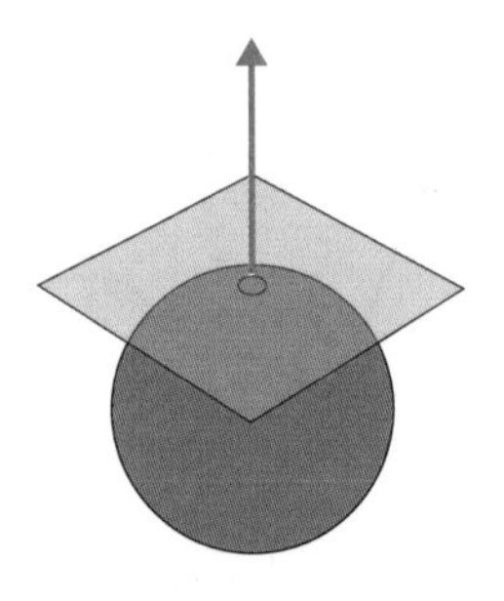

▲ 그림 3.6.1 구와 접점, 접평면, 법선벡터

벡터의 노름

학습 포인트

- $L1$ 노름은 벡터 성분의 절댓값을 모두 더하면 구할 수 있다.
- $L2$ 노름은 벡터의 유클리드 거리로 구할 수 있다.

3.3절에서는 벡터를 기하학적으로 시각화하여 방향과 거리를 가진 화살표로 그려보았습니다. 이와 같이 벡터는 방향과 이동 거리가 중요한데 이때의 이동 거리를 노름norm이라고 합니다. 이 절에서는 노름을 벡터의 성분값으로부터 어떻게 구하는지 알아보도록 하겠습니다.

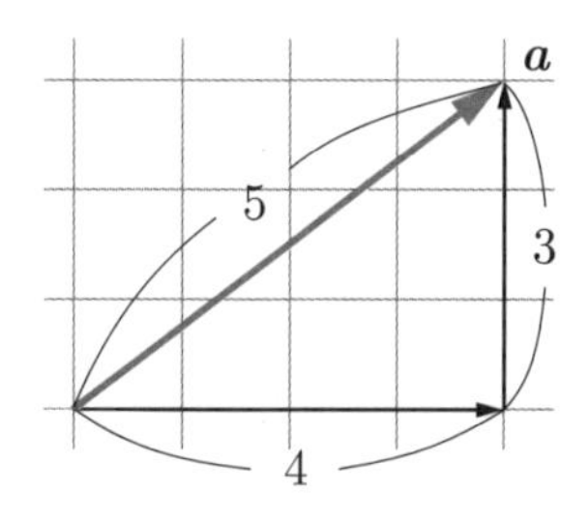

▲ 그림 3.7.1 벡터 $\boldsymbol{a}$=(4, 3)에 대응하는 유향선분

그림 3.7.1은 앞서 살펴본 그림 3.3.1과 같은 그림입니다. 이 그림에서 알 수 있듯이 벡터 $\boldsymbol{a}=(4,\ 3)$은 오른쪽으로 4만큼, 위로 3만큼 움직이는 것과 같습니다. 이때, 움직인 거리만 생각하면 오른쪽으로 4만큼, 위로 3만큼 움직였으니 합계 7만큼 움직인 셈입니다. 이렇게 움직인 거리를 구하는 방법은 3차원 이상의 공간에서도 똑같이 적용할 수 있는데, 이렇게 구한 움직인 거리를 $L1$ 노름이라고 부릅니다. 실제로 도시의 구획이 바둑판 모양인 미국의 맨해튼이나 우리나라의 강남구에서 서로 다른 두 지점 간의 최단 거리를 구한

다면 이 방법으로 구해야 합니다. 그래서 $L1$ 노름을 맨해튼 거리라고도 부릅니다.

정의

$$\boldsymbol{a}\text{에 대한 } L1 \text{ 노름} = \|\boldsymbol{a}\|_1 = |a_1| + |a_2| + \cdots + |a_n| = \sum_{i=1}^{n} |a_i|$$

이렇게 $L1$ 노름을 계산할 때는 벡터 각 성분들의 절댓값을 구한 다음, 모두 더하면 된다는 점을 기억합시다.

한편, 시작점에서부터 목적지까지 직선으로 움직이는 방법도 있습니다. 예를 들어, 앞서 살펴본 벡터 $\boldsymbol{a} = (4,\ 3)$의 직선 이동 거리는 피타고라스의 정리로부터 $\sqrt{4^2 + 3^2} = \sqrt{16 + 9} = \sqrt{25} = 5$가 나옵니다. 이렇게 직선으로 움직인 거리를 구하는 방법은 3차원 이상의 공간에서도 똑같이 적용할 수 있는데, 이렇게 구한 움직인 거리를 $L2$ 노름이라고 부릅니다. 이 거리는 유클리드 거리와 똑같습니다.[1]

정의

$$\boldsymbol{a}\text{에 대한 } L2 \text{ 노름} = \|\boldsymbol{a}\|_2 = \sqrt{\sum_{i=1}^{n} a_i^2} = \sqrt{a_1^2 + a_2^2 + \cdots + a_n^2}$$

한편, $L2$ 노름은 3.4절에서 배운 내적으로도 표현할 수 있습니다. 예를 들어, 벡터 $\boldsymbol{a}$에 대한 $L2$ 노름은 $\|\boldsymbol{a}\|_2 = \sqrt{\langle \boldsymbol{a}, \boldsymbol{a} \rangle}$와 같이 표현할 수 있습니다.[2]

---

1 역자주: 절댓값과 유클리드 거리가 잘 생각나지 않는다면 1.10절을 참고하세요.

2 역자주: 노름을 표현할 때는 유클리드 거리의 기호 우측 하단에 $L1$ 노름일 때는 1을, $L2$ 노름일 때는 2를 첨자로 써줍니다.

인공지능에서는 이렇게 활용한다

- $L1$ 노름과 $L2$ 노름은 선형회귀線型回歸, linear regression 모델의 **정규화**正規化, regularization **항**에서 사용합니다.
- 인공지능에서는 학습에 필요한 데이터 세트를 **학습 데이터**와 **테스트 데이터**로 분류합니다. 우선 학습 데이터는 모델을 만드는 데 사용하고, 테스트 데이터는 앞서 만들어진 모델을 검증할 때 사용합니다.
- 단, 이 과정에서 모델 계수의 절댓값이나 제곱한 값이 커져 버리면, 주어진 학습 데이터로는 모델이 너무 잘 맞아 떨어지는데, 오히려 테스트 데이터로 검증할 때는 결과가 나빠지는 **과학습**overfitting 현상이 발생할 수 있습니다. 이런 과학습을 피하려면 선형회귀 모델에 정규화 항을 덧붙여 계수의 절댓값이나 제곱한 값이 너무 커지지 않도록 만들어줘야 합니다. 즉, 정규화 항은 계수가 너무 커지지 않게 하기 위한 일종의 페널티나 핸디캡 같은 억제 기능을 합니다.
- 이렇게 정규화 항이 붙은 식을 정의하고, 그 식의 오차를 최소화할 수 있는 계수를 찾다 보면, 과학습이 일어나지 않는 모델식을 만들 수 있습니다.

SECTION 3-8

코사인 유사도

학습 포인트

- 코사인 유사도는 -1 이상 1 이하의 값을 가진다.
- 코사인 유사도의 계산 방법을 이해할 수 있다.

이제까지 우리가 벡터를 다룰 때는 벡터의 성분을 알더라도, 벡터와 벡터 사이의 각 θ에 대해서는 알기 어려웠습니다. 하지만 이미 3.4절에서 배웠던 내적의 정의식 두 개와 앞서 배운 $L2$ 노름의 정의식을 조합하면 두 벡터가 이루는 각도 쉽게 구할 수 있습니다.

우선 이미 3.4절에서 배웠던 내적의 정의식 중에는 다음과 같은 것이 있었습니다.

$$\langle \boldsymbol{a}, \boldsymbol{b} \rangle = \|\boldsymbol{a}\| \|\boldsymbol{b}\| \cos\theta$$

이 식을 $\cos\theta$를 중심으로 전개하면 다음과 같습니다.

$$\cos\theta = \frac{\langle \boldsymbol{a}, \boldsymbol{b} \rangle}{\|\boldsymbol{a}\| \|\boldsymbol{b}\|}$$

여기에 3.4절에서 배웠던 내적의 정의식 하나를 더 가져옵니다.

$$\langle \boldsymbol{a}, \boldsymbol{b} \rangle = a_1 b_1 + a_2 b_2 + \ldots + a_n b_n = \sum_{i=1}^{n} a_i b_i$$

그리고 앞서 배운 $L2$ 노름의 정의식도 가져옵니다.

$$\|\boldsymbol{a}\|_2 = \sqrt{\sum_{i=1}^{n} a_i^2} = \sqrt{a_1^2 + a_2^2 + \cdots + a_n^2}$$

이 식들을 조합하면 $\cos\theta$를 구할 수 있습니다. 이렇게 구한 $\cos\theta$ 항을 코사인 유사도[코사인 類

似度, cosine similarity라 하고 $\cos(\boldsymbol{a}, \boldsymbol{b})$로 표현합니다.

정의

$$\cos(\boldsymbol{a},\boldsymbol{b}) = \frac{\langle \boldsymbol{a},\boldsymbol{b}\rangle}{\|\boldsymbol{a}\|\|\boldsymbol{b}\|} = \frac{\sum_{i=1}^{n} a_i b_i}{\sqrt{\sum_{i=1}^{n} a_i^2}\sqrt{\sum_{i=1}^{n} b_i^2}}$$

이때, 코사인 유사도의 값은 $-1 \leq \cos(\boldsymbol{a}, \boldsymbol{b}) \leq 1$의 구간 안에 있다는 것을 기억해 두세요. 유사도가 −1일 때는 두 벡터가 서로 반대 방향으로 평행이고, 0일 때는 직교 상태, 그리고 1일 때는 서로 같은 방향으로 평행이 됩니다.

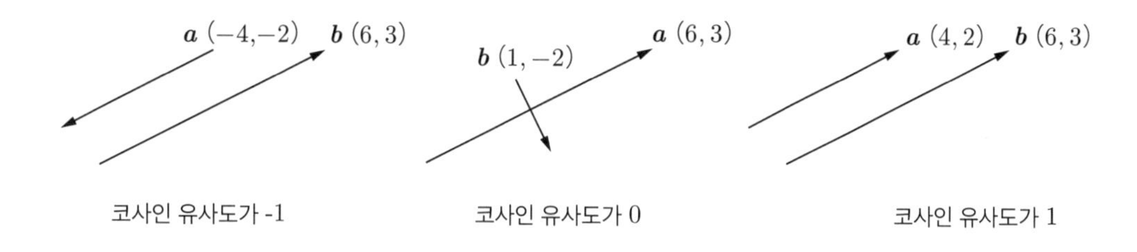

▲ 그림 3.8.1 코사인 유사도의 개념

코사인 유사도가 높다는 말은 벡터가 더 비슷하다는 의미입니다. 실제로 그림 3.8.1을 보면 코사인 유사도가 더 높은 쪽의 벡터가 서로 더 닮은 것을 알 수 있습니다.

인공지능에서는 이렇게 활용한다

- 인공지능이 텍스트를 분석할 때는 내부적으로 단어나 문장을 벡터로 처리합니다.
- 벡터로 만들어진 단어나 문장들은 서로의 관계성을 파악할 때 코사인 유사도를 사용합니다. 코사인 유사도가 높을수록 해당하는 단어나 문장들은 더 가까운 관계라는 것을 알 수 있습니다.

연습문제

3-8

$\boldsymbol{a} = (1,\ 2,\ 3)$과 $\boldsymbol{b} = (6,\ 5,\ 4)$의 코사인 유사도를 구하시오.

풀이

$$\langle \boldsymbol{a}, \boldsymbol{b} \rangle = 1 \times 6 + 2 \times 5 + 3 \times 4 = 28$$
$$\|\boldsymbol{a}\| = \sqrt{1^2 + 2^2 + 3^2} = \sqrt{14}$$
$$\|\boldsymbol{b}\| = \sqrt{6^2 + 5^2 + 4^2} = \sqrt{77}$$

이므로 $\cos(\boldsymbol{a}, \boldsymbol{b})$는 다음과 같이 구할 수 있습니다.

$$\cos(\boldsymbol{a}, \boldsymbol{b}) = \frac{28}{\sqrt{14}\sqrt{77}} = \frac{4 \cdot 7}{\sqrt{2 \cdot 7}\sqrt{7 \cdot 11}} = \frac{2 \cdot \sqrt{2} \cdot \sqrt{2} \cdot 7}{\sqrt{2} \cdot \sqrt{7} \cdot \sqrt{7} \cdot \sqrt{11}} = \frac{2\sqrt{2}}{\sqrt{11}} = \frac{2\sqrt{22}}{11}$$

정답: $\frac{2\sqrt{22}}{11}$

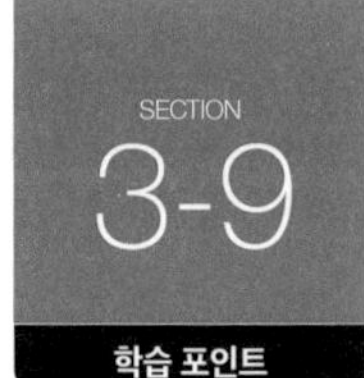

행렬의 덧셈과 뺄셈

- 행렬의 덧셈과 뺄셈은 서로 대응하는 각 성분을 있는 그대로 더하고 빼면 된다.
- 행렬은 같은 차원의 벡터를 모아서 사각형 모양으로 나열한 것이다.

이제까지 벡터를 배웠으니 이제 '행렬'을 배워보도록 하겠습니다. 행렬은 복잡한 계산을 간단한 형태로 표현할 때 사용합니다. 그래서 인공지능과 같이 복잡한 수식을 다루는 분야에서는 행렬이 빠질 수 없습니다. 말이 행렬이지 사실상 내용 자체는 벡터의 개념이 확장된 것이므로, 벡터의 특징만 잘 파악하고 있다면 행렬을 이해하는 것이 어렵지는 않습니다.

앞서 3.1절에서 배운 것처럼 벡터는 여러 개의 데이터를 한 줄에 담아낼 수 있게 만든 것입니다. 반면 행렬은 다음 그림과 같이 여러 개의 데이터를 여러 줄에 담아낼 수 있게 사각형으로 만든 것입니다. 이것은 마치 같은 차원의 벡터를 여러 개 쌓아놓은 것과 같은 모양이라 할 수 있습니다.

1열 2열 3열 4열 (3 × 4행렬)

$$\begin{array}{c} 1\text{행} \\ 2\text{행} \\ 3\text{행} \end{array} \begin{bmatrix} 3 & 4 & 0 & 10 \\ 0 & 1 & 0 & -3 \\ -1 & \textcircled{1} & 9 & 0 \end{bmatrix}$$

(3행 2열의 성분)

▲ 그림 3.9.1 행렬의 표시 방법

행렬의 행行은 숫자를 가로로 늘어놓은 것을 말하고, 열列은 숫자를 세로로 늘어놓은 것을 말합니다. 행렬의 크기를 말할 때는 행과 열의 크기로 구분하는데, 예를 들어 그림 3.9.1

의 행렬이라면 3×4 행렬 또는 3행 4열의 행렬이라고 부릅니다.[1] 벡터를 표기할 때 굵은 글씨의 소문자로 $\boldsymbol{a}$, $\boldsymbol{b}$, $\boldsymbol{c}$, ...와 같이 쓰는 것이 관례였던 것처럼, 행렬을 표기할 때는 대문자로 A, B, C, ...와 같이 쓰는 것이 관례입니다. 그림 3.9.1의 행렬에서 동그라미 표시가 된 부분을 (3, 2) 성분, 또는 3행 2열 성분이라고 합니다. 이렇게 행렬의 크기나 성분을 이야기할 때는 항상 행을 먼저 이야기하고 그다음에 열을 이야기한다는 것을 기억해 두세요.

행렬 A와 행렬 B가 다음과 같이 정의될 때 $A+B$와 $A-B$를 계산하시오.

$$A = \begin{pmatrix} 0 & 7 & 2 & 2 \\ 1 & 2 & 6 & 1 \\ 5 & 3 & 3 & 4 \end{pmatrix}, B = \begin{pmatrix} 2 & 6 & 7 & -1 \\ 1 & 8 & 3 & 5 \\ 0 & -1 & 6 & 11 \end{pmatrix}$$

행렬을 더하거나 뺄 때는 3.2절에서 벡터의 덧셈과 뺄셈을 했던 것처럼 서로 대응하는 성분끼리 덧셈, 뺄셈을 합니다.

$$A+B = \begin{pmatrix} 0+2 & 7+6 & 2+7 & 2+(-1) \\ 1+1 & 2+8 & 6+3 & 1+5 \\ 5+0 & 3+(-1) & 3+6 & 4+11 \end{pmatrix} = \begin{pmatrix} 2 & 13 & 9 & 1 \\ 2 & 10 & 9 & 6 \\ 5 & 2 & 9 & 15 \end{pmatrix}$$

$$A-B = \begin{pmatrix} 0-2 & 7-6 & 2-7 & 2-(-1) \\ 1-1 & 2-8 & 6-3 & 1-5 \\ 5-0 & 3-(-1) & 3-6 & 4-11 \end{pmatrix} = \begin{pmatrix} -2 & 1 & -5 & 3 \\ 0 & -6 & 3 & -4 \\ 5 & 4 & -3 & -7 \end{pmatrix}$$

이렇게 행렬의 덧셈, 뺄셈은 단순히 서로 대응하는 성분끼리 더하고 빼면 되기 때문에 계산이 어렵지 않습니다.

---

1 역자주: 행렬의 크기를 소리내어 읽을 때는 '3 by 4 행렬'이라고 합니다. 이것은 영어로 '3 rows by 4 columns'를 줄여서 말한 것입니다.

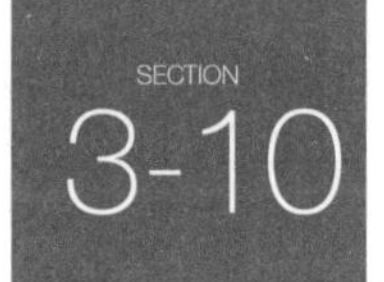

행렬의 곱셈

학습 포인트

- 행렬의 곱셈 방법을 이해하고 계산에 활용할 수 있다.

앞선 절에서 행렬은 벡터의 개념이 확장된 것이라고 하였습니다. 예를 들어, 행벡터 $\boldsymbol{a}_1 = (-1,\ 2)$와 열벡터 $\boldsymbol{b}_1 = \begin{pmatrix} 3 \\ 2 \end{pmatrix}$를 넓은 의미에서 행렬이라고 본다면, 각각 1×2 행렬, 2×1 행렬이라 할 수 있습니다. 비슷한 맥락으로 3.4절에서 배웠던 벡터의 내적을 행렬의 관점으로 본다면, 다음과 같이 행렬의 곱셈을 생각할 수 있습니다.

$$\boldsymbol{a}_1\boldsymbol{b}_1 = \langle \boldsymbol{a}_1, \boldsymbol{b}_1 \rangle \text{ 로부터 } \boldsymbol{a}_1\boldsymbol{b}_1 = \left(-1, 2\right)\begin{pmatrix} 3 \\ 2 \end{pmatrix} = -1 \times 3 + 2 \times 2 = 1$$ .. 수식 3.10.1

일반적으로 $1 \times n$ 행렬(n차원 행벡터)과 $n \times 1$ 행렬(n차원 열벡터)의 곱셈은 다음과 같이 계산합니다.

공식

$\boldsymbol{a} = \left(a_1, a_2, \cdots, a_n\right)$이고 $\boldsymbol{b} = \begin{pmatrix} b_1 \\ b_2 \\ \vdots \\ b_n \end{pmatrix}$일 때

$$\boldsymbol{ab} = \langle \boldsymbol{a}, \boldsymbol{b} \rangle = a_1b_1 + a_2b_2 + \ldots + a_nb_n = \sum_{i=1}^{n} a_ib_i$$

이번에는 $\boldsymbol{a}_1 = (-1,\ 2)$와 $\boldsymbol{a}_2 = (1,\ 1)$을 세로로 쌓아서 만든 행렬 $A = \begin{pmatrix} \boldsymbol{a}_1 \\ \boldsymbol{a}_2 \end{pmatrix} = \begin{pmatrix} -1 & 2 \\ 1 & 1 \end{pmatrix}$과 열벡터 $\boldsymbol{b}_1 = \begin{pmatrix} 3 \\ 2 \end{pmatrix}$의 곱셈을 해봅시다. 행렬 A와 열벡터 $\boldsymbol{b}_1$을 곱한 $A\boldsymbol{b}_1$은 수식 3.10.1에 따

라 $\boldsymbol{a}_1\boldsymbol{b}_1 = \langle \boldsymbol{a}_1, \boldsymbol{b}_1 \rangle = 1$이고, $\boldsymbol{a}_2\boldsymbol{b}_1 = \langle \boldsymbol{a}_2, \boldsymbol{b}_1 \rangle = 1 \times 3 + 1 \times 2 = 5$이므로 곱셈 결과는 $\boldsymbol{a}_1\boldsymbol{b}_1$과 $\boldsymbol{a}_2\boldsymbol{b}_1$을 세로로 쌓아서 만든 열벡터가 됩니다.

$$A\boldsymbol{b}_1 = \begin{pmatrix} \boldsymbol{a}_1 \\ \boldsymbol{a}_2 \end{pmatrix} \boldsymbol{b}_1 = \begin{pmatrix} \langle \boldsymbol{a}_1, \boldsymbol{b}_1 \rangle \\ \langle \boldsymbol{a}_2, \boldsymbol{b}_1 \rangle \end{pmatrix} \text{이므로 } A\boldsymbol{b}_1 = \begin{pmatrix} -1 & 2 \\ 1 & 1 \end{pmatrix} \begin{pmatrix} 3 \\ 2 \end{pmatrix} = \begin{pmatrix} 1 \\ 5 \end{pmatrix}$$ ....수식 3.10.2

이어서 앞에서 다루었던 $\boldsymbol{a}_1$, $\boldsymbol{a}_2$ 바로 아래에 행벡터 $\boldsymbol{a}_3 = (3,\ 0)$을 추가한 행렬 $A' = \begin{pmatrix} \boldsymbol{a}_1 \\ \boldsymbol{a}_2 \\ \boldsymbol{a}_3 \end{pmatrix} = \begin{pmatrix} -1 & 2 \\ 1 & 1 \\ 3 & 0 \end{pmatrix}$과 열벡터 $\boldsymbol{b}_1$의 곱셈을 해봅시다.

새로 추가한 행벡터 $\boldsymbol{a}_3$과 $\boldsymbol{b}_1$의 곱셈 결과는 $\boldsymbol{a}_3\boldsymbol{b}_1 = \langle \boldsymbol{a}_3, \boldsymbol{b}_1 \rangle = 3 \times 3 + 0 \times 2 = 9$이고, 앞서 $A\boldsymbol{b}_1$을 구한 것과 같은 방식으로 계산하면 다음과 같이 풀 수 있습니다.

$$A'\boldsymbol{b}_1 = \begin{pmatrix} \boldsymbol{a}_1 \\ \boldsymbol{a}_2 \\ \boldsymbol{a}_3 \end{pmatrix} \boldsymbol{b}_1 = \begin{pmatrix} \langle \boldsymbol{a}_1, \boldsymbol{b}_1 \rangle \\ \langle \boldsymbol{a}_2, \boldsymbol{b}_1 \rangle \\ \langle \boldsymbol{a}_3, \boldsymbol{b}_1 \rangle \end{pmatrix} \text{이므로 } A'\boldsymbol{b}_1 = \begin{pmatrix} -1 & 2 \\ 1 & 1 \\ 3 & 0 \end{pmatrix} \begin{pmatrix} 3 \\ 2 \end{pmatrix} = \begin{pmatrix} 1 \\ 5 \\ 9 \end{pmatrix}$$ ....수식 3.10.3

이와 같이 $m \times n$ 행렬과 $n \times 1$ 행렬(n차원 열벡터)을 곱하는 것은 m개의 n차원 행벡터와 1개의 n차원 열벡터를 내적하는 것과 같아서 결과적으로는 m차원 열벡터의 모양이 됩니다.

공식

$$A = \begin{pmatrix} \boldsymbol{a}_1 \\ \boldsymbol{a}_2 \\ \vdots \\ \boldsymbol{a}_m \end{pmatrix} = \begin{pmatrix} a_{11} & a_{12} & \cdots & a_{1n} \\ a_{21} & a_{22} & \cdots & a_{2n} \\ \vdots & \vdots & \ddots & \vdots \\ a_{m1} & a_{m2} & \cdots & a_{mn} \end{pmatrix} \text{이고 } \boldsymbol{b} = \begin{pmatrix} b_1 \\ b_2 \\ \vdots \\ b_n \end{pmatrix} \text{일 때}$$

$$A\boldsymbol{b} = \begin{pmatrix} \boldsymbol{a}_1 \\ \boldsymbol{a}_2 \\ \vdots \\ \boldsymbol{a}_m \end{pmatrix} \boldsymbol{b} = \begin{pmatrix} \langle \boldsymbol{a}_1, \boldsymbol{b} \rangle \\ \langle \boldsymbol{a}_2, \boldsymbol{b} \rangle \\ \vdots \\ \langle \boldsymbol{a}_m, \boldsymbol{b} \rangle \end{pmatrix} = \begin{pmatrix} \sum_{i=1}^{n} a_{1i} b_i \\ \sum_{i=1}^{n} a_{2i} b_i \\ \vdots \\ \sum_{i=1}^{n} a_{mi} b_i \end{pmatrix} = \begin{pmatrix} a_{11}b_1 + a_{12}b_2 + \cdots + a_{1n}b_n \\ a_{21}b_1 + a_{22}b_2 + \cdots + a_{2n}b_n \\ \vdots \\ a_{m1}b_1 + a_{m2}b_2 + \cdots + a_{mn}b_n \end{pmatrix}$$

이제 마지막으로 행벡터 $\boldsymbol{a}_1$, $\boldsymbol{a}_2$를 세로로 쌓아 행렬 A를 만든 것처럼 열벡터 $\boldsymbol{b}_1$의 옆에 $\boldsymbol{b}_2 = \begin{pmatrix} 1 \\ 3 \end{pmatrix}$를 가로로 붙여 행렬 $B = (\boldsymbol{b}_1, \boldsymbol{b}_2) = \begin{pmatrix} 3 & 1 \\ 2 & 3 \end{pmatrix}$를 만든 다음, 이 둘을 곱한 AB를 구해봅시다.

예제 $A = \begin{pmatrix} -1 & 2 \\ 1 & 1 \end{pmatrix}$이고 $B = \begin{pmatrix} 3 & 1 \\ 2 & 3 \end{pmatrix}$일 때 이 둘의 곱 AB를 구하시오.

새로 추가한 열벡터에 대한 곱셈 결과는 $A\boldsymbol{b}_2 = \begin{pmatrix} -1 & 2 \\ 1 & 1 \end{pmatrix} \begin{pmatrix} 1 \\ 3 \end{pmatrix} = \begin{pmatrix} -1 \times 1 + 2 \times 3 \\ 1 \times 1 + 1 \times 3 \end{pmatrix} = \begin{pmatrix} 5 \\ 4 \end{pmatrix}$이고 행렬 A와 B의 곱 AB는 다음과 같이 나옵니다.

$$AB = \begin{pmatrix} \boldsymbol{a}_1 \\ \boldsymbol{a}_2 \end{pmatrix} (\boldsymbol{b}_1, \boldsymbol{b}_2) = \begin{pmatrix} \langle \boldsymbol{a}_1, \boldsymbol{b}_1 \rangle & \langle \boldsymbol{a}_1, \boldsymbol{b}_2 \rangle \\ \langle \boldsymbol{a}_2, \boldsymbol{b}_1 \rangle & \langle \boldsymbol{a}_2, \boldsymbol{b}_2 \rangle \end{pmatrix} \text{로부터}$$

$$AB = \begin{pmatrix} -1 & 2 \\ 1 & 1 \end{pmatrix} \begin{pmatrix} 3 & 1 \\ 2 & 3 \end{pmatrix} = \begin{pmatrix} 1 & 5 \\ 5 & 4 \end{pmatrix} \quad \text{수식 3.10.4}$$

이와 같이 $m \times n$ 행렬과 $n \times l$ 행렬(n차원 열벡터)을 곱하는 것은 m개의 n차원 행벡터와 l개의 n차원 열벡터를 내적하는 것과 같아서 결과적으로는 $m \times l$ 행렬의 모양이 됩니다.

공식

$$A=\begin{pmatrix} \boldsymbol{a}_1 \\ \boldsymbol{a}_2 \\ \vdots \\ \boldsymbol{a}_m \end{pmatrix}=\begin{pmatrix} a_{11} & a_{12} & \cdots & a_{1n} \\ a_{21} & a_{22} & \cdots & a_{2n} \\ \vdots & \vdots & \ddots & \vdots \\ a_{m1} & a_{m2} & \cdots & a_{mn} \end{pmatrix},$$

$$B=(\boldsymbol{b}_1,\boldsymbol{b}_2,\cdots,\boldsymbol{b}_l)=\begin{pmatrix} b_{11} & b_{12} & \cdots & b_{1l} \\ b_{21} & b_{22} & \cdots & b_{2l} \\ \vdots & \vdots & \ddots & \vdots \\ b_{n1} & b_{n2} & \cdots & b_{nl} \end{pmatrix} \text{일 때}$$

$$AB=\begin{pmatrix} \boldsymbol{a}_1 \\ \boldsymbol{a}_2 \\ \vdots \\ \boldsymbol{a}_m \end{pmatrix}(\boldsymbol{b}_1,\boldsymbol{b}_2,\cdots,\boldsymbol{b}_l)=\begin{pmatrix} \langle \boldsymbol{a}_1,\boldsymbol{b}_1\rangle & \langle \boldsymbol{a}_1,\boldsymbol{b}_2\rangle & \cdots & \langle \boldsymbol{a}_1,\boldsymbol{b}_l\rangle \\ \langle \boldsymbol{a}_2,\boldsymbol{b}_1\rangle & \langle \boldsymbol{a}_2,\boldsymbol{b}_2\rangle & \cdots & \langle \boldsymbol{a}_2,\boldsymbol{b}_l\rangle \\ \vdots & \vdots & \ddots & \vdots \\ \langle \boldsymbol{a}_m,\boldsymbol{b}_1\rangle & \langle \boldsymbol{a}_m,\boldsymbol{b}_2\rangle & \cdots & \langle \boldsymbol{a}_m,\boldsymbol{b}_l\rangle \end{pmatrix}$$

행렬 AB의 제p행 q열 성분은 $\langle \boldsymbol{a}_p,\boldsymbol{b}_q\rangle=\sum_{i=1}^{n}a_{pi}b_{iq}=a_{p1}b_{1q}+a_{p2}b_{2q}+\cdots+a_{pn}b_{nq}$ 이다.

이제까지 살펴본 계산 과정이 복잡해 보여서 다소 혼란스러울 수 있습니다. 이 절에서 중요한 것은 '행렬의 곱셈은 곧 벡터의 내적을 확장한 것'이라는 점입니다. 이러한 개념만 잘 이해하고 있다면 행렬의 곱셈을 어렵지 않게 풀 수 있습니다.

그럼에도 불구하고 여전히 행렬의 곱셈이 복잡하다고 느껴진다면, 조금 더 쉽게 계산할 수 있는 방법을 소개하겠습니다. 예를 들어, 다음과 같은 행렬을 곱한다고 가정하겠습니다.

$$AB = \begin{pmatrix} 1 & 4 \\ 0 & 0 \\ 8 & 0 \end{pmatrix} \begin{pmatrix} 0 & 1 & 0 \\ 0 & -3 & 11 \end{pmatrix}$$

이런 행렬을 곱셈할 때는 다음 그림과 같은 표를 그리고 행렬 A를 왼쪽 열에, 행렬 B를 위쪽 행에 놓은 후, 그림의 화살표처럼 서로 대응하는 성분끼리 계산을 하면 됩니다.

			행렬 B	
		⓪	1	0
		⓪	−3	11
①	④	$1 \times 0 + 4 \times 0$ $= 0$	$1 \times 1 + 4 \times (-3)$ $= -11$	$1 \times 0 + 4 \times 11$ $= 44$
행렬 A 0	0	$0 \times 0 + 0 \times 0$ $= 0$	$0 \times 1 + 0 \times (-3)$ $= 0$	$0 \times 0 + 0 \times 11$ $= 0$
8	0	$8 \times 0 + 0 \times 0$ $= 0$	$8 \times 1 + 0 \times (-3)$ $= 8$	$8 \times 0 + 0 \times 11$ $= 0$

이 방법으로 계산을 해보면 다음과 같이 풀 수 있습니다.

$$AB = \begin{pmatrix} 1 & 4 \\ 0 & 0 \\ 8 & 0 \end{pmatrix} \begin{pmatrix} 0 & 1 & 0 \\ 0 & -3 & 11 \end{pmatrix} = \begin{pmatrix} 0 & -11 & 44 \\ 0 & 0 & 0 \\ 0 & 8 & 0 \end{pmatrix}$$

이와 같이 비교적 손쉽게 행렬의 곱셈을 할 수 있으니, 앞서 배웠던 복잡한 계산식이 부담이 된다면 이 방법을 잘 기억해 두었다가 활용하기 바랍니다.

한편, 3.2절에서 배운 벡터의 '스칼라배'라는 개념은 행렬에도 적용할 수 있습니다.

공식

$$A = \begin{pmatrix} \boldsymbol{a_1} \\ \boldsymbol{a_2} \\ \vdots \\ \boldsymbol{a_m} \end{pmatrix} = \begin{pmatrix} a_{11} & a_{12} & \cdots & a_{1n} \\ a_{21} & a_{22} & \cdots & a_{2n} \\ \vdots & \vdots & \ddots & \vdots \\ a_{m1} & a_{m2} & \cdots & a_{mn} \end{pmatrix}$$ 일 때 이 행렬을 k배한 kA는 다음과 같다.

$$kA = k\begin{pmatrix} \boldsymbol{a_1} \\ \boldsymbol{a_2} \\ \vdots \\ \boldsymbol{a_m} \end{pmatrix} = \begin{pmatrix} ka_{11} & ka_{12} & \cdots & ka_{1n} \\ ka_{21} & ka_{22} & \cdots & ka_{2n} \\ \vdots & \vdots & \ddots & \vdots \\ ka_{m1} & ka_{m2} & \cdots & ka_{mn} \end{pmatrix}$$

예제 $A = \begin{pmatrix} -1 & 2 \\ 1 & 1 \end{pmatrix}$를 $\frac{1}{2}$스칼라배하시오.

정답: $\frac{1}{2}\begin{pmatrix} -1 & 2 \\ 1 & 1 \end{pmatrix} = \begin{pmatrix} -\frac{1}{2} & 1 \\ \frac{1}{2} & \frac{1}{2} \end{pmatrix}$

이제까지 행렬의 곱셈을 다루면서 이미 눈치를 챘을지도 모르겠지만, 사실 행렬의 곱셈에는 몇 가지 규칙이 있습니다. 우선 행렬의 곱 AB에서 성분 $\langle \boldsymbol{a}_p, \boldsymbol{b}_q \rangle$를 정의할 수 있으려면 행렬 A의 열의 개수와 행렬 B의 행의 개수가 똑같아야 합니다. 즉, $m \times n$ 행렬과 $n \times l$ 행렬을 곱하는 형태여야만 곱셈을 할 수 있고 그 결과는 $m \times l$ 행렬이 됩니다.

따라서 수식 3.10.2의 $A\boldsymbol{b}_1$은 곱하는 순서를 바꿔 $\boldsymbol{b}_1 A$로 곱셈을 하려 해도 할 수가 없습니다.

한편, $A' = \begin{pmatrix} -1 & 2 \\ 1 & 1 \\ 3 & 0 \end{pmatrix}$과 $B' = \begin{pmatrix} 3 & 1 & 2 \\ 2 & 3 & 0 \end{pmatrix}$은 곱셈을 $A'B'$과 같이 할 수 있고, $B'A'$과 같이 할 수도 있습니다. 다만, 곱하는 순서에 따라 곱셈한 결과가 달라지고 행렬의 크기도 달라집니

다. 그래서 일반적으로 행렬의 곱셈에서는 $AB = BA$와 같은 교환 법칙이 성립하지 않습니다.[1] 예를 들어, $A'B'$과 $B'A'$은 다음과 같이 전혀 다른 결과가 나오는 것을 확인할 수 있습니다.

$$A'B' = \begin{pmatrix} 1 & 5 & -2 \\ 5 & 4 & 2 \\ 9 & 3 & 6 \end{pmatrix}, B'A' = \begin{pmatrix} 4 & 7 \\ 1 & 7 \end{pmatrix}$$ ……수식 3.10.5

보통 곱셈을 했을 때 $a \times b = 0$과 같은 결과가 나오면 a나 b 중 적어도 하나는 0이라고 생각하기 마련입니다. 하지만 행렬에서는 반드시 그렇다고는 단정할 수 없습니다. 행렬에도 0과 같은 역할을 하는 것이 있는데, 행렬의 성분 전체가 0인 행렬을 영행렬zero matrix이라 하고 기호로는 O라고 씁니다. 숫자의 0처럼 행렬이나 벡터에서 영행렬 O를 곱하면 그 결과도 영행렬이나 영벡터가 됩니다. 다만, 꼭 영행렬을 곱하지 않더라도 결과로 영행렬이 나오는 경우가 있는데, 어떤 행렬에 행렬식[2]이 0이 되는 행렬을 곱하면 그 결과가 영행렬이 나오는 경우가 있습니다. 쉬운 예로 $\begin{pmatrix} 0 & 0 \\ 1 & 0 \end{pmatrix}$을 제곱해보면 결과가 영행렬인 것을 알 수 있습니다.

$$\begin{pmatrix} 0 & 0 \\ 1 & 0 \end{pmatrix}^2 = \begin{pmatrix} 0 & 0 \\ 1 & 0 \end{pmatrix}\begin{pmatrix} 0 & 0 \\ 1 & 0 \end{pmatrix} = \begin{pmatrix} 0 & 0 \\ 0 & 0 \end{pmatrix}$$ ……수식 3.10.6

한편, 일반적인 곱셈 $a \times 1 = a$에서와 같이 곱해도 값이 달라지지 않는 1과 같은 행렬도 있습니다. 왼쪽 위에서 오른쪽 아래 방향으로 대각선상의 모든 성분이 1이고, 그

1 다만 어떤 행렬과 그 역행렬을 곱하거나, 곱하는 행렬 중에 단위행렬이 있는 경우에는 예외적으로 교환 법칙이 성립하기도 합니다. 역행렬에 대해서는 뒤이어 3.11절에서 다룹니다.

2 역자주: 3.11절에서 배웁니다.

밖의 성분은 0으로 채워진 정방행렬正方行列, square matrix[1]을 **단위행렬**單位行列, identity matrix[2]이라 하고 $E = \begin{pmatrix} 1 & 0 \\ 0 & 1 \end{pmatrix}$과 같이 씁니다. 어떤 행렬이나 벡터에 단위행렬을 곱하면 그 결과가 달라지지 않고, 원래의 행렬이나 벡터가 그대로 나오는 것이 특징입니다. 이렇게 수의 곱셈에서 1을 곱해도 값이 변화하지 않는 것처럼 어떤 조작을 하더라도 그 값이 변하지 않는 조작을 항등사상恒等寫像, identity map이라고 합니다.

$$\begin{pmatrix} 1 & 0 \\ 0 & 1 \end{pmatrix}\begin{pmatrix} 4 & 7 \\ 1 & 7 \end{pmatrix} = \begin{pmatrix} 4 & 7 \\ 1 & 7 \end{pmatrix}\begin{pmatrix} 1 & 0 \\ 0 & 1 \end{pmatrix} = \begin{pmatrix} 4 & 7 \\ 1 & 7 \end{pmatrix}$$ 수식 3.10.7

1 행렬에서 행의 개수와 열의 개수가 같은 행렬을 말합니다.

2 예로 든 것은 2×2 크기의 단위행렬입니다.

3×3 크기의 단위행렬이라면 $E = \begin{pmatrix} 1 & 0 & 0 \\ 0 & 1 & 0 \\ 0 & 0 & 1 \end{pmatrix}$과 같은 모양이 되고 4×4 크기처럼 더 커지더라도 왼쪽 위에서 오른쪽 아래 방향 대각선상의 성분이 1이 되는 것에는 차이가 없습니다. 단위행렬은 기호로 I를 쓰기도 합니다.

역행렬

학습 포인트

- 행렬에는 나눗셈이 없는 대신 역행렬이 있다.
- 역행렬은 정방행렬로만 정의된다.

이제까지 행렬의 덧셈과 뺄셈, 그리고 곱셈에 대해 살펴보았습니다. 사칙연산 중에 아직 다루지 않은 것이 나눗셈인데, 아쉽게도 행렬에는 나눗셈이 없습니다. 대신 나눗셈과 비슷한 역할을 하는 역행렬이라는 것이 있습니다.

우리가 일반적으로 나눗셈을 할 때는 계산의 편의상 나누는 수를 역수逆數, reciprocal[3]로 만들어서 곱할 수 있습니다. 예를 들어, $\frac{3}{5}$으로 나누는 계산이 있다면, 이를 역수 $\frac{5}{3}$를 곱하는 계산으로 바꾸더라도 계산 결과는 똑같습니다.

역수

$$\frac{1}{2} \boxed{\div \frac{3}{5}} = \frac{1}{2} \boxed{\times \frac{5}{3}} = \frac{5}{6}$$

바로 이 역수의 개념을 행렬에 적용한 것이 **역행렬**逆行列, inverse matrix입니다.

일반적인 숫자에서는 나누는 수 a와 역수 $\frac{1}{a}$(또는 a^{-1})을 곱하면 1이 됩니다. (단, $a \neq 0$)

$$a \times a^{-1} = a^{-1} \times a = 1$$

이 개념을 행렬에 적용해서 행렬 A와 역행렬 A^{-1}를 곱하면 단위행렬 E가 나오도록 역행렬을 정의합니다.

3 분자와 분모의 위치가 뒤바뀐 수를 의미합니다.

정의

$$AA^{-1} = A^{-1}A = E$$

참고로 단위행렬은 2×2 크기일 때 $E = \begin{pmatrix} 1 & 0 \\ 0 & 1 \end{pmatrix}$와 같이 정의된 행렬이라고 앞서 3.10절에서 배웠습니다. 결국 행렬 A와 A^{-1}의 곱이 단위행렬로 나오려면 이 행렬들도 정방행렬이어야 합니다. 정방행렬은 3.10절에서 배웠던 것처럼 행의 개수와 열의 개수가 같은 행렬입니다.

단, 정방행렬이라 하더라도 행렬 A의 행렬식이 0인 경우에는 역행렬이 존재하지 않습니다. 이때 행렬식行列式, determinant은 $\det A$나 $|A|$로 표기하는데, 예를 들어 2×2 크기의 행렬 $A = \begin{pmatrix} a & b \\ c & d \end{pmatrix}$에 대한 행렬식은 다음과 같이 계산합니다.

공식

$$|A| = \det A = ad - bc$$

예제 $A = \begin{pmatrix} 2 & 4 \\ 4 & 8 \end{pmatrix}$와 $B = \begin{pmatrix} -4 & -3 \\ 8 & 6 \end{pmatrix}$의 행렬식을 각각 계산하시오.

$$\det A = \det \begin{pmatrix} 2 & 4 \\ 4 & 8 \end{pmatrix} = 2 \times 8 - 4 \times 4 = 0$$

$$\det B = \det \begin{pmatrix} -4 & -3 \\ 8 & 6 \end{pmatrix} = (-4) \times 6 - (-3) \times 8 = 0$$

앞서 행렬식이 0일 때는 역행렬이 존재하지 않는다고 배웠습니다. 그래서 이 예제의 행렬 A와 B는 역행렬이 없습니다.

참고로 2×2 행렬의 역행렬을 구하는 공식은 다음과 같습니다.

공식

$$A = \begin{pmatrix} a & b \\ c & d \end{pmatrix} \text{에 대하여, } A^{-1} = \frac{1}{ad-bc}\begin{pmatrix} d & -b \\ -c & a \end{pmatrix}$$

예를 들어, $A = \begin{pmatrix} 3 & 2 \\ 7 & 5 \end{pmatrix}$의 역행렬 A^{-1}는 다음과 같이 구할 수 있습니다.

$$A^{-1} = \frac{1}{3\times5-2\times7}\begin{pmatrix} 5 & -2 \\ -7 & 3 \end{pmatrix} = \begin{pmatrix} 5 & -2 \\ -7 & 3 \end{pmatrix}$$

단, 2×2 행렬보다 큰 정방행렬의 역행렬은 이 공식으로는 구할 수 없고, 가우스 소거법 Gaussian elimination[1]이나 여인자 전개餘因子展開, cofactor expansion[2]와 같은 방법을 써야 합니다. 이런 공식은 너무 복잡한 나머지 손으로 계산하는 것은 사실상 어려워 컴퓨터로 계산하는 것이 일반적입니다.

연습문제

3-11

$\begin{pmatrix} 3 & -2 \\ 2 & 5 \end{pmatrix}\begin{pmatrix} x \\ y \end{pmatrix} = \begin{pmatrix} 3 \\ 2 \end{pmatrix}$를 계산하시오.

---

1 역자주: 'row reduction'이라고도 합니다.

2 역자주: '여인수 전개'나 '라플러스 전개(Laplace expansion)'라고도 합니다.

풀이

$A=\begin{pmatrix}3 & -2\\ 2 & 5\end{pmatrix}$라고 하면 $\begin{pmatrix}3 & -2\\ 2 & 5\end{pmatrix}\begin{pmatrix}x\\ y\end{pmatrix}=\begin{pmatrix}3\\ 2\end{pmatrix}$는 $A\begin{pmatrix}x\\ y\end{pmatrix}=\begin{pmatrix}3\\ 2\end{pmatrix}$가 됩니다.

이때, 역행렬 A^{-1}를 역행렬의 공식으로 구해보면 다음과 같습니다.

$$A^{-1}=\frac{1}{3\times5-\{2\times(-2)\}}\begin{pmatrix}5 & 2\\ -2 & 3\end{pmatrix}=\frac{1}{19}\begin{pmatrix}5 & 2\\ -2 & 3\end{pmatrix}$$

따라서 이렇게 구한 역행렬 A^{-1}를 $A\begin{pmatrix}x\\ y\end{pmatrix}=\begin{pmatrix}3\\ 2\end{pmatrix}$의 양변에 왼쪽에서부터 곱합니다.

좌변: $A^{-1}A\begin{pmatrix}x\\ y\end{pmatrix}=E\begin{pmatrix}x\\ y\end{pmatrix}=\begin{pmatrix}x\\ y\end{pmatrix}$

우변: $A^{-1}\begin{pmatrix}3\\ 2\end{pmatrix}=\frac{1}{19}\begin{pmatrix}5 & 2\\ -2 & 3\end{pmatrix}\begin{pmatrix}3\\ 2\end{pmatrix}=\frac{1}{19}\begin{pmatrix}5\times3+2\times2\\ -2\times3+3\times2\end{pmatrix}=\frac{1}{19}\begin{pmatrix}19\\ 0\end{pmatrix}=\begin{pmatrix}1\\ 0\end{pmatrix}$

'좌변=우변'으로 수식을 풀면 정답은 다음과 같습니다.

정답: $\begin{pmatrix}x\\ y\end{pmatrix}=\begin{pmatrix}1\\ 0\end{pmatrix}$

이 문제는 행렬 문제였지만 다음과 같은 연립방정식으로 볼 수도 있습니다.

$$\begin{cases}3x-2y=3\\ 2x+5y=2\end{cases}$$

거꾸로 연립방정식을 계산할 때 행렬의 관점에서 문제를 바라보면, 복잡해 보이는 문제도 조금은 더 쉽게 다룰 수 있습니다.

SECTION
3-12 선형 변환

학습 포인트

- 선형 변환의 개념을 이해할 수 있다.
- 선형 변환을 하는 방법을 익힌다.

선형 변환線型變換, linear transformation은 수학적으로 벡터에 행렬을 곱해 또 다른 벡터를 만드는 함수를 말합니다. 다르게 표현하자면 하나의 벡터 공간에서 또 다른 벡터 공간으로, 벡터의 특징을 유지한 채 변환하는 방법이라고도 할 수 있습니다. 선형 변환이 어떤 것인지 알아보기 위해 앞서 살펴본 적이 있는 수식 3.10.2를 수식 3.12.1로 다시 가져왔습니다.

$$A = \begin{pmatrix} -1 & 2 \\ 1 & 1 \end{pmatrix} \text{이고 } \boldsymbol{b}_1 = \begin{pmatrix} 3 \\ 2 \end{pmatrix} \text{일 때 } A\boldsymbol{b}_1 = \begin{pmatrix} -1 & 2 \\ 1 & 1 \end{pmatrix}\begin{pmatrix} 3 \\ 2 \end{pmatrix} = \begin{pmatrix} 1 \\ 5 \end{pmatrix}$$ ......수식 3.12.1

우선 벡터 공간을 구성하는 기준인 표준기저標準基底, standard basis e를 정의해 봅시다. 표준기저는 x축이나 y축, 그리고 z축처럼 일종의 '좌표계'를 정할 수 있는 벡터의 집합을 말합니다. 예를 들어, 앞서 살펴본 $\boldsymbol{b}_1$은 표준기저 $\boldsymbol{e}_x = \begin{pmatrix} 1 \\ 0 \end{pmatrix}$과 $\boldsymbol{e}_y = \begin{pmatrix} 0 \\ 1 \end{pmatrix}$로 다음과 같이 표현할 수 있습니다.

$$\boldsymbol{b}_1 = 3\begin{pmatrix} 1 \\ 0 \end{pmatrix} + 2\begin{pmatrix} 0 \\ 1 \end{pmatrix} = 3\boldsymbol{e}_x + 2\boldsymbol{e}_y$$ ......수식 3.12.2

이번에는 행렬 A를 두 개의 열벡터, $\boldsymbol{e}_1 = \begin{pmatrix} -1 \\ 1 \end{pmatrix}$과 $\boldsymbol{e}_2 = \begin{pmatrix} 2 \\ 1 \end{pmatrix}$로 나누어 $A = (\boldsymbol{e}_1,\ \boldsymbol{e}_2)$로 만듭니다.

이렇게 만들어진 $\boldsymbol{e}_1$과 $\boldsymbol{e}_2$를 사용해서 $A\boldsymbol{b}_1$을 구해봅시다.

$$
\begin{aligned}
\boldsymbol{A}\boldsymbol{b}_1 &= \begin{pmatrix} -1 & 2 \\ 1 & 1 \end{pmatrix} \left\{ 3\begin{pmatrix} 1 \\ 0 \end{pmatrix} + 2\begin{pmatrix} 0 \\ 1 \end{pmatrix} \right\} \\
&= 3\begin{pmatrix} -1 & 2 \\ 1 & 1 \end{pmatrix}\begin{pmatrix} 1 \\ 0 \end{pmatrix} + 2\begin{pmatrix} -1 & 2 \\ 1 & 1 \end{pmatrix}\begin{pmatrix} 0 \\ 1 \end{pmatrix} \\
&= 3\boxed{\begin{pmatrix} -1 \\ 1 \end{pmatrix}} + 2\boxed{\begin{pmatrix} 2 \\ 1 \end{pmatrix}} = 3\boldsymbol{e}_1 + 2\boldsymbol{e}_2 = \begin{pmatrix} 1 \\ 5 \end{pmatrix}
\end{aligned}
$$
..............수식 3.12.3

$\boldsymbol{b}_1$의 $\boldsymbol{x}$ 성분

$\boldsymbol{b}_1$의 $\boldsymbol{y}$ 성분

행렬 A의 두 번째 열

행렬 A의 첫 번째 열

이렇게 표준기저를 사용하여 계산할 때도 $A\boldsymbol{b}_1 = \begin{pmatrix} 1 \\ 5 \end{pmatrix}$을 구할 수 있습니다.

그렇다면 수식 3.12.2와 수식 3.12.3은 기하학적으로 어떤 의미를 가지고 있을까요? 방금 했던 선형 변환을 그림 3.12.1로 표현해 보았습니다.

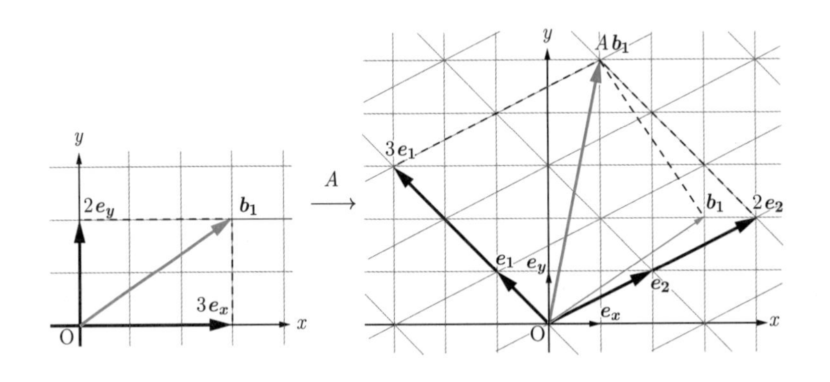

▲ 그림 3.12.1 행렬 A에 의한 선형 변환

우선 수식 3.12.2의 의미부터 생각해봅시다. 그림 3.12.1의 격자에서 각각의 교점은 표준기저 $\boldsymbol{e}_x$와 $\boldsymbol{e}_y$를 정수 크기로 스칼라배를 한 다음 합한 식, $x\boldsymbol{e}_x + y\boldsymbol{e}_y$(이때, x와 y는 정수)를 의미합니다. 왼쪽 그림을 자세히 보면, $\boldsymbol{b}_1$은 기준점 O로부터 $\boldsymbol{e}_x$ 방향으로 3만큼, $\boldsymbol{e}_y$ 방향으로 2만큼 움직인 지점이라는 것을 알 수 있습니다.

수식 3.12.3도 이와 같은 방법으로 표준기저 $\boldsymbol{e}_1$과 $\boldsymbol{e}_2$를 사용한 평행사변형의 격자를 그릴

수 있습니다. 이때, $A\boldsymbol{b}_1$은 기준점 O로부터 $\boldsymbol{e}_1$ 방향으로 3만큼, $\boldsymbol{e}_2$ 방향으로 2만큼 움직인 지점이라는 것을 알 수 있습니다.

이 둘을 살펴보면 움직이는 방향 자체는 $\boldsymbol{e}_x$ 방향에서 $\boldsymbol{e}_1$ 방향으로, $\boldsymbol{e}_y$ 방향에서 $\boldsymbol{e}_2$ 방향으로 각각 다르게 변화하고 있지만, 움직인 거리만큼은 첫 번째 성분이 3만큼, 두 번째 성분이 2만큼, 즉 같은 스칼라배로 움직였다는 것을 알 수 있습니다.

따라서 이 행렬의 계산은 벡터를 회전하거나 확대, 또는 축소시킨 것과 같은 효과를 내고 있습니다. 그래서 어떤 벡터의 왼쪽에다 행렬 A를 곱한다는 것은 그 벡터를 다른 벡터 공간으로 변환하고자 회전하거나 확대, 또는 축소하는 것과 같습니다. 이것을 달리 표현하면 표준기저 $\boldsymbol{e}_x$, $\boldsymbol{e}_y$, ...에서 다른 기저 $\boldsymbol{e}_1$, $\boldsymbol{e}_2$, ...로 변환한다고 표현합니다. 이렇게 벡터 공간상에서 벡터를 변환하는 것을 선형 변환 또는 1차변환이라고 합니다.

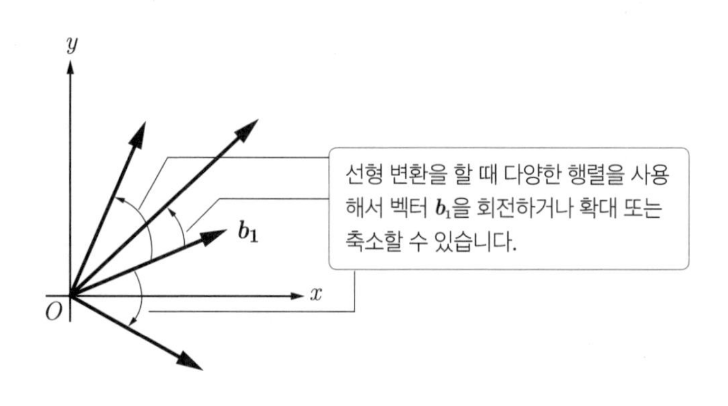

▲ 그림 3.12.2 선형 변환의 개념

인공지능에서는 이렇게 활용한다

- 인공지능 분야에서 많이 사용하는 알고리즘 중에는 '신경망'이라는 것이 있습니다. 신경망의 계산에서는 파라미터와 가중치를 곱한 다음, 그 결과를 모아서 합산하는 처리가 많은데, 이때 파라미터와 가중치를 곱하는 과정을 일종의 선형 변환으로 볼 수 있습니다.

○ 그림 3.12.3은 신경망에서 발생하는 계산 과정과 선형 변환의 관계를 나타낸 것입니다. 참고로 실제 신경망의 계산에는 바이어스bias라는 것이 추가되는데, 이 그림에서는 선형 변환과의 관계를 간단히 보여주기 위해 생략하였습니다.

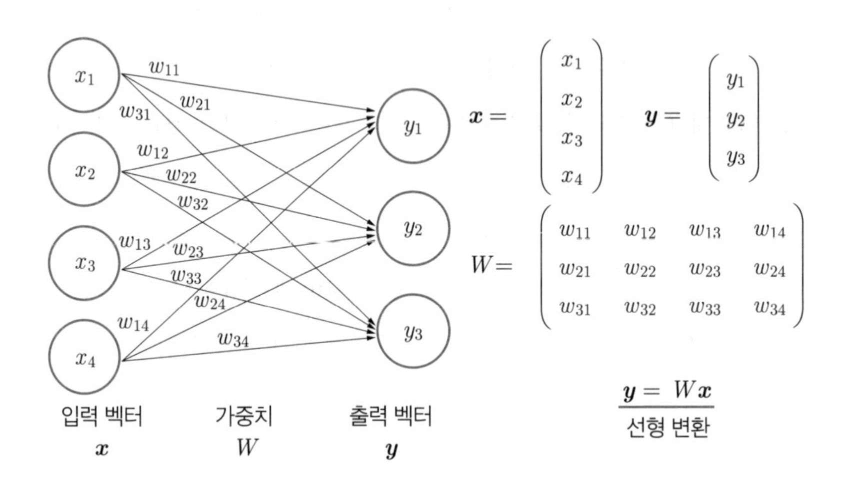

▲ 그림 3.12.3 신경망과 선형 변환

SECTION

3-13 고윳값과 고유벡터

학습 포인트

- 고윳값과 고유벡터를 구할 수 있다.
- 2 × 2 행렬은 반드시 두 쌍의 고윳값과 고유벡터를 가진다.

정방행렬 A가 있고 다음의 식을 만족하는 열벡터 $\boldsymbol{x}$(단, $\boldsymbol{x} \neq \boldsymbol{0}$)가 존재할 때, λ를 행렬 A의 고윳값eigenvalue이라 하고 $\boldsymbol{x}$를 고유벡터eigenvector라고 말합니다.

$$A\boldsymbol{x} = \lambda E\boldsymbol{x} \quad \text{수식 3.13.1}$$

참고로 이때, E는 3.10절에서 배웠던 단위행렬입니다. 한편, 수식 3.13.1의 우변을 좌변으로 옮기면 다음과 같은 식을 만들 수 있습니다.

$$(A - \lambda E)\boldsymbol{x} = \boldsymbol{0} \quad \text{수식 3.13.2}$$

만약 이 식의 $(A - \lambda E)$가 역행렬 $(A - \lambda E)^{-1}$를 가진다면, 다음과 같이 양변에 역행렬을 곱해줄 수 있습니다.

$$(A - \lambda E)^{-1}(A - \lambda E)\boldsymbol{x} = (A - \lambda E)^{-1}\boldsymbol{0}$$

결국 $\boldsymbol{x}$는 다음과 같이 정리됩니다.

$$\boldsymbol{x} = (A - \lambda E)^{-1}\mathbf{0} = \mathbf{0} \quad \text{수식 3.13.3}$$

계산 결과 이 식은 반드시 $\boldsymbol{x} = \mathbf{0}$이라는 자명한 해trivial solution[1]를 가집니다. 단, 이렇게 되면 처음에 가정했던 고유벡터 $\boldsymbol{x}$가 $\boldsymbol{x} \neq \mathbf{0}$이라는 조건과 모순이 됩니다. 이 모순을 없애고 고유벡터가 존재하려면 $(A - \lambda E)$가 역행렬 $(A - \lambda E)^{-1}$를 가지지 않아야 합니다. 결국 고유벡터가 존재하기 위한 조건식은 다음과 같습니다.

$$\det(A - \lambda E) = 0 \quad \text{수식 3.13.4}$$

이러한 λ의 방정식을 행렬 A의 고유방정식eigenvalue equation이라고 말합니다. 참고로 이때, 나오는 det는 3.11절에서 배웠던 행렬식의 표현입니다. 행렬의 크기가 3×3 이상인 경우에도 그에 대응하는 행렬식과 고유방정식은 있기 때문에 같은 방식으로 고윳값과 고유벡터를 정의할 수 있습니다.

그렇다면 도대체 이러한 고윳값과 고유벡터는 어떤 의미를 가지고 있는 것일까요?[2] 앞서 3.12절에서 선형 변환이란 어떤 행렬로 어떤 벡터를 회전시키거나 확대 또는 축소시키는 것이라고 배웠습니다. 단, 어떤 두 점[3]에서는 벡터의 회전이 일어나지 않고 확대나 축소만 할 수 있는 특이한 경우가 있습니다.

---

1 P가 행렬일 때 $P\boldsymbol{x} = \mathbf{0}$은 $\boldsymbol{x} = \mathbf{0}$을 반드시 해로 가집니다. 이때의 $\boldsymbol{x} = \mathbf{0}$을 자명한 해라고 말하고 $\boldsymbol{x} \neq \mathbf{0}$이 되는 해, 즉 영벡터가 아닌 해를 자명하지 않은 해(nontrivial solution)라고 말합니다.

2 역자주: 이 책의 설명만으로는 조금 아쉽다고 생각된다면 유튜브 '공돌이의 수학정리노트' 채널의 '고유값과 고유벡터의 기하학적 의미'(https://youtu.be/Nvc7ZRVjciM)를 참고하세요.

3 이 예에는 2×2 행렬을 사용하고 있기 때문에 두 점이 나옵니다. 만약 $n \times n$ 행렬이라면 n개의 점이 나옵니다. (이때, n은 2 이상의 자연수)

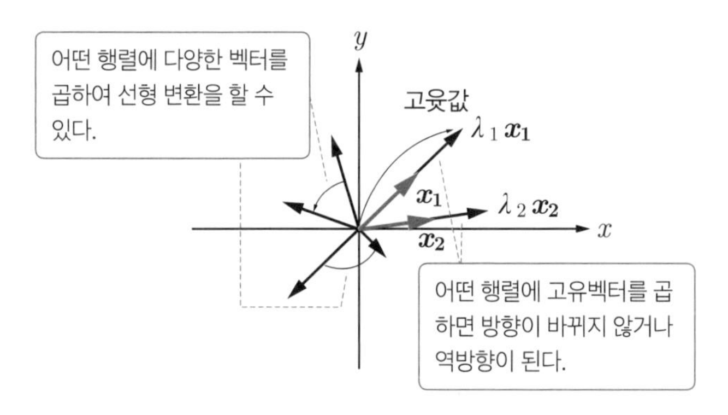

어떤 행렬을 이용하여 벡터를 선형 변환하면, 대부분의 경우 변환 전과 벡터의 방향이 변합니다. 그러나 선형 변환을 해도 원래의 벡터에서 방향이 변하지 않는(역방향이 되는) 벡터가 있습니다. 이 특별한 벡터를 고유벡터라 하고 이 고유벡터의 변환 전과 후의 비율을 고윳값이라고 합니다. 이런 경우가 두 번 나타나기 때문에 고유벡터와 고윳값은 반드시 두 개씩 존재합니다.

▲ 그림 3.13.1 선형 변환과 고윳값, 고유벡터

그림 3.13.1과 같이 벡터가 회전하지 않고 확대나 축소만 할 때, 변화한 벡터의 길이 비율이 고윳값이 되고 그때의 벡터 방향이 고유벡터가 됩니다.

그러면 이러한 고윳값과 고유벡터는 어떻게 구할까요? 예를 들어, 행렬 $A = \begin{pmatrix} 2 & 4 \\ -1 & -3 \end{pmatrix}$의 고윳값과 고유벡터를 구한다고 생각해 봅시다. 우선 고유벡터가 존재하기 위한 조건을 만족하기 위해서는 수식 3.13.4가 필요하고 여기에 행렬 A를 대입하면 고윳값 λ를 구할 수 있습니다.

$$\det\left(\begin{pmatrix} 2 & 4 \\ -1 & -3 \end{pmatrix} - \lambda \begin{pmatrix} 1 & 0 \\ 0 & 1 \end{pmatrix}\right) = 0$$

$$\det\begin{pmatrix} 2-\lambda & 4 \\ -1 & -3-\lambda \end{pmatrix} = 0$$

$$(2-\lambda)(-3-\lambda) - 4(-1) = 0$$

$$\lambda^2 + \lambda - 2 = 0$$

$$(\lambda + 2)(\lambda - 1) = 0 \quad \text{............ 수식 3.13.5}$$

계산 결과 행렬 A의 고윳값 λ는 −2와 1이 나왔습니다.

이번에는 수식 3.13.2에 방금 구한 고윳값 $\lambda = -2$와 $\lambda = 1$을 각각 대입하여 이에 대응하는 고유벡터 $\boldsymbol{x}$를 구해봅시다.

1. $\lambda = -2$일 때

$$(A-(-2)E)\boldsymbol{x} = \begin{pmatrix} 2-(-2) & 4 \\ -1 & -3-(-2) \end{pmatrix}\boldsymbol{x} = \begin{pmatrix} 4 & 4 \\ -1 & -1 \end{pmatrix}\boldsymbol{x} = \boldsymbol{0}$$

이 식을 만족하는 해가 고유벡터 $\boldsymbol{x}$입니다.

여기에 $\boldsymbol{x} = \begin{pmatrix} \alpha \\ \beta \end{pmatrix}$라 가정하고 $\begin{pmatrix} 4 & 4 \\ -1 & -1 \end{pmatrix}\begin{pmatrix} \alpha \\ \beta \end{pmatrix} = \begin{pmatrix} 0 \\ 0 \end{pmatrix}$을 풀어보면, $\alpha+\beta=0$이 나옵니다. 이때, 임의의 상수 t가 있다면 $\alpha = t$이고 $\beta = -t$라고 풀어 쓸 수 있습니다.

결국 $\boldsymbol{x} = t\begin{pmatrix} 1 \\ -1 \end{pmatrix}$가 되어 고유벡터 $\boldsymbol{x}$는 $\begin{pmatrix} 1 \\ -1 \end{pmatrix}$의 상수 배라는 것을 알 수 있습니다.

2. $\lambda = 1$일 때

$$(A-E)\boldsymbol{x} = \begin{pmatrix} 2-1 & 4 \\ -1 & -3-1 \end{pmatrix}\boldsymbol{x} = \begin{pmatrix} 1 & 4 \\ -1 & -4 \end{pmatrix}\boldsymbol{x} = \boldsymbol{0}$$

이 식을 만족하는 해가 고유벡터 $\boldsymbol{x}$입니다.

여기에 $\boldsymbol{x} = \begin{pmatrix} \alpha \\ \beta \end{pmatrix}$라 가정하고 $\begin{pmatrix} 1 & 4 \\ -1 & -4 \end{pmatrix}\begin{pmatrix} \alpha \\ \beta \end{pmatrix} = \begin{pmatrix} 0 \\ 0 \end{pmatrix}$을 풀어보면, $\alpha+4\beta=0$이 나옵니다. 이 식에서 β를 우변으로 이항하면 $\alpha = -4\beta$가 되고 이 둘의 관계에 임의의 상수 t의 도움을 받으면 $\alpha = t$이고 $\beta = -\frac{1}{4}t$라고 풀어 쓸 수 있습니다.

결국 $\boldsymbol{x} = t\begin{pmatrix} 1 \\ -\frac{1}{4} \end{pmatrix} = t\frac{1}{4}\begin{pmatrix} 4 \\ -1 \end{pmatrix}$이 되어 고유벡터 $\boldsymbol{x}$는 $\begin{pmatrix} 4 \\ -1 \end{pmatrix}$의 상수 배라는 것을 알 수 있습니다.

이와 같이 고윳값과 이에 대응하는 고유벡터는 각각 두 개씩 있다는 것을 확인할 수 있습니다.

인공지능에서는 이렇게 활용한다

- 인공지능 알고리즘 중에는 소위 '선생님이 없는 학습 방법'이란 의미에서 비지도 학습unsupervised Learning이라는 분야가 있습니다. 비지도 학습에는 주성분 분석主成分分析, PCA : principal component analysis이라는 기법을 쓰는데, 이것은 다차원 데이터를 다루기 쉽게 만들기 위해 2차원이나 3차원으로 압축하는 방법입니다.[1]
- 데이터가 많이 흩어져 있는 분포 상황에서는 주어진 문제를 해결하기 위해 결국 이번에 배운 고윳값과 고유벡터의 도움을 받아야 합니다.
- 그리고 이런 고윳값은 어떤 데이터가 가진 특징을 얼마나 잘 설명할 수 있는지 가늠할 때 사용됩니다. 실제로 **기여율**寄與率, coeffient of determination[2]이라고 하는 것은 각 주성분, 즉 고유벡터에 대응하는 고윳값을 전체 고윳값들의 총합으로 나눈 것으로, 주성분이 우리가 가진 데이터를 얼마나 잘 설명할 수 있는지를 평가하는 척도로 사용됩니다.

---

1 역자주: 데이터를 잘 구분할 수 있는 속성을 주성분이라고 합니다.

2 역자주: '결정계수(決定係數, coeffient of determination)'라고도 합니다.

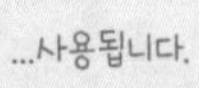
...사용됩니다.

4

확률과 통계

확률과 통계는 '어떤 경향을 알아낸 후, 한정된 데이터로부터 전체의 모양을 예측'하기 위해 사용합니다. 확률은 보드게임의 주사위나 제비뽑기처럼 우리의 일상에서 쉽게 접하는 예가 많이 익숙하고, 통계는 평균값 정도는 알고 있어서 그리 어렵다는 생각은 들지 않습니다.

하지만 확률에 대한 수식 표현이나 분산, 가능도, 그리고 정규분포와 같은 용어가 나오기 시작하면 갑자기 골치가 아파지고 가슴이 답답해지는 것도 사실입니다. 이 장은 확률과 통계에 관련된 수식을 보았을 때, 의미가 무엇인지 이해할 수 있는 것을 목표로 하고 있습니다. 처음에는 영어를 잘 모르더라도, 차차 익숙해지면 'Tomorrow'를 보고 '내일'이라는 의미를 읽을 수 있는 것처럼, 부디 수식과 친해져서 자연스럽게 그 의미를 읽을 수 있게 되길 바랍니다.

SECTION 4-1

확률

학습 포인트

- 확률을 계산할 때 필요한 기본 지식으로 조합과 여사건을 이해할 수 있다.
- 확률을 계산할 때 어떨 때 더하고 어떨 때 곱해야 하는지를 이해할 수 있다.
- 다양한 확률 표현을 이해할 수 있다.

확률이란 어떤 사건[1]이 우연히 발생할 가능성을 표현한 것으로 영어로는 'Probability'라 하고 표기할 때는 문자 P를 사용합니다. 확률은 최댓값이 1(100%)이고 최솟값이 0(0%)인 실숫값이며, 다음과 같은 방법으로 계산할 수 있습니다.

정의

$$\text{확률} = \frac{\text{어떤 사건이 발생할 수 있는 경우의 가짓수}}{\text{모든 경우의 가짓수}}$$

이해를 돕기 위해 쉬운 예를 하나 들어보겠습니다. 주사위를 던졌을 때 1이 나올 확률을 구해봅시다. 이때, 주사위의 1에서 6까지 수가 각각 나올 확률은 모두 똑같다고 가정합니다. 주사위를 던졌을 때 발생할 수 있는 모든 경우의 수境遇의 數, number of cases는 1에서 6까지 나오는 6가지입니다. 그리고 주사위의 1이 나올 경우의 수는 1가지입니다. 그래서 주사위를 던졌을 때 1이 나올 확률은 $\frac{1\text{가지}}{6\text{가지}}$이므로 $\frac{1}{6}$이 됩니다.

1 역자주: 옛 표현으로 '사상(事象)'이라고도 합니다.

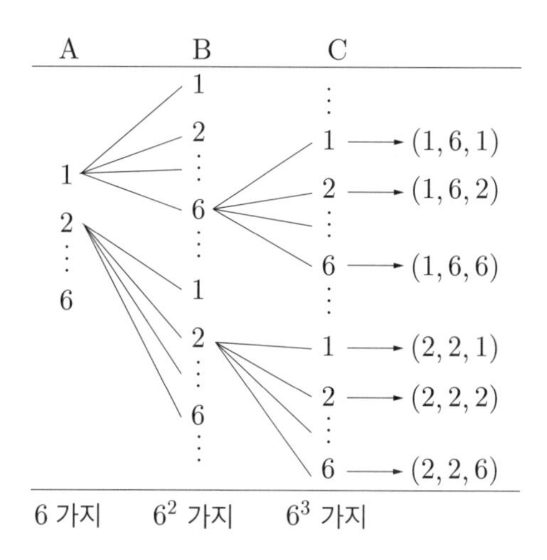

▲ 그림 4.1.1 주사위 3개를 사용할 때 모든 경우의 수

이번에는 조금 더 어려운 예를 들어보겠습니다. 주사위를 3개 던져서 나오는 수의 합이 6이 되는 경우를 생각해 봅시다. 이해를 돕고자 3개의 주사위 각각에 A, B, C라는 이름을 붙여둡시다. 만약 주사위 A에 1이 나오고, 주사위 B에는 3, 주사위 C에 6이 나왔다면 이것을 (A, B, C) = (1, 3, 6)과 같이 표현하기로 합시다.

주사위 3개에서 나온 수의 합이 6이 되는 경우를 하나하나 나열해보면 다음과 같은 10가지의 경우가 나옵니다.

$$
\begin{aligned}
(A, B, C) \quad = \quad & (1,\ 1,\ 4),\ (1,\ 2,\ 3),\ (1,\ 3,\ 2),\ (1,\ 4,\ 1),\ (2,\ 1,\ 3),\ (2,\ 2,\ 2),\ (2,\ 3,\ 1), \\
& (3,\ 1,\ 2),\ (3,\ 2,\ 1),\ (4,\ 1,\ 1)
\end{aligned}
$$

한편, 모든 경우의 수는 3개의 주사위 각각에서 6가지씩 나오기 때문에 그림 4.1.1과 같이 생각해 보면 $6 \times 6 \times 6 = 216$, 즉 216가지가 나오는 것을 알 수 있습니다.

따라서 주사위를 3개를 던져서 나오는 수의 합이 6이 되는 확률은 $\frac{10\text{가지}}{216\text{가지}}$이므로 $\frac{5}{108}$ (약 4.63%)가 됩니다.

이와 같이 확률을 구하려면 발생할 수 있는 경우의 수를 하나하나 셀 필요가 있습니다. 하지만 하나하나 세는 것이 사실상 불가능한 경우도 많은데 이때는 조합組合, combination의 공식을 사용하면 됩니다.

공식

서로 다른 n개로부터 중복 없이 k개를 골라내는 경우의 수는 다음과 같이 구할 수 있다.

$$_{n}C_{k} = \frac{n \cdot (n-1) \cdot \cdots \cdot (n-k+1)}{1 \cdot 2 \cdot \cdots \cdot (k-1) \cdot k}$$

처음 공식을 보게되면 다소 어려워 보이지만, 사용법은 의외로 간단합니다. 이해를 돕기 위해 트럼프를 사용한 예를 하나 살펴보겠습니다.

트럼프에는 하트, 다이아몬드, 스페이드, 클로버와 같은 총 4가지 무늬(♥, ♦, ♠, ♣)의 카드가 있는데, 각 무늬는 1에서 10까지, 그리고 J, Q, K까지 포함해 총 13장의 카드를 한 벌로 가지고 있습니다. 트럼프의 무늬는 4가지이기 때문에 $4 \times 13 = 52$, 즉 합계 52장의 카드가 있는 셈입니다.
이 트럼프 더미에서 다섯 장의 카드를 동시에 뽑았을 때, 다섯 장 모두가 하트(♥)인 경우는 몇 가지인지 답하시오.

문제에서 설명한 대로 하트(♥)는 모두 13장이 있습니다. 이 중에서 5장을 조합하는 경우의 수는 $_{13}C_{5}$로 구할 수 있습니다. 앞서 살펴본 공식에서 n자리에 13을, k자리에 5를 대입해 봅시다.

$$_{13}C_{5} = \frac{13 \cdot (13-1) \cdot \cdots \cdot (13-5+1)}{1 \cdot 2 \cdot \cdots \cdot (5-1) \cdot 5} = \frac{13 \cdot 12 \cdot 11 \cdot 10 \cdot 9}{1 \cdot 2 \cdot 3 \cdot 4 \cdot 5} = 1287 \quad \text{... 수식 4.1.1}$$

계산을 해보면 ${}_{13}C_5 = 1287$, 즉 1287가지 경우의 수가 있다는 것을 알 수 있습니다. 이 정도 경우의 수라면 어떤 조합이 가능한지 카드 모양을 다 써보기엔 사실상 무리가 있습니다. 공식의 풀이 과정을 자세히 들여다 보면 분모는 1에서 k까지 1씩 증가하면서 k개의 수를 곱하고 있고, 분자는 n부터 $n-k+1$까지 1씩 감소하면서 k개의 수를 곱하고 있습니다. 공식을 문자로 표현하면 어려워 보이지만 막상 숫자를 넣어보면 한결 이해하기 쉽습니다.

한편, 모든 경우에 대한 확률을 더하면 그 값이 1(100%)이 된다는 점을 이용하면, 직접 구하기 어려운 확률도 간단히 구할 수가 있습니다. 이때, 사용하는 것이 '사건 A가 발생하지 않을 사건'이라는 의미로 사건 A의 **여사건**餘事件, complimentary event이라는 개념입니다. A의 여사건은 사건 A를 부정한다는 의미로 기호 ‾를 붙여서 $\overline{A}$와 같이 표현합니다.

공식

사건 A가 발생할 확률이 P일 때, 사건 A의 여사건 $\overline{A}$가 발생할 확률은 다음과 같다.

$$P(\overline{A}) = 1 - P$$

이해를 돕기 위해 여사건에 관한 예제를 하나 풀어보겠습니다.

52장의 트럼프 더미에서 4장의 카드를 동시에 뽑았을 때, 적어도 1장이 스페이드(♠)인 확률을 구하시오.

이 문제에서 발생할 수 있는 사건을 하나씩 세어보려고 하면, 스페이드(♠)가 1장 나올 경우, 2장 나올 경우, 3장 나올 경우, 4장 나올 경우를 모두 세어야 해서 문제를 푸는 과정이 복잡해집니다. 이럴 때는 반대로 생각하는 역발상이 필요한데, 이 사건의 여사건, 즉 스페이드(♠)가 단 1장도 포함되어 있지 않은 경우를 사건으로 생각한 다음, 모든 확률에서 빼는 방법을 쓸 수 있습니다. 이것을 수식으로 표현하면 다음과 같습니다. 참고로 분자의 39는 트럼프의 52장에서 스페이드(♠) 13장을 모두 빼고 남은 수입니다.

$$1-\frac{{}_{39}C_4}{{}_{52}C_4}$$

이 식을 계산해보면 답은 $\frac{14498}{20825}$(≒69.6%)가 나옵니다. 확률로만 보자면 카드를 총 네 번 뽑을 동안 스페이드(♠)가 두 번이나 세 번 정도는 나올 것 같군요.

이 정도 수준의 문제는 여사건으로 풀 수 있지만 더욱 복잡한 사건의 확률을 계산해야 할 때는 몇 개의 단순한 사건으로 나누어서 계산한 다음, 그것들을 다시 합쳐주는 방식으로 문제를 풀 수도 있습니다. 다음은 여러 개의 사건에 대한 조합을 수식으로 표현한 것인데, 단순히 확률들을 곱하거나 더하거나 또는 빼는 방법을 사용하고 있습니다.

공식

사건 A와 사건 B가 동시에 발생하는 사건: $A \cap B$ (A and B)

$$P(A \cap B) = P(A)P(B)$$

사건 A와 사건 B 중에서 어느 한쪽이 발생할 사건: $A \cup B$ (A or B)

$$P(A \cup B) = P(A) + P(B) - P(A \cap B)$$

처음에는 이런 표현이 낯설어 보일 수도 있는데 $A \cap B$를 'A and B', $A \cup B$를 'A or B'라고 입으로 말하면서 기호를 읽다 보면 차츰 더 익숙해질 수 있을 겁니다. 이 관계를 좀 더 직관적으로 이해할 수 있도록 시각화해 보면 다음과 같은 이미지가 됩니다. 이런 그림 표현을 벤 다이어그램[1]이라고 합니다.

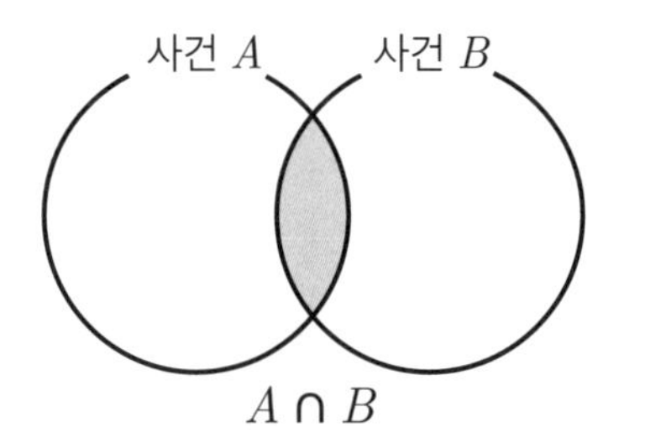

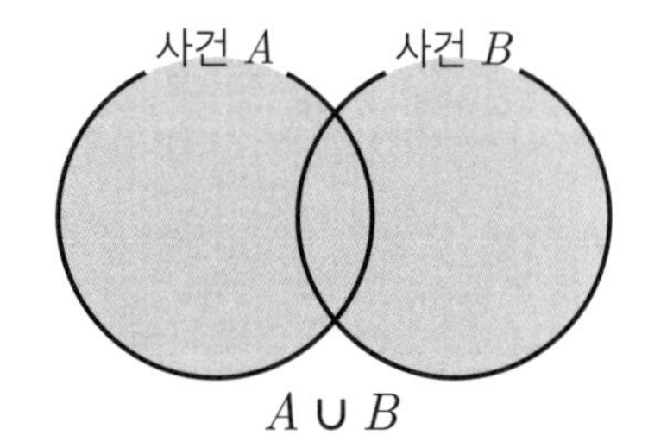

▲ 그림 4.1.2 벤 다이어그램을 사용한 확률의 표현 방법

52장의 트럼프 더미에서 다섯 장의 카드를 동시에 뽑은 후 원래대로 돌려놓습니다. 트럼프 더미의 카드를 뒤섞은 다음, 다시 한번 다섯 장의 카드를 동시에 뽑습니다. 이때, 두 번 연속으로 다섯 장의 카드 모두가 하트(♥) 무늬이거나 다이아몬드(♦) 무늬가 되는 확률을 구하시오.

우선 다섯 장 모두가 하트(♥) 무늬이거나 다이아몬드(♦) 무늬가 되는 사건을 A라고 합시다. 이때, 사건 A는 다음과 같이 표현할 수 있습니다.

$$A = (\text{다섯 장 모두 ♥}) \cup (\text{다섯 장 모두 ♦})$$

우선 뽑은 다섯 장의 카드 모두가 하트(♥) 무늬인 경우의 수는 ${}_{13}C_5$입니다. 그리고 다섯 장의 카드를 뽑을 때 발생할 수 있는 전체 경우의 수는 ${}_{52}C_5$입니다. 결국 뽑은 다섯 장의 카드 모두가 하트(♥) 무늬가 되는 사건의 확률은 다음과 같습니다.

1 역자 주: 벤 다이어그램은 앞서 1.12절에서도 본 적이 있습니다.

$$P(\text{다섯 장 모두 ♥}) = \frac{{}_{13}C_5}{{}_{52}C_5} = \frac{\frac{13\cdot12\cdot11\cdot10\cdot9}{1\cdot2\cdot3\cdot4\cdot5}}{\frac{52\cdot51\cdot50\cdot49\cdot48}{1\cdot2\cdot3\cdot4\cdot5}} = \frac{13\cdot12\cdot11\cdot10\cdot9}{52\cdot51\cdot50\cdot49\cdot48} = \frac{33}{66640}\left(\fallingdotseq 0.0495\%\right)$$ 수식 4.1.2

이 확률은 하트(♥) 무늬에 대한 확률을 구한 것이지만 다른 무늬를 뽑는다고 해서 확률이 달라지진 않습니다. 그래서 다이아몬드(♦) 무늬에 대해서도 같은 확률이라고 볼 수 있습니다.

이제 그다음이 중요한 부분인데, 사실 '다섯 장 모두 ♥'인 경우와 '다섯 장 모두 ♦'인 경우는 동시에 발생할 수 없습니다. 이런 점까지 염두에 두었다면 사건 A의 확률 $P(A)$는 다음과 같이 구할 수 있습니다.

$$\begin{aligned} P(A) &= P(\text{다섯 장 모두 ♥}) + P(\text{다섯 장 모두 ♦}) - P((\text{다섯 장 모두 ♥}) \cap (\text{다섯 장 모두 ♦})) \\ &= 2 \times P(\text{다섯 장 모두 ♥}) - 0 = \frac{33}{33320} \fallingdotseq 0.0990\% \end{aligned}$$ 수식 4.1.3

두 번 연속으로 다섯 장의 카드가 하트(♥) 무늬이거나 다이아몬드(♦) 무늬인 사건 $A_{1\&2}$는 첫 번째 시도에서 다섯 장의 카드가 하트(♥) 무늬이거나 다이아몬드(♦) 무늬인 사건 A_1과 두 번째 시도에서 다섯 장의 카드가 하트(♥) 무늬이거나 다이아몬드(♦) 무늬인 사건 A_2에 의해 다음과 같이 구할 수 있습니다.

$$A_{1\&2} = A_1 \cap A_2$$ 수식 4.1.4

이때, 다섯 장의 카드가 하트(♥) 무늬이거나 다이아몬드(♦) 무늬인 사건에 대한 확률은 몇 번을 시도를 하더라도 확률 $P(A)$ 자체는 변하지 않습니다. 그래서 두 번 연속으로 다섯 장의 카드가 하트 무늬이거나 다이아몬드 무늬인 확률 $P(A_{1\&2})$는 다음과 같습니다.

$$P(A_{1\&2}) = P(A_1)P(A_2) = (\frac{33}{33320})^2 \left(\fallingdotseq 0.000098\%\right) \quad \text{수식 4.1.5}$$

인공지능에서는 이렇게 활용한다

- 현실 세계의 모든 현상들은 우연성을 가지고 있기 때문에 이런 현상을 표현할 때는 확률을 빼고 설명하긴 어렵습니다.
- 인공지능 분야에서는 상황을 판단하는 하나의 방법으로 정답이 될 확률이 가장 높은 것을 정답으로 채택하는 방법을 자주 사용합니다.

연습문제

4-1 날씨를 '맑음'과 '비', 그리고 '흐림'의 세 가지로 분류한다고 가정합시다. 같은 날씨가 연속될 확률을 60%라고 할 때, 날씨가 연속되지 않고 변할 확률은 40%가 됩니다. 단, 날씨가 변할 때 '맑음'에서 '흐림'으로, '비'에서 '흐림'으로, '흐림'에서 '맑음'으로 변할 확률은 각각 70%입니다. 오늘 날씨가 '맑음'일 때, 다음 질문에 답하시오.

① 모레[1]의 날씨가 '비'가 될 확률을 구하시오.

② 조깅을 즐기는 최수정씨는 '맑음'인 날에 80%의 확률로, '흐림'인 날에 40%의 확률로 조깅을 합니다. 만약 날씨가 '비'라면 그 날은 조깅을 하지 않습니다. 최수정씨가 오늘과 내일, 이틀 연속으로 조깅할 확률을 구하시오.

---

1 역자주: '모레'와 '내일모레'는 'the day after tomorrow'와 같은 의미로 기준일에서 이틀을 더한 날입니다.

풀이

세 가지 날씨가 바뀌는 확률과 오늘은 '맑음'이라는 조건이 주어졌습니다. 이때, 내일의 날씨와 그렇게 바뀔 확률을 구하면 다음와 같습니다.

· 맑음 → 맑음: 60%

· 맑음 → 흐림: 40% × 70% = 28%

· 맑음 → 비: 40% × 30%[1] = 12%

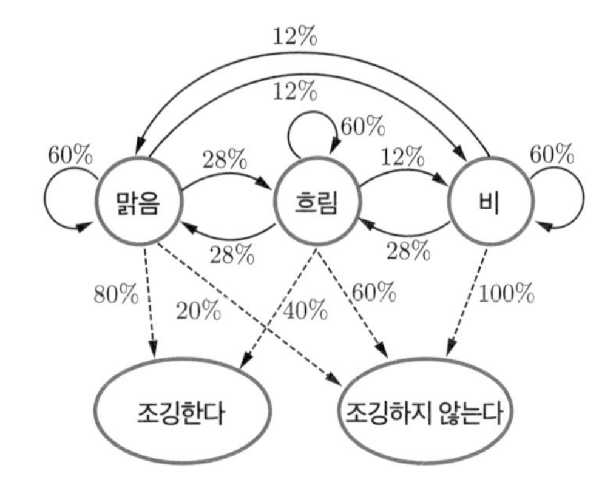

비슷한 방법으로 비가 올 때 확률이나, 그 날의 날씨에 따라 조깅을 할지 안 할지에 대한 확률까지 구해보면 이와 같은 그림을 완성할 수 있습니다. 참고로 이런 그림을 상태천이도(狀態遷移圖, state transition diagram)[2]라고 합니다.

① 60% × 12% + 28% × 12% + 12% × 60% = 17.76%

맑음 → 맑음 → 비	맑음 → 흐림 → 비	맑음 → 비 → 비

정답: 17.76%

② 앞서 만든 상태천이도에서 답을 구할 수 있습니다.

80% × (60% × 80% + 28% × 40%) = 47.36%

맑은 날에 조깅을 하고, 다음 날이 맑거나 흐린 경우를 생각해 봅시다.

정답: 47.36%

1 역자주: 여기서 30%가 나오는 것은 '날씨가 바뀌는데 내일은 흐림'에 대한 여사건의 확률입니다.

2 역자주: '상태전이도(狀態轉移圖)'라고도 합니다.

SECTION 4-2 확률변수와 확률분포

학습 포인트

- 확률변수와 확률분포의 관계를 이해할 수 있다.

보통 확률에서 말하는 주사위는 각 면에 1에서 6까지 숫자가 써 있고, 주사위를 던졌을 때 각 숫자가 나올 확률이 $\frac{1}{6}$로 똑같다고 가정합니다. 이 말을 다르게 표현하면, 우리는 주사위의 각 숫자를 $\frac{1}{6}$의 확률로 나오게 할 수 있다는 말이기도 합니다.

이렇게 주사위의 각 면에 쓰인 숫자처럼, 어떤 변수 X를 $P(X)$의 확률로 나오게 할 수 있다면, 거꾸로 말해 어떤 변수 X를 사용할 때 확률 $P(X)$의 값을 구할 수 있다면, 이 X는 확률변수確率變數, random variable라고 말할 수 있습니다. 이러한 확률변수 중에는 그 값이 연속되지 않고 셀 수 있을 만큼 뿔뿔이 흩어진 이산확률변수離散確率變數, discrete random variable가 있고, 반대로 그 값이 특정 범위 내에서 실수實數 형태로 존재하며, 소수점 이하까지 내려가는 연속확률변수連續確率變數, continuous random variable가 있습니다. 이산확률변수의 좋은 예는 주사위의 면에 쓰인 숫자나 어떤 사건이 일어나는 시행 횟수와 같이 뿔뿔이 흩어진 값들이고, 연속확률변수의 좋은 예는 키나 몸무게, 경과 시간과 같이 끊김이 없이 연속적으로 이어지는 값들입니다.[3]

그럼 이해를 돕기 위해 주사위의 예를 조금 더 구체적으로 다뤄보겠습니다. 주사위를 한 번 던졌을 때 나올 숫자를 확률변수 X_1이라고 하면, $X_1 \in \{1, 2, 3, 4, 5, 6\}$이 되고, 그에 대한 확률 $P(X_1)$은 항상 $\frac{1}{6}$이 나옵니다. 이번에는 주사위를 두 번 던져봅시다. 주사위를 두 번 던졌을 때 나올 숫자의 합을 확률변수 X_2라고 하면, $X_2 \in \{2, 3, 4, ..., 11,$

3 역자주: 이 책의 설명만으로는 조금 아쉽다고 생각된다면 유튜브 '김주호쌤' 채널의 '개념원리 확률과통계 1 확률변수와확률분포'(https://youtu.be/IDxJ2ubJyhI)를 참고하세요.

12}가 됩니다. 이때, 확률 $P(X_2=2)$는 $1+1=2$, 즉 주사위의 1이 두 번 연속해서 나오는 확률이기 때문에 $\frac{1}{6}\times\frac{1}{6}=\frac{1}{36}$이 되어 $P(X_2=2)=\frac{1}{36}$이 됩니다. $P(X_2=4)$라고 한다면 주사위에서 나올 숫자의 조합이 (1, 3), (2, 2), (3, 1)의 세 가지가 나오므로 $P(X_2=4)=\frac{3}{36}=\frac{1}{12}$이 됩니다. 이러한 예들을 보면 확률변수의 값이 달라질 때 확률도 달라지는 것을 알 수 있습니다. 이렇게 이산확률변수의 값에 따라 달라지는 확률들을 전체적으로 정리하여 나열한 것을 **이산확률분포**離散確率分布, discrete probability distribution라고 합니다.

정의

어떤 사건의 이산확률변수가 X일 때, 그에 대한 확률 P는 이산확률분포 $f(x)$를 따른다.[1]

$$P(X)=f(x)$$

이제 이산확률변수 X와 이산확률분포 $f(x)$에 대해 좀 더 구체적으로 알아봅시다.

앞서 예를 들었던 것처럼 주사위 두 개를 던졌을 때 숫자의 합을 확률변수 X_2라고 할 때, 확률분포 $f(x)$는 어떻게 나올까요? $f(x)$는 뿔뿔이 흩어져 있는 **이산값**離散값, discrete value을 쓰기 때문에 다음과 같은 표 모양으로 그 결과의 분포를 표현할 수 있습니다.

▼ 표 4.2.1 주사위를 두 개 던졌을 때 숫자의 합과 그에 대한 확률

X_2	2	3	4	5	6	7	8	9	10	11	12
$P(X_2)$	$\frac{1}{36}$	$\frac{2}{36}$	$\frac{3}{36}$	$\frac{4}{36}$	$\frac{5}{36}$	$\frac{6}{36}$	$\frac{5}{36}$	$\frac{4}{36}$	$\frac{3}{36}$	$\frac{2}{36}$	$\frac{1}{36}$

조금 더 직관적인 표현 방법으로 **히스토그램**histogram[2]을 사용하기도 합니다.

1 역자주: 확률 'P'는 'probability'를 의미합니다.

2 역자주: '도수분포도(度數分布圖)', '주상도(柱狀圖)', '주상그래프'라고도 합니다.

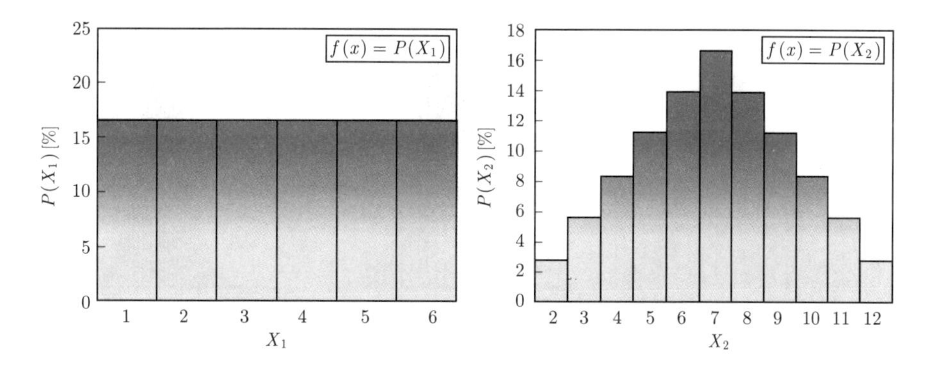

▲ 그림 4.2.1 주사위를 던졌을 때의 히스토그램

히스토그램에서 확률이 분포된 모양을 보면 주사위가 한 개일 때는 평탄한 모양으로, 주사위가 두 개일 때는 삼각형 모양으로 분포된 것을 알 수 있습니다. 만약 이 상태에서 주사위의 개수를 늘려가면 어떤 변화가 생길까요?

지면 관계상 자세한 설명은 생략하지만 주사위 개수를 3개에서 5개, 5개에서 10개로 차차 늘려가다 보면 이산확률분포는 점점 더 종형곡선鐘形曲線, bell curve의 모양에 가까워집니다. 주사위를 던져보는 시행試行, trial을 무한 번하는 극한에서는 이러한 종형곡선을 정규분포正規分布, normal distribution[3]라 부릅니다. 정규분포는 뒤에 나올 4.5절에서 평균이나 분산, 공분산 등과 함께 다시 다룰 예정입니다.

---

3 역자주: '가우스 분포(gaussian distribution)'라고도 합니다.

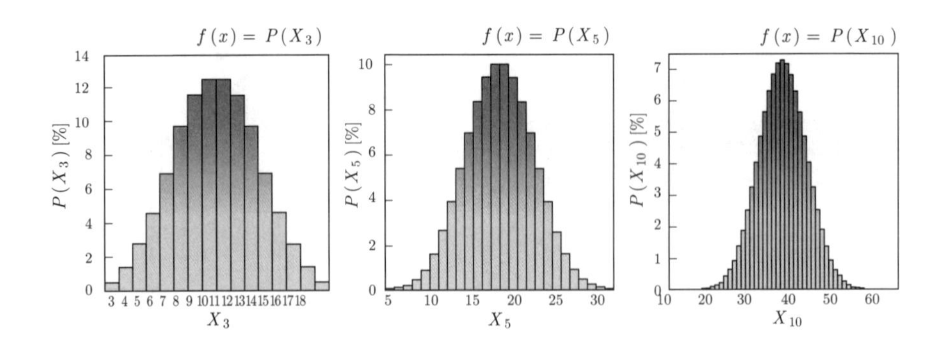

▲ 그림 4.2.2 주사위를 여러 번 던졌을 때의 히스토그램 (정규분포)

이제 확률변수의 값들이 뿔뿔이 흩어진 이산값일 때 확률의 분포, 즉 이산확률분포에 대해 개념이 잡혔나요? 다음은 확률변수가 연속적인 값을 가질 때 확률의 분포, 즉 연속확률분포에 대해 알아보겠습니다.

정의

어떤 사건의 연속확률변수가 X일 때, 그에 대한 확률 P는 연속확률분포 $f(x)$를 지정한 X의 구간 안에서 적분積分, Integral한 값[1]과 같다.

$$P\left(a \le X \le b\right) = \int_a^b f(x)\mathrm{d}x$$

연속확률분포를 말로 설명하다 보니 다소 어렵게 느껴질 수 있습니다. 이해를 돕기 위해 구체적인 예를 하나 들어보겠습니다. 대한민국 성인 남성의 키가 그림 4.2.3과 같은 연속확률분포 $f(x) = P(H)$를 보인다고 가정합시다.[2] 이때, 어떤 대한민국 성인 남성의 키가 $H = 173$cm가 되는 확률은 얼마일까요?

---

1 $\int_a^b f(x)\mathrm{d}x$에서 $\int$은 적분 기호이고 'integral'이라고 읽습니다. 이 책에서는 적분의 개념을 다루지 않기 때문에 간단히 이 식의 의미만 파악하자면 $a \le x \le b$의 구간에서 $y = f(x)$의 값들을 누적하여 기하학적인 의미로는 면적을 의미한다 정도로만 이해하면 됩니다.

2 역자주: '$P(H)$'의 'H'는 키 'height'를 의미합니다.

참고로 확률변수 H는 연속확률변수이기 때문에 어떤 실숫값이든 가질 수 있습니다. 이 말은 막상 우리가 173cm라고 말하더라도 엄격하게 따지자면 173.01cm이거나 173.000001cm일 수도 있고, 172.9999999cm가 될 수도 있다는 말입니다. 즉 H는 연속적이면서도 얼마든지 더 세밀한 값을 지정할 수 있기 때문에, 연속확률변수를 $H = 173\text{cm}$와 같이 어떤 수치로 딱 집어서 말을 하지 못합니다. 그래서 172cm 이상 174cm 이하와 같이 일정한 구간을 지정해야 하는데, 이렇게라도 해줘야 어떤 H가 그 구간 안에 있는지, 아닌지를 알 수가 있고 그에 대한 확률 $P(H)$도 정의할 수 있습니다. 이제까지의 내용을 기하학적인 의미로 해석해 보면 확률 $P(H)$는 그림 4.2.3에서 진하게 칠한 부분의 면적이 되고, 종 모양의 그래프에서 연하게 칠한 부분의 전체 면적은 모든 확률의 합인 1이 됩니다.

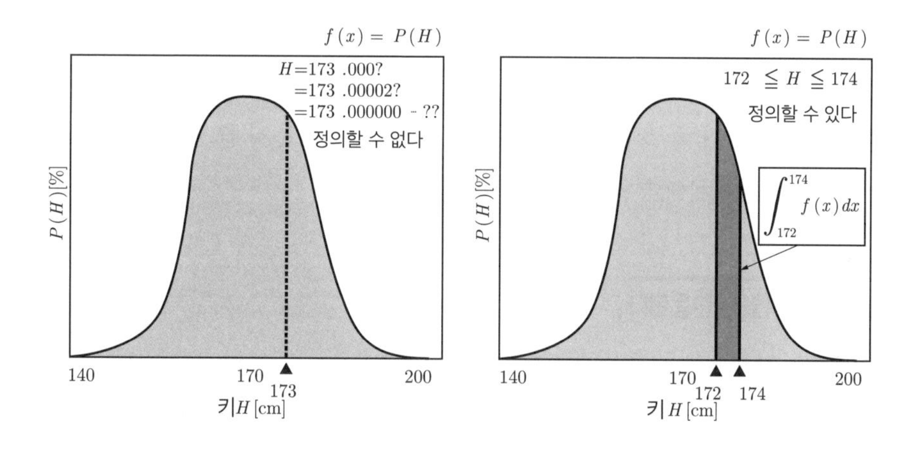

▲ 그림 4.2.3 연속확률변수

앞서 살펴본 이산확률변수나 이산확률분포는 한정된 횟수로 시행을 반복할 때 나오는 확률이나 그것들의 분포를 표현할 때 사용합니다. 우리가 주변에서 흔히 '확률'이라고 생각하는 것이 바로 이산확률변수와 이산확률분포이기도 합니다.

반면 연속확률변수나 연속확률분포는 앞에서 예를 든 것처럼 애당초 하나의 값으로 정할 수가 없기 때문에, 어떤 경우에 연속확률변수와 연속확률분포를 사용하는지 감이 잘 오지 않을 수 있습니다.

연속확률분포에는 다양한 종류가 있는데 정규분포正規分布, normal distribution, 지수분포指數分布, exponential distribution, 스튜던트 t 분포Student's t-distribution, 파레토 분포Pareto distribution, 로지스틱 분포logistic distribution와 같은 것이 대표적입니다. 어떤 이산확률분포도 무한 번 반복하다 보면 대부분 이러한 연속확률분포 중의 한 형태로 수렴하게 됩니다.

즉, '이 확률은 이러한 확률분포를 따른다'라고 가정하고, 그 가정이 대체로 무난하게 맞아 들어가기만 하면 비교적 적은 수의 시행만으로도 무한 번 시행한 것과 같은 확률의 분포를 추측해 낼 수 있습니다. 이렇게 적은 정보를 가지고 어떤 경향을 추측할 수 있다는 것이야 말로 '통계'가 가지는 진면목이라 할 수 있습니다.

지면 관계상 앞서 언급한 연속확률분포들을 하나하나 자세히 설명할 수는 없지만, 대표적인 연속확률분포의 이름을 들었을 때, 이 분포는 '연속형'이라는 것을 인지하고, '구간을 어떻게 정할 것인가'를 고민하며, '왜 이 분포를 써야 하는지'를 분명히 이해할 수 있다면 연속확률분포를 제대로 배운 것이라 할 수 있습니다

인공지능에서는 이렇게 활용한다

- 어떤 현상에 대한 관측 결과들을 이산확률변수로 취급하고, 이에 대한 이산확률분포를 구할 수 있다면, 다음에 일어날 사건에 대한 확률을 과거의 데이터로부터 추측할 수가 있습니다.
- 또한, 적절한 연속확률분포를 선택한다면 적은 수의 시행만으로도 앞으로 일어날 사건의 확률을 상당히 높은 정확도로 추측할 수 있습니다.

연습문제

4-2 주사위 1개를 던졌을 때 숫자 1이 나오면 성공입니다.

성공할 때까지 주사위를 계속 던집니다.

① x번째에서 성공했습니다. $x=3$이 될 확률을 구하시오.

② $x=6$까지 계산한 후, 확률분포를 히스토그램으로 표현하시오.

풀이

① 첫 번째, 두 번째는 실패하고 세 번째에서 성공할 확률을 구하면 됩니다.

정답: $\left(\frac{5}{6}\right)^2 \times \frac{1}{6} = \frac{25}{216}$

② 앞의 문제를 일반화하면 다음과 같이 x번째에서 처음으로 성공하는 확률을 구할 수 있습니다.

$$P_x = \left(\frac{5}{6}\right)^{x-1} \times \frac{1}{6} = \frac{5^{x-1}}{6^x}$$

이 식을 활용해서 $x=1$부터 $x=6$까지 계산한 다음, 결과를 확률분포표로 그립니다.

x	1	2	3	4	5	6
$P(x)$	$\frac{1}{6}=0.166$ ...	$\frac{5}{36}=0.138$ ...	$\frac{25}{216}=0.115$ ...	$\frac{5^3}{6^4}=0.096$ ...	$\frac{5^4}{6^5}=0.080$ ...	$\frac{5^5}{6^6}=0.066$ ...

확률분포표의 내용을 그래프로 그리면 다음과 같은 히스토그램이 나옵니다.

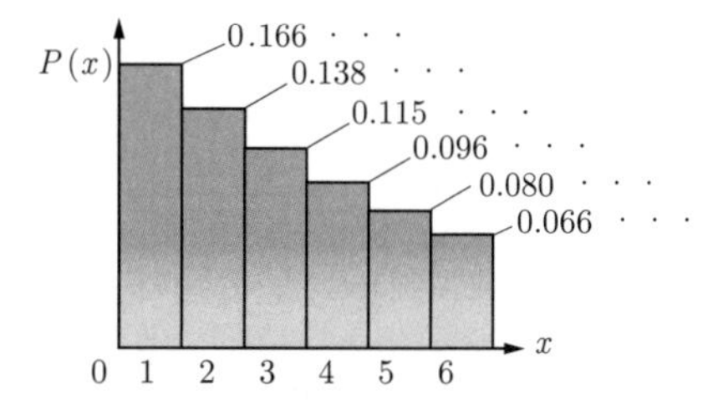

SECTION 4-3

결합확률과 조건부확률

학습 포인트

- 조건부확률과 결합확률의 차이를 이해할 수 있다.
- 조건부확률의 표현 방식을 이해할 수 있다.

먼저 결합확률과 조건부확률의 공식을 살펴보겠습니다.

정의

결합확률

사건 A와 사건 B가 서로 독립된 사건일 때, 두 사건의 결합확률은 다음과 같다.

$$P(A \cap B) = P(A, B) = P(A)P(B)$$

조건부 확률

사건 B가 일어났을 때, 사건 A가 일어날 조건부확률은 다음과 같다.

$$P(A \mid B) = \frac{P(A \cap B)}{P(B)}$$

결합확률結合確率, joint probability은 서로 독립적인 사건 A와 B가 동시에 일어날 확률입니다. 반면 조건부확률條件附確率, conditional probability은 사건 B가 일어난다는 것을 전제로 한 사건 A의 확률입니다. 즉, 사건 B가 일어난 후에 사건 A가 일어날 확률이라고도 할 수 있습니다. 얼핏 보면 비슷해 보이는 두 확률인데 다음 예제를 풀어보면서 차이를 알아보도록 하겠습니다.

하나의 주사위를 두 번 던진다고 가정합시다. 사건 A는 주사위를 두 번 던져서 나온 숫자의 합이 8 이상일 사건이고, 사건 B는 첫 번째 주사위를 던졌을 때 나오는 숫자가 5가 되는 사건이라고 할 때, 결합확률 $P(A, B)$와 조건부확률 $P(A \mid B)$를 구하시오.

우선 결합확률 $P(A, B)$를 구해봅시다. 이때, $P(A, B)$는 첫 번째 주사위를 던졌을 때 5가 나오고, 두 번째 주사위를 던졌을 때 3 이상의 수가 나올 확률을 의미합니다. 그래서 확률을 계산하면 $\frac{1}{6} \times \frac{4}{6} = \frac{1}{9}$이 됩니다. 다음은 조건부확률 $P(A \mid B)$를 구해봅시다. $P(B)$는 첫 번째 주사위를 던졌을 때 5가 나오는 사건이므로 확률은 $\frac{1}{6}$이 됩니다. 조건부확률의 정의 $P(A \mid B) = \frac{P(A \cap B)}{P(B)}$에 따르면 $\frac{\frac{1}{9}}{\frac{1}{6}} = \frac{2}{3}$가 되어 $P(A \mid B)$의 확률은 $\frac{2}{3}$가 됩니다. 이번 예제는 비교적 단순한 문제여서 굳이 조건부확률의 정의를 적용하지 않더라도 바로 풀 수 있었을 지도 모르겠습니다. 하지만 다음과 같은 예제에서는 문제를 주의 깊게 보지 않으면 자칫 실수할 수 있는 헛갈리는 구석이 있습니다.

백만 명에 다섯 명꼴로 어떤 질병에 걸린다고 가정합시다. 이 질병을 진단하는 데 최신 AI 기술을 사용하면 99.99%의 정밀도로 그 사람이 질병에 걸렸는지, 안 걸렸는지를 판정할 수 있습니다. (0.01%의 확률로 잘못된 판정을 할 수 있음) 최수정씨는 시험 삼아 최신 AI 검사를 받았습니다. 진단 결과가 양성으로 나왔다면 실제로 최수정씨가 이 질병에 걸렸을 확률은 얼마일까요?

'검사결과가 양성이고, AI 진단의 정밀도가 99.99%라면 실제 환자일 확률은 99.99%이다'라는 주장은 언뜻 보기에 맞는 것처럼 보입니다. 결론부터 말하자면 이 주장은 틀린 것인데, 이런 주장이 나올 수 있는 것은 조건부확률(AI가 양성이라 판정한 후 실제로 질병에 걸렸을 확률)과 결합확률(AI가 양성이라 판정했고 실제로 질병에 걸렸을 확률)을 정확하게 구분하지 못했기 때문입니다. 그래서 확률 문제를 풀 때는 문제를 주의 깊게 읽을 필요가 있습니다. 우선 이 문제에서 언급된 사건들을 정리해 봅시다.

사건 A: 실제로 질병에 걸린 환자다. $P(A)=0.000005=5\times10^{-6}$

사건 B: AI가 잘못된 판정을 했다. $P(B)=0.0001=1\times10^{-4}$

사건 C: AI가 양성으로 판정했다.

이 문제에서 최종적으로 구하고 싶은 확률은 'AI가 양성으로 판정한 후에 실제로 병에 걸렸을 확률'이기 때문에 조건부확률에 해당하고 $P(A\mid C)$로 풀어야 합니다. 이때, 절대로 'AI가 양성으로 판정했고(∩) 실제로 병에 걸렸을 확률', 즉 $P(A\cap C)$와 헛갈리면 안 됩니다. 왜냐하면, 조건부확률인 $P(A\mid C)$의 전제조건에는 'AI가 실수로 양성으로 판정한 후'라는 경우까지 포함하고 있기 때문입니다.
조건부확률의 정의대로 $P(A\mid C)$를 풀어보려면 그 전에 $P(A\cap C)$와 $P(C)$를 알아야합니다. $P(A\cap C)$를 말로 풀어쓰면 'AI가 양성으로 판정했고(∩) 실제로 병에 걸렸을 확률'이라는 의미인데 이것을 달리 표현하자면 '실제로 병에 걸렸고(∩) AI도 정확하게 판정했다'라는 의미가 됩니다. 따라서 이 상황을 확률로 계산하면 다음과 같이 풀 수 있습니다.

$$P(A\cap C)=P(A)\cdot P(\overline{B})=5\times10^{-6}\cdot(1-1\times10^{-4})=4.9995\times10^{-6}$$ 수식 4.3.1

$P(C)$, 즉 AI가 양성으로 판정하는 경우는 '실제로 병에 걸렸고(∩) AI도 정확하게 판정했다'라는 경우와 '실제로 병에 걸리지 않았고(∩) AI가 오판을 했다'라는 경우의 두 가지 상황이 있을 수 있습니다.

$$\begin{aligned}P(C)&=P(A\cap\overline{B})+P(\overline{A}\cap B)\\&=5\times10^{-6}\cdot(1-1\times10^{-4})+(1-5\times10^{-6})\cdot10^{-4}\\&=5\times10^{-6}-5\times10^{-10}+1\times10^{-4}-5\times10^{-10}\\&=1.04999\times10^{-4}\end{aligned}$$ 수식 4.3.2

이제 확률 $P(A \mid C)$를 구해보면 다음과 같이 나옵니다.

$$P(A \mid C) = \frac{P(A \cap C)}{P(C)} = \frac{4.9995 \times 10^{-6}}{1.04999 \times 10^{-4}} = 4.7614 \cdots \times 10^{-2} \quad \text{수식 4.3.3}$$

놀랍게도 AI 검사 결과가 양성이라 하더라도 최수정씨가 실제로 질병에 걸렸을 확률은 4.76%에 불과합니다. 일반적으로 99.99%의 정밀도라고 말하면 검사 결과 자체도 상당히 신뢰할 수 있을 것으로 착각할 수 있는데, 사실은 발병률 자체가 아주 낮기 때문에 검사 결과가 양성으로 판정되었더라도 실제로 질병에 걸릴 확률은 낮게 나올 수 있습니다.

인공지능에서는 이렇게 활용한다

- 예제에서 확인한 것처럼 예측 모델의 정밀도나 정확성을 표현할 때는 다양한 방법으로 평가할 수 있기 때문에 사용하려는 목적에 따라 지표를 잘 선택해서 사용할 필요가 있습니다.
- 인공지능 모델의 정확성을 표현할 때 사용하는 대표적인 지표로는 정밀도精密度, precision[1], 재현률再現率, recall, F값F-Score[2] 등이 있습니다.

연습문제

4-3 앞서 살펴본 예제를 통해 AI 검사의 정밀도가 높다고 하더라도 발생 빈도 자체가 낮은 질병이라면 정확한 진단이 어렵다는 것을 알았습니다. 일반적으로 정밀도를 높이는 것은 기술적인 한계로 인해 상당히 어렵기 때문에, 그 대신 양성 판정을 받은 환자에

1 역자주: '정합률(整合率)', '적합률(適合率)'이라고도 합니다.

2 역자주: 'F1-score', 'F measure'라고도 합니다. F1-score는 'Weighted F measure'에서 가중치를 1로 설정한 것을 말하며, 정밀도와 재현률의 조화평균(調和平均)이기도 합니다.

대해 다시 한번 재검을 하는 방법으로 정밀도를 높일 수 있습니다.

최수정씨도 재검사를 받았는데 이번 결과도 양성으로 나왔습니다. 이때, 실제로 이 질병에 걸렸을 확률을 구하시오. 단, 재검사의 정밀도는 첫 번째 검사 때와 동일합니다.

풀이

사건을 정리하면 다음과 같습니다.

사건 A : 실제로 질병에 걸린 환자다. $P(A) = 5\times10^{-6}$

사건 B_2 : AI가 두 번 연속으로 잘못된 판정을 했다. $P(B_2) = (1\times10^{-4})^2 = 1\times10^{-8}$

사건 B_2^* : AI가 두 번 연속으로 정확한 판정을 했다. $P(B_2^*) = (0.9999)^2$

사건 C_2 : AI가 두 번 연속으로 양성으로 판정했다.

$\overline{B}_2$ 에는 AI가 첫 번째나 두 번째 검사에서만 정확한 판정을 하는 경우가 포함되어 있습니다. 이것은 B_2^* 와는 다른 의미이니 주의해야 합니다.

풀이 과정은 앞서 살펴본 예제와 같습니다.

조건부확률 $P(A\mid C_2)$를 구하기 위해 $P(A\cap C_2)$와 $P(C_2)$를 먼저 구해야 합니다.

$$P(A\cap C_2) = P(A)\cdot P(B_2^*) = 5\times9.999^2\times10^{-8}$$

$$\begin{aligned}P(C_2) &= P(A\cap B_2^*) + P(\overline{A}\cap B_2)\\ &= 5\times9.999^2\times10^{-8} + (1-5\times10^{-6})\times10^{-8}\\ &= (5\times9.999^2+1)\times10^{-8} - 5\times10^{-14}\end{aligned}$$

$$P(A\mid C_2) = \frac{P(A\cap C_2)}{P(C_2)} = \frac{5\times9.999^2\times10^{-8}}{(5\times9.999^2+1)\times10^{-8}-5\times10^{-14}}$$

$$= \frac{4.999}{5.009-5\times10^{-8}} \fallingdotseq 0.9980$$

또한 5×10^{-8} 의 항을 무시해도 같은 답이 됩니다.

정답: 약 99.8%

기댓값

학습 포인트

- 이산확률분포의 기댓값을 계산하는 방법을 이해할 수 있다.
- 이산확률변수뿐만 아니라, 연속확률변수의 경우에도 기댓값을 계산할 수 있다.

기댓값期待값, expected value은 쉽게 말하자면 '나올 것이라고 예상하는 값'입니다. X가 확률변수이고 확률 $P(X)$인 사건이 벌어질 때, 예상할 수 있는 결괏값이 기댓값입니다.

정의

모든 이산확률변수 X에 대한 기댓값 $E(X)$는 다음과 같다. (이때, 확률은 $P(X)$)

$$E(X) = \sum P(X) \cdot X$$

공식

X와 Y가 서로 독립된 확률변수이고 k는 상수라고 할 때 다음 식이 성립한다.

(1) $E(k) = k$ (상수의 기댓값은 상수가 된다)

(2) $E(kX) = kE(X)$ (확률변수를 상수 배하면 기댓값도 상수 배가 된다)

(3) $E(X+Y) = E(X) + E(Y)$ (확률변수의 합의 기댓값은 각 기댓값의 합과 같다)

(4) X와 Y가 서로 독립일 때 $E(XY) = E(X) \cdot E(Y)$ (독립적인 확률변수의 곱에 대한 기댓값은 각 기댓값의 곱과 같다)

이 공식을 이해하기 위해 다음 예제를 풀어봅시다.

1등 상금이 1억 원인 복권이 1장, 2등 상금이 100만 원인 복권이 10장, 3등 상금이 1만 원인 복권이 1000장 있다고 가정합시다. 이 복권의 총판매량은 백만 장입니다. 이 복권을 1장 샀을 때 기대할 수 있는 당첨 금액은 얼마일까요?

이때의 확률변수를 X, 그에 대한 확률을 $P(X)$라고 할 때, 이산확률분포는 다음 표와 같습니다.

▼ 표 4.4.1 이산확률분포

X	100,000,000	1,000,000	10,000	0
$P(X)$	$\frac{1}{1,000,000}$	$\frac{10}{1,000,000}$	$\frac{1,000}{1,000,000}$	(여사건의 확률)

기댓값 E는 모든 확률변수 X와 그에 대한 발생확률 $P(X)$를 곱한 다음, 모두를 더한 것과 같습니다. 따라서 다음과 같이 풀 수 있습니다.

$$E = \frac{100,000,000 \times 1}{1,000,000} + \frac{1,000,000 \times 10}{1,000,000} + \frac{10,000 \times 1000}{1,000,000} + 0$$
$$= 100 + 10 + 10 = 120$$

수식 4.4.1

여기서 말하는 기댓값 $E = 120$의 의미는 복권 1장을 샀을 때 예상되는 당첨 금액이 120원이라는 뜻입니다. 물론 실제로 복권을 1장 산다고 해서 120원을 무조건 받을 수 있는 것은 아니지만, 평균을 내보자면 이 정도의 금액이 된다는 것이 기댓값의 의미입니다.

연습문제

4-4 주사위 두 개를 던졌을 때 나온 숫자의 합을 X라 하고 곱을 Y라 한다고 가정합시다.

① X에 대한 이산확률분포표를 작성하시오. ② 기댓값 $E(X)$를 구하시오.

③ Y에 대한 이산확률분포표를 작성하시오. ④ 기댓값 $E(Y)$를 구하시오.

풀이

①

X	2	3	4	5	6	7	8	9	10	11	12
$P(X)$	$\frac{1}{36}$	$\frac{2}{36}$	$\frac{3}{36}$	$\frac{4}{36}$	$\frac{5}{36}$	$\frac{6}{36}$	$\frac{5}{36}$	$\frac{4}{36}$	$\frac{3}{36}$	$\frac{2}{36}$	$\frac{1}{36}$

② 앞의 이산확률분포표를 보고 $\Sigma P(X) \cdot X$로 계산해도 되지만 여기서는 기댓값의 두 번째 공식 '$E(X+Y) = E(X) + E(Y)$'를 활용해 봅시다.

주사위 1개를 던졌을 때 나올 숫자에 대한 기댓값 E_1은 다음과 같습니다.

$$E_1 = \frac{1}{6}(1+2+3+4+5+6) = \frac{7}{2}$$

주사위 두 개를 던졌을 때 나온 숫자의 합에 대한 기댓값은 주사위 1개를 던졌을 때의 기댓값을 더한 것과 같습니다.

$E_1 + E_1 = 7$

정답: 7

③

Y	1	2	3	4	5	6	8	9	10	12	15	16	18	20	24	25	30	36
$P(Y)$	$\frac{1}{36}$	$\frac{2}{36}$	$\frac{2}{36}$	$\frac{3}{36}$	$\frac{2}{36}$	$\frac{4}{36}$	$\frac{2}{36}$	$\frac{1}{36}$	$\frac{2}{36}$	$\frac{4}{36}$	$\frac{2}{36}$	$\frac{1}{36}$	$\frac{2}{36}$	$\frac{2}{36}$	$\frac{2}{36}$	$\frac{1}{36}$	$\frac{2}{36}$	$\frac{1}{36}$

④ 기댓값의 네 번째 공식인 'X와 Y가 서로 독립일 때 '$E(XY) = E(X) \cdot E(Y)$'를 적용합니다. 앞서 ②번 문제에서 주사위 1개를 던졌을 때 나올 수에 대한 기댓값을 구했으니 이를 활용합니다.

$$E_1 = \frac{1}{6}(1+2+3+4+5+6) = \frac{7}{2}$$

$$E_1^2 = E_1 \cdot E_1 = \frac{7}{2} \times \frac{7}{2} = \frac{49}{4}$$

정답: $\frac{49}{4}$

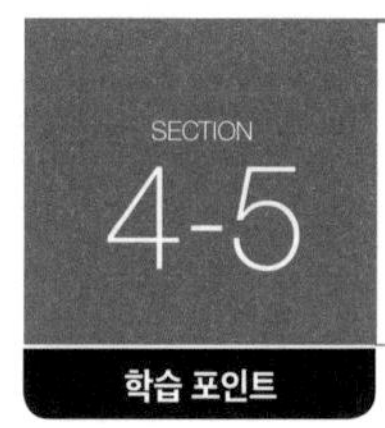

평균과 분산, 그리고 공분산

학습 포인트

- 평균과 기댓값이 같은 의미라는 것을 안다.
- 분산과 공분산의 계산 방법을 이해할 수 있다.

이제까지는 확률에 대해 배웠고 이번 절부터는 통계로 분류되는 내용을 배웁니다. 우선 예제를 풀어보면서 구체적인 내용을 살펴보겠습니다.

가상의 온라인 쇼핑몰 Mamazon.com의 매출 데이터를 분석해 봅시다. 고객의 구매 데이터가 표 4.5.1과 같을 때 다음 달인 7월의 매출을 추정하시오.

▼ 표 4.5.1 Mamazon.com 매출 데이터 - 2018년 상반기

고객명	1월	2월	3월	4월	5월	6월	소계
백소연	5,000원	5,000원	5,000원	5,000원	5,000원	5,000원	30,000원
이민준	10,000원	3,000원	1,000원	1,000원	15,000원	0원	30,000원
이용진	3,000원	7,000원	2,000원	8,000원	4,000원	6,000원	30,000원

이 데이터를 보고 우선 생각해볼 수 있는 것은 과거 6개월간의 매출을 근거로 이후 한 달 동안의 매출이 어느 정도 나올지 기댓값을 구해보는 것입니다. 지난 6개월간의 매출을 모두 더해보면 총 90,000원이 되는데, 이것을 한 달 기준으로 환산하면 15,000원입니다. 별다른 일 없이 이대로만 이어진다면 이후 한 달 동안에도 15,000원의 매출이 발생할 것이라 기대해볼 수도 있습니다. 이렇게 생각하는 방식이 우리가 흔히 알고 있는 평균에 대한 사고방식입니다.

이때, 말하는 평균은 수학적으로 확률에서 말하는 기댓값과 같은 의미입니다. '과거 6개

월간의 매출 평균이 다음 달의 예상 매출액이 된다'라고 하는 것을 확률의 관점에서 달리 표현하자면 '6개의 확률변수(각 달의 매출액)가 각각 같은 확률($\frac{1}{6}$)로 발생하므로 다음 한 달 동안의 매출에 대한 기댓값은 각 월의 매출에 $\frac{1}{6}$을 곱한 것을 모두 더한 합계와 같다'라고 하는 것과 같습니다.

정의

n개의 확률변수가 각각 x_1, x_2, ..., x_n이라는 값을 가질 때 평균값 $\bar{x}$는 다음과 같다.

$$\bar{x} = \sum_{k=1}^{n} \frac{1}{n} \cdot x_k = \frac{1}{n} \sum_{k=1}^{n} x_k$$

그런데 과연 앞의 방식대로 평균값만 구하면 다음 달의 매출을 올바르게 예상할 수 있는 것일까요? 과거 6개월간의 월 매출을 자세히 보면 적게는 8,000원부터 많게는 24,000원까지 다양한 값을 가지고 있습니다. 그리고 세 명의 고객으로부터 발생하는 매출은 각각 서로 다른 패턴으로 변화하는 것이 관찰됩니다. 그러다 보니 사실 다음 달 7월의 매출이 평균 매출과 같은 15,000원이 된다는 보장은 어디에도 없고, 평균값으로부터 얼마나 차이가 날지에 대해서도 전혀 알 수가 없습니다.

그래서 단순히 평균값을 구하는 방법 외에도 평균값과 데이터가 얼마나 차이가 나는지에 대해, 데이터의 흩어진 정도를 표현할 방법도 생각해볼 필요가 있습니다. 우선 평균값으로부터의 차이, 즉 편차偏差, deviation에 주목해 봅시다. 주어진 데이터에 의하면 각 고객으로부터 발생한 과거 6개월간의 매출액은 각각 30,000원씩으로, 평균 월 매출은 5,000원이 나옵니다. 편차는 각 월의 매출액에서 평균값을 빼면 구할 수 있습니다.

▼ **표 4.5.2** Mamazon.com 매출 데이터 – 2018년 상반기 (편차)

고객명	평균 매출	1월	2월	3월	4월	5월	6월	편차합계
백소연	5,000원	0원	0원	0원	0원	0원	0원	0원
이민준	5,000원	5,000원	−2,000원	−4,000원	−4,000원	10,000원	−5,000원	0원
이용진	5,000원	−2,000원	2,000원	−3,000원	3,000원	−1,000원	1,000원	0원

이처럼 편차의 관점에서 보면 매달 얼마만큼의 매출액이 고객별로 흩어져 있는지를 알 수 있습니다. 이때, 편차의 합계를 구해보면 0이 되어 버리는데, 이것은 편차가 애당초 평균값을 중심으로 계산되었기 때문에, (+) 방향으로 흩어진 매출의 차이와 (−) 방향으로 흩어진 매출의 차이가 상쇄되기 때문입니다. 그래서 단순히 편차를 구해서 합치는 것만으로는 매출의 흩어진 정도를 확인할 수 없습니다.

이때, 분산分散, variance이라는 개념이 필요합니다. 앞서 언급한 대로 편차는 (+) 방향과 (−) 방향의 양쪽에 모두 있기 때문에 합계를 구해보면 0이 되어 버립니다. 그래서 데이터가 흩어진 정보를 얻어내려면 편차의 (+)와 (−) 같은 부호를 없애줘야 하는데, 편차를 제곱한 다음 합계를 구하고, 이것을 다시 평균값으로 만든 것이 분산 σ^2입니다.[1] 다만, 분산을 이대로 사용하면 제곱한 값이기 때문에 단위를 표현하기가 애매해집니다. 가령 이 예에서는 이민준씨의 상반기 매출에 대한 분산이 $\sigma^2 = 31{,}000{,}000$원^{2}이 되어 버리는데, 본래의 단위 의미를 되찾기 위해 분산 σ^2의 제곱근인 σ를 사용할 수 있습니다. 이때, 이러한 σ를 표준편차標準偏差, standard deviation라고 합니다.

정의

n개의 확률변수가 각각 $x_1, x_2, \ldots, x_n$이라는 값을 가지고 평균값이 $\bar{x}$일 때 분산 σ^2은 다음과 같다.

$$\sigma^2 = \frac{1}{n}\sum_{k=1}^{n}(x_k - \bar{x})^2$$

그리고 표준편차 σ는 다음과 같다.

$$\sigma = \sqrt{\sigma^2} = \sqrt{\frac{1}{n}\sum_{k=1}^{n}(x_k - \bar{x})^2}$$

1 역자주: 정확하게 표현하자면 모집단의 분산인 모분산(population variance)입니다. 이에 반해 표본의 분산인 표본분산(sample variance)은 표기할 때 s^2을 사용합니다.

이 방법으로 Mamazon.com의 매출 데이터에 대한 분산과 표준편차를 계산한 것이 다음의 표 4.5.3입니다. 표준편차가 가장 큰 것은 이민준씨의 5,568원이고, 가장 작은 것은 백소연씨의 0원입니다. 백소연씨의 경우는 데이터가 전혀 흩어지지 않아 매월 매출에 대한 변화가 전혀 없다는 것을 알 수 있습니다.

▼ 표 4.5.3 Mamazon.com 매출 데이터 – 2018년 상반기 (분산, 표준편차)

고객명	평균 매출	분산 σ^2	표준편차 σ
백소연	5,000원	0 (원^2)	0원
이민준	5,000원	31,000,000(원^2)	5,568원
이용진	5,000원	4,666,667(원^2)	2,160원

이렇게 분산과 표준편차를 사용하면 데이터가 얼마나 흩어져 있는지, 얼마나 차이가 심한지를 알 수 있습니다. 기본적으로 평균과 분산, 표준편차는 데이터의 경향을 표현할 때 사용합니다.

참고로 표준편차 σ의 특성을 이용하면 '7월의 예상 매출이 정규분포를 따를 때 약 68%의 확률로 $5,000 \pm 1\sigma$가 된다'라고 추정할 수 있습니다. 그리고 이민준씨의 경우는 5월 한달 동안 15,000원이라는 큰 매출을 발생시켰지만, 사실 $5,000 + 1\sigma$원 = 10,568원을 넘어서는 매출이 일어날 확률은 약 16%에 불과했다는 것도 알 수 있습니다. 정규분포를 따를 때의 확률 수치가 왜 이렇게 나오는지에 대해서는 뒤에 나올 칼럼에서 자세히 설명하고 있으니 꼭 참고하기 바랍니다.

한편, Mamazon.com이 더 많은 고객을 수용할 수 있는 온라인 쇼핑몰이고, 지금까지 보아온 고객 세 명의 매출 정보는 더 많은 데이터 중의 극히 일부라고 할 때, 다음과 같은 질문을 할 수 있습니다. 과연 세 명의 고객 중에서 전체 매출의 월간 동향에 반응하며 트렌드에 민감한 구매 성향을 보이는 고객은 누구일까요?

▼ 표 4.5.4 Mamazon.com 매출 데이터 – 2018년 상반기 (월 매출)

고객명	1월	2월	3월	4월	5월	6월	소계
백소연	5,000원	5,000원	5,000원	5,000원	5,000원	5,000원	30,000원
이민준	10,000원	3,000원	1,000원	1,000원	15,000원	0원	30,000원
이용진	3,000원	7,000원	2,000원	8,000원	4,000원	6,000원	30,000원
⋮	⋮	⋮	⋮	⋮	⋮	⋮	⋮
월 매출	2천5백만 원	4천만 원	2천만 원	5천5백만 원	3천5백만 원	4천5백만 원	2억2천만 원

Mamazon.com 전체의 월 매출이 표 4.5.4과 같이 주어졌을 때, 세 명의 고객 각각이 월 매출과 어느 정도의 상관관계를 가지는지 조사하려면 **공분산**共分散, covariance이라는 개념이 필요합니다.

공식

두 가지 데이터에 대한 n조의 확률변수 $(X, Y) = \{(x_1, y_1), (x_2, y_2), \ldots, (x_n, y_n)\}$이 있다고 가정한다.

X의 평균이 μ_x이고 Y의 평균이 μ_y라고 할 때 공분산 $\mathrm{Cov}(X, Y)$는 다음과 같다.

$$\mathrm{Cov}(X,Y) = \frac{1}{n}\sum_{k=1}^{n}(x_k - \mu_x)(y_k - \mu_y)$$

이 공식을 사용하려면 우선 두 가지 데이터를 결정해야 하는데, 이 예에서는 이민준씨의 매출과 월 매출로 시험해 보겠습니다.

공식을 자세히 살펴보면 매월 두 가지의 데이터에 대하여, 각각의 편차를 구한 다음 서로 곱하고, 그리고 그것을 전체의 개월 수만큼 합한 다음에 다시 개월 수로 나누어 평균으로 만들고 있다는 것을 알 수 있습니다.

월 매출의 평균을 실제로 계산해 보면 2억2천만 원 ÷ 6개월 = 36.66백만 원, 즉 약 3천7백만 원이 나옵니다. 계산을 쉽게 하기 위해 월 매출을 백만 원 단위로 계산하여 공분산을 구하면 다음과 같습니다.

$$\begin{aligned}
&\text{Cov}(\text{이민준씨의 매출, 월 매출}) \\
&= \frac{1}{6}((10000-5000)\times(25-36.66\cdots) \\
&\quad +(3000-5000)\times(40-36.66\cdots)+\cdots) \\
&= -21667
\end{aligned}$$

수식 4.5.1

참고로 공분산을 계산할 때는 단위에 대해 신경쓸 필요가 없습니다. 애당초 서로 다른 두 데이터 간의 관계를 표현하는 지표이기 때문에 신장과 체중과 같이 서로 다른 단위를 사용하는 두 데이터라 하더라도 두 데이터의 공분산을 구할 수 있습니다.
같은 방식으로 백소연씨와 이용진씨의 매출로 월 매출과의 공분산을 구해보면 표 4.5.5와 같습니다.

▼ **표 4.5.5** Mamazon.com 매출 데이터 – 2018년 상반기 (분산, 표준편차, 공분산)

고객명	평균 매출	분산 σ^2	표준편차 σ	공분산
백소연	5,000원	0	0원	0
이민준	5,000원	31,000,000	5,568원	−21,667
이용진	5,000원	4,666,667	2,160원	24,167
평균 월 매출	약 3천7백만 원	138.89	약 1천2백만 원	-

공분산은 양수가 나오기도 하고 음수가 나오기도 합니다. 공분산이 양의 값을 가질 때, 두 가지 데이터는 양의 관계가 있다고 하고, 공분산이 음의 값을 가질 때, 두 가지 데이터는 음의 관계에 있다고 합니다. 여기서 양의 관계란 두 데이터 중 어느 한 쪽이 증가할 때 다른 한쪽도 증가하는 관계라는 의미이고, 음의 관계란 두 데이터 중 어느 한 쪽이 증가할 때 다른 한쪽은 감소하는 관계라는 의미입니다. 즉, 표 4.5.5에 따르면 이민준씨는 음의 관계인 경향을 띄고 있어서, 전체 매출이 오를 때 이민준씨의 구매액은 줄어듭니다. 반대로 이용진씨는 양의 관계인 경향을 띄고 있어서 전체 매출이 오를 때 이용진씨의 구매액도 따라서 늘어난다는 것을 알 수 있습니다.

다만, 공분산의 절댓값이 크다고 해서 양의 관계나 음의 관계의 강도가 더 세다고 말할 수는 없습니다. 양의 관계나 음의 관계의 강도는 다음 절에서 배울 상관계수로 비교할 수 있으며, 이 값은 표준편차와 공분산을 통해서 계산할 수 있습니다.

인공지능에서는 이렇게 활용한다

- 평균과 분산, 그리고 표준편차는 과거의 데이터로부터 어떤 특징이나 경향을 밝혀낼 수 있는 가장 기본적인 방법으로, 인공지능 모델을 만들기 전에 데이터의 특징을 파악할 때 사용합니다.

연습문제

4-5 영업부에서 영업 실적이 좋은 사원들의 특징을 알고 싶어 합니다. 영업 사원 네 명을 선발하고 다음과 같은 다섯 개의 지표를 뽑아보았습니다.

A. 적성 검사 결과에서 산출된 영업 직무적합도 (10점 만점)

B. 상사의 평가 점수 (10점 만점)

C. 월 평균 잔업시간

D. 근속연수

E. 계약 건수와 계약 단가 등에서 산출된 영업 실적점수 (높을수록 우수)

	A. 직무적합도	B. 상사평가	C. 잔업시간	D. 근속연수	E. 영업 실적점수
권성환	9.0	9.0	20	6	100
도경태	10.0	9.5	35	8	90
권민준	8.0	7.0	5	9	75
한익준	9.0	6.0	10	9	60

① 영업 실적점수와 나머지 네 개 지표 사이의 공분산을 각각 구하시오.

② 다음 중 바르게 설명한 것을 하나만 고르시오.

(가) 직무적합도와 영업 실적점수는 양의 관계이기 때문에 적성 검사 준비를 더 잘 하면 영업 실적점수도 올라갈 것이다.

(나) 상사평가와 잔업시간 중에서 영업 실적점수와의 공분산이 더 큰 것은 잔업시간이다. 영업 실적점수를 더 올리고 싶다면 잔업을 더 하면 된다.

(다) 직무적합도와 상사평가 중에서 영업 실적점수와의 공분산이 더 큰 것은 직무적합도이다. 그러므로 상사평가가 적성 검사보다도 실제 능력을 더 잘 반영하고 있다.

(라) 근속연수와 영업 실적점수는 음의 관계이나 현재 데이터만으로는 왜 그런지 알 수 없다.

풀이

① 공분산을 계산하기에 앞서 평균값부터 구합시다. 영업 실적점수를 p_i라 하고 근속연수를 q_i라 할 때, 영업 실적점수의 평균 μ_p와 근속연수의 평균 μ_q를 구하면 다음과 같습니다. (이때, i는 1에서 4)

$$\mu_p = \frac{1}{4}(100 + 90 + 75 + 60) = \frac{325}{4}$$

$$\mu_q = \frac{1}{4}(6 + 8 + 9 + 9) = 8$$

이제 이러한 평균값을 이용해서 $\mathrm{Cov}(P, Q)$를 구합니다.

$$\begin{aligned}\mathrm{Cov}(P,Q) &= \frac{1}{4}\sum_{i=1}^{4}(p_i - \mu_p)(q_i - \mu_q) \\ &= \frac{1}{4}\{(100 - \frac{325}{4})\cdot(6-8) + (90 - \frac{325}{4})\cdot(8-8) + \cdots\} \\ &= -\frac{65}{4}\end{aligned}$$

같은 방식으로 영업 실적점수와 직무적합도, 영업 실적점수와 상사평가, 영업 실적점수와 잔업시간에 대한 공분산을 구하면 다음과 같습니다.

정답: 직무적합도: $\frac{15}{4} = 3.75$ 상사평가: $\frac{645}{32} ≒ 20.16$

잔업시간: $\frac{875}{8} ≒ 109.38$ 근속연수: $-\frac{65}{4} = -16.25$

② **정답:** (라)

(가)는 뒷부분의 내용이 잘못되었습니다. 비록 양의 관계에 있다고 하더라도 적성 검사를 준비하는 것이 영업 실적점수를 올리는 데 직접적인 도움이 된다고 단정할 수는 없습니다. 공분산이나 뒤에 나올 상관계수로는 인과관계를 설명할 수 없습니다.

(나)는 공분산의 크기를 비교하는 데 사용하고 있는 것이 잘못되었습니다.

(다)는 공분산의 크기를 비교하는 데 사용하고 있으며, 심지어 대소 관계도 잘못되었습니다.

칼럼 표준편차와 표준 점수

표준편차 σ는 고등학교나 대학교에서 성적을 분석할 때 사용하는 표준 점수standard score[1]와 관련이 깊습니다. 시험 점수라는 것은 출제된 문제의 경향이나 수험자의 학습 수준과 같이 다양한 변수들로부터 영향받기 때문에 상황에 따라 점수에 대한 의미는 달라지기 마련입니다. 실제로 시험 점수 자체에 절대적인 의미를 부여하기가 곤란한 상황이 발생할 수 있는데, 예를 들어 100점 만점의 시험에서 수험자들 사이에 우열을 가려야 한다고 가정하겠습니다. 이때 평균 점수가 60점인 시험에서 80점을 받은 수험자와 평균 점수가 30점인 시험에서 60점을 받은 수험자가 있다면, 둘 중 누가 더 우수한 수험자일까요? 적어도 이때만큼은 시험 점수 자체가 좋은 평가 기준이 될 수 없습니다. 서로 다른 시험의 난이도나 서로 다른 수험자들이라 하더라도 서로 비교가 가능한 평가 지표가 필요하게 되는데, 이때 사용하는 것이 바로 표준 점수입니다.

1 역자주: '표준값', 'Z값(Z-value)', 'Z 점수(Z score)', '편차치(偏差値)'라고도 합니다. 19세기 중엽 벨기에 통계학자 케틀레(Adolphe Quetelet)의 연구 "인간과 능력개발에 관한 연구(A Treatise on Man and the Development of His Faculties, 1835)"에서 발전되어 각종 평가에서 개개인의 성적이 전체에서 어떤 위치를 차지하는지 가늠할 때 사용합니다. (출처: 위키백과 https://bit.ly/2wbp8df)

어떤 수험자의 평균 점수가 μ이고, 표준편차는 σ, 그리고 이번 시험 점수가 x_i라고 할 때 이 수험자의 표준 점수 X_i는 다음과 같이 구할 수 있습니다.

$$X_i = \frac{10(x_i - \mu)}{\sigma} + 50$$

이 식에 의하면 수험자가 받은 점수가 평균일 때 표준 점수는 50이 됩니다.

$$X_i = \frac{10 \cdot 0}{\sigma} + 50 = 50$$

그리고 편차가 $+\sigma$가 되면 표준 점수는 60이 되고, $+2\sigma$가 되면 표준 점수는 70이 됩니다.

$$X_i = \frac{10 \cdot \sigma}{\sigma} + 50 = 60, \ X_i = \frac{10 \cdot 2\sigma}{\sigma} + 50 = 20 + 50 = 70$$

표준 점수는 이렇게 편차 정보를 활용해서 점수를 환산하도록 만들어져 있습니다. 이제 표준 점수의 의미에 대해 조금 깊이 들어가 보겠습니다. 평균이 μ, 분산이 σ^2일 때 정규분포는 다음과 같은 식으로 표현됩니다.

$$f(x) = \frac{1}{\sqrt{2\pi\sigma^2}} \exp\left(-\frac{(x-\mu)^2}{2\sigma^2}\right)$$

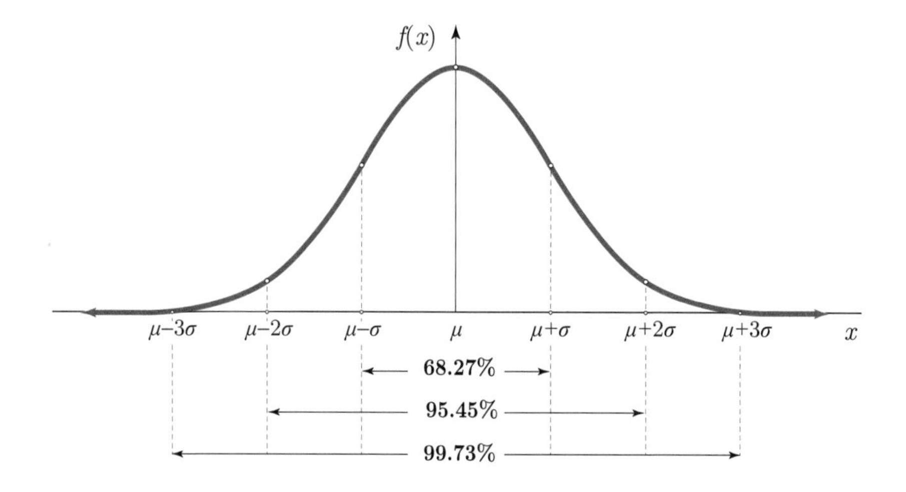

▲ 그림 4.5.1 정규분포 그래프

정규분포에서는 $\mu - 1\sigma$에서 $\mu + 1\sigma$ 사이의 구간에 모집단母集團, population의 약 68.27%가 모여 있고, $\mu - 2\sigma$에서 $\mu + 2\sigma$ 사이의 구간에 약 95.45%가, $\mu - 3\sigma$에서 $\mu + 3\sigma$ 사이의 구간에 약 99.73%가 모여 있습니다.

앞서 표준 점수가 60일 때를 생각하면 이는 편차가 $+\sigma$이므로 $\mu + 1\sigma$의 구간에 해당하며 전체 정규분포에서 오른쪽 그래프의 상위 부분만 계산하면 $\frac{100\% - 68.27\%}{2} = \frac{31.73\%}{2} = 15.865\%$가 나옵니다.

그래서 '표준 점수가 60'이라는 의미는 '수험자의 점수 분포가 정규분포에 가깝다고 가정할 때 전체 수험자들 중 상위 15.865%에 해당한다'라고 해석할 수 있습니다.

같은 방식으로 표준 점수가 70일 때의 의미($\mu + 2\sigma$), 표준 점수가 80일 때의 의미($\mu + 3\sigma$)도 알 수 있습니다. 이 계산 방법대로 라면 표준 점수 80이라는 의미가 전체 모집단 중에서 상위 0.135%에 해당하는 셈이니 이 표준 점수가 얼마나 받기 어려운 것인지 알 수 있습니다.

SECTION 4-6

상관계수

학습 포인트

- 표준편차와 공분산으로부터 상관계수를 구할 수 있다.
- 상관계수를 이용하면 관계의 강도를 비교할 수 있다.

앞 절에 이어서 Mamazon.com의 데이터를 다뤄보겠습니다. 이번에는 조금 새로운 과제가 주어졌군요.

예제

표 4.6.1에 표시된 Mamazon.com의 다양한 데이터를 참고하여 월 매출과 관련이 깊은 지표를 찾아내시오. (이때, 월 매출 데이터는 유효숫자 2자리로, 평균값은 유효숫자 3자리로 표현함)

▼ 표 4.6.1 Mamazon.com 운영 데이터 – 2018 상반기

데이터의 종류	1월	2월	3월	4월	5월	6월	평균
수입							
월 매출	2천5백만 원	4천만 원	2천만 원	5천5백만 원	3천5백만 원	4천5백만 원	3천6백7십만 원
지출							
상품구입비	2천만 원	1천5백만 원	3천만 원	1천만 원	1천5백만 원	1천5백만 원	1천7백5십만 원
광고비	2백만 원	1백만 원	4백만 원	3백만 원	2백만 원	2백만 원	2백3십3만 원
계측데이터							
PV(조회수)	180만	270만	160만	620만	320만	390만	323만
결제수	10,000	20,000	8,000	40,000	28,000	30,000	22,700
평균체류시간	69초	88초	68초	180초	120초	77초	100초

이번에는 Mamazon.com의 다양한 데이터를 참고하면서 어떤 데이터가 다른 어떤 데이터와 관련이 깊은지 상관관계를 찾아봅시다. 두 가지 데이터의 상관관계는 앞에서 살펴

본 대로 공분산을 구해보면 알 수 있습니다. 현재 주어진 모든 데이터에 대한 각종 조합을 모두 계산하기에는 지면의 제약이 있기 때문에, 여기서는 어림잡아 짐작 가는 데이터에 대해서만 선택적으로 계산해 보겠습니다. 우리가 짐작하기로 아마도 월 매출은 그달에 지출한 광고비나 그달의 상품 조회수를 뜻하는 PV page view와 관련이 있을 것 같습니다. 그래서 월 매출은 R, 광고비는 A, PV는 P라 두고, 공분산 $\mathrm{Cov}(R,\ A)$와 $\mathrm{Cov}(R,\ P)$를 계산해 봅시다.[1] 공분산을 계산할 때는 단위를 신경쓰지 않아도 되기 때문에 숫자에만 주목합시다. 표 4.6.2에 각 월에 대한 편차 정보를 써 두었으니 이 정보를 활용해서 공분산을 계산하면 됩니다.

▼ 표 4.6.2 Mamazon.com의 월 매출(R), 광고비(A), PV(P)의 편차 – 2018년 상반기

	1월 편차	2월 편차	3월 편차	4월 편차	5월 편차	6월 편차	표준편차
R	−11.7	3.3	−16.7	18.3	−1.7	8.3	11.8
A	−0.33	−1.33	1.67	0.67	−0.33	−0.33	0.943
P	−143	−53	−163	297	−3	67	154

$$\mathrm{Cov}(R, A) = \frac{1}{6}((-11.7)\times(-0.33) + 3.3\times(-1.33) + \cdots + 8.3\times(-0.33))$$
$$= -3.056 \quad \text{수식 4.6.1}$$

$$\mathrm{Cov}(R, P) = \frac{1}{6}((-11.7)\times(-143) + 3.3\times(-53) + \cdots + 8.3\times 67)$$
$$= 1703 \quad \text{수식 4.6.2}$$

1 역자주: 매출(revenue)의 R, 광고(advertisement)의 A, 조회수(page view)의 P를 사용하고 있습니다.

월 매출과 광고비는 음의 상관관계가, 월 매출과 PV는 양의 상관관계가 있다는 것을 알았습니다. 그렇다면 이 상관관계들은 얼마나 강한 관계일까요? 우선 공분산의 값만 보면 Cov(R, P)의 쪽이 큰데, 사실 계산 과정에서 P의 값 자체가 다른 데이터에 비해 월등히 크기 때문에 Cov(R, P)가 크게 나오는 것은 어쩌면 당연한 것일 수 있습니다. 또한, 단위만 보더라도 금액끼리 계산한 Cov(R, A)와 금액과 PV 사이에 계산한 Cov(R, P)를 단순 비교하는 것은 큰 의미가 없습니다. 그래서 도입하는 것이 **상관계수**相關係數, correlation coefficient 입니다.

정의

확률변수 X와 Y의 분산이 양수이고 각각의 표준편차가 σ_X, σ_Y, 공분산이 σ_{XY}라고 할 때의 상관계수는 다음과 같다. (이때, $-1 \leq \rho \leq 1$)

$$\rho = \frac{\sigma_{XY}}{\sigma_X \sigma_Y}$$

상관계수 ρ는 공분산을 각각의 표준편차로 나누어 단위를 없애버린 값으로, 단위가 없는 무차원수無次元數, dimensionless number입니다.[2] 또한, 상관계수를 계산할 때 공분산을 표준편차의 곱으로 나누게 되는데, 이 과정에서 ρ는 −1에서 +1의 사이의 값을 가지게 되고 이러한 조작을 **정규화**라고 부릅니다. 지금까지는 값이 제 각각이어서 비교할 방법이 없었던 공분산도 상관계수로 변환함에 따라 상관관계의 강약을 비교할 수 있게 되었습니다.
그러면 실제로 상관계수 ρ_{RA}와 ρ_{RP}를 계산해 봅시다.

$$\rho_{RA} = \frac{\mathrm{Cov}(R, A)}{\sigma_R \sigma_A} = \frac{-3.056}{11.8 \times 0.943} = -0.2746 \qquad \text{수식 4.6.3}$$

2 ρ는 'rho'라고 읽습니다.

$$\rho_{RP} = \frac{\mathrm{Cov}(R,P)}{\sigma_R \sigma_P} = \frac{1703}{11.8 \times 154} = 0.9372$$ 수식 4.6.4

상관계수는 +1에 가까울수록 양의 관계가 강하고, −1에 가까울수록 음의 관계가 강합니다. 그리고 상관관계가 0에 가까울수록 상관관계가 약하다고 보는데, 일반적으로 상관계수의 절댓값이 0.7보다 클 때 상관관계가 강하다고 말합니다.

실제로 ρ_{RA}와 ρ_{RP}가 계산된 결과를 보면 ρ_{RP}, 즉 월 매출과 PV의 상관계수가 ρ_{RA}보다 크게 나왔습니다. 결과적으로 월 매출은 PV와 양의 강한 관계에 있다는 것을 알 수 있습니다.

인공지능에서는 이렇게 활용한다

- 사람이 직관적으로 분석하기 어려울 만큼의 대량 데이터가 있다면, 컴퓨터로 하여금 무수히 많은 파라미터를 조합하고, 그들의 상관계수를 계산하면서, 상관관계가 강한 조합을 찾아내게 만들 수 있습니다. 이런 과정을 거치면 사람이 미처 발견하지 못했던 숨은 관계나 데이터의 특징을 찾을 수 있어 데이터를 보다 유용하게 활용할 수 있게 됩니다.

연습문제

4-6 앞서 살펴본 표 4.6.1 'Mamazon.com 운영 데이터 – 2018 상반기'의 데이터를 활용하여 다음 물음에 답하시오.

① 2018 상반기의 데이터에서 광고비 항목을 이번 달의 광고비가 아니라 지난 달의 광고비로 데이터를 변경하려 합니다. 이때의 월 매출과 전월 광고비의 상관계수를 구하시오. (단, 2017년 12월의 광고비는 1백만 원)

② 다음 중 바르게 설명한 것을 하나만 고르시오

(가) 광고비와 PV는 음의 상관관계이기 때문에 광고비를 늘리면 PV가 줄어들 수

있다.

(나) 전월의 광고비와 월 매출은 상관계수가 약 0.84인 양의 상관관계에 있기 때문에 광고비를 늘리면 다음 달의 매출이 늘어날 확률이 약 84%이다.

(다) 평균체류시간이 긴 달은 PV도 많아지는 경향이 있다.

(라) PV와 결제수, PV와 평균체류시간 중 상관관계의 강도가 센 쪽은 PV와 평균체류시간이다.

풀이

① 다음 표처럼 2017년 12월의 광고비 뒤로 1월 이후의 광고비를 한달씩 밀어쓴 다음 다시 계산하면 됩니다.

	1月	2月	3月	4月	5月	6月
해당 달의 광고비	2백만 원	1백만 원	4백만 원	3백만 원	2백만 원	2백만 원
이전 달의 광고비	1백만 원	↘	↘	↘	↘	↘

▼ 표 4.6.3 Mamazon.com 운영 데이터 – 2018 상반기

데이터의 종류	1월	2월	3월	4월	5월	6월	평균
지출 이전 달의 광고비	1백만 원	2백만 원	1백만 원	4백만 원	3백만 원	2백만 원	2백1십7만 원

▼ 표 4.6.4 Mamazon.com의 월 매출(R), 광고비(A)의 편차 – 2018년 상반기

	1월 편차	2월 편차	3월 편차	4월 편차	5월 편차	6월 편차	표준편차
R	−11.7	3.3	−16.7	18.3	−1.7	8.3	11.8
A	−1.17	−0.17	−1.17	1.83	0.83	−0.17	1.07

월 매출과 광고비 간의 상관계수를 구하면 다음과 같습니다.

$$\begin{aligned}\mathrm{Cov}(R, A) &= \frac{1}{6}((-11.7)\times(-1.17) + 3.3\times(-0.17) + \cdots + 8.3\times(-0.17)) \\ &= 10.56\end{aligned}$$

$$\rho_{RA} = \frac{\text{Cov}(R, A)}{\sigma_R \sigma_A} = \frac{10.56}{11.8 \times 1.07} = 0.836$$

정답: $\rho = \dfrac{10.56}{11.8 \times 1.07} = 0.836$

② **정답:** (다)

(가)는 음의 상관관계가 아니라 양의 상관관계입니다.

(나)에서 상관계수는 대소 비교가 가능한 −1에서 +1의 값을 가지며, 그 자체가 확률을 의미하진 않습니다.

(라)의 상관계수의 강도가 센 쪽은 PV와 결제수 쪽입니다.

PV와 결제수의 상관계수: 약 0.955

PV와 평균체류시긴의 상괸계수: 약 0.884

최대가능도추정

학습 포인트

- 최대가능도추정의 개념을 이해할 수 있다.

통상 우리가 알고 있기에는 동전을 던졌을 때 앞이 나올 확률은 $\frac{1}{2}$이고, 주사위를 던졌을 때 각면의 숫자가 나올 확률은 $\frac{1}{6}$입니다. 하지만 이 확률들은 논리적으로 그럴 것이라 상상한 값이고, 현실 세계의 동전이나 주사위가 실제로 이 확률의 지배를 받고 있는지에 대해서는 알 방법이 없습니다. 결국 우리는 어떤 사건의 확률을 알기 위해 몇 번이고 시행을 반복하면서, 그 과정에서 얻은 관측 결과를 통해 추정을 해보는 것 이외에는 확률을 구해볼 별다른 방법이 없습니다. 그래서 이번 절에서는 통계적인 추정 방법인 최대가능도추정最大可能度推定, maximum likelihood estimation에 대해 알아봅니다.

최대가능도추정은 다른 표현으로 최대우도추정最大尤度法推定이라고도 하는데, 이때의 '우尤'라는 글자의 뜻을 보면 '매우'이고, '그럴듯하다'라는 의미를 가지고 있습니다.

즉, 최대가능도추정이란 '가장 그럴듯하게 (값을) 추정'한다는 의미로, 영어로는 가능도를 'likelihood'라고 표현합니다. 'A star like a diamond'를 해석하면 '다이아몬드와 같은 별'이라고 할 때의 '~와 같은'의 'like'가 변형된 것입니다.

서론이 길었는데 본격적으로 이야기하자면, 최대가능도를 추정한다는 말은 곧, 파라미터 θ에 대한 가능도함수 $L(\theta)$를 최대화할 수 있는 θ값을 구하는 것을 의미합니다. 최댓값을 가지는 지점은 2.5절에서 살펴본 것처럼 1계 미분을 했을 때 $\frac{\mathrm{d}L(\theta)}{\mathrm{d}\theta}=0$이 되는 지점이고, 이때의 θ를 구하면 되는 셈입니다.

공식

최대가능도추정이란 어떤 파라미터 θ의 값을 추정하는 방법이며, θ에 대한 가능도함수 $L(\theta)$를 최대로 만드는 θ를 찾으면 된다. 따라서 이때의 θ에 대한 추정값은 다음 방정식을 만족한다.

$$\frac{\mathrm{d}L(\theta)}{\mathrm{d}\theta} = 0$$

예를 하나 들어봅시다. 주사위를 던졌을 때 숫자 1이 나올 확률은 $\frac{1}{6}$이라고 알고 있지만, 꼭 그렇다고 단언할 수는 없기 때문에 일단 그 확률을 θ라고 합시다. 주사위를 많이 던지다 보면 자연스럽게 확률을 알게 될 것이라 생각하며 100번을 던졌는데, 그중에서 숫자 1이 나온 것은 모두 20번이었습니다. 확률은 잘 모르지만 어쨌거나 '100번을 던졌을 때 1이 20번 나왔다'라는 관찰 결과가 나온 것으로부터 최대가능도추정은 시작됩니다. 100번 중에서 1이 20번이 나오는 경우의 수는 ${}_{100}C_{20}$이고, 이러한 관찰 결과가 발생할 확률을 가능도함수 $L(\theta)$라고 할 때, 다음과 같은 식이 성립합니다.

$$L(\theta) = {}_{100}C_{20} \cdot \theta^{20} \cdot (1-\theta)^{80}$$ 수식 4.7.1

이제 식을 구했으니 이 식을 미분해서 0이 나오는 θ를 구하면 됩니다. 그런데 그러자니 한 가지 골칫거리가 생겼습니다. 이 가능도함수를 자세히 보면 θ의 차수가 100차인 방정식이라 미분을 하려면 상당히 계산이 번잡해질 것 같습니다. 비단 이 문제뿐만 아니라 일반적인 이산확률분포의 식은 확률의 곱으로 표현되는 일이 많다 보니 미분 자체가 어려운 일이 비일비재합니다. 다행히 이런 어려움을 피하는 방법이 있는데, 다음 공식처럼 가능도함수에 자연로그를 붙여 주어 로그가능도함수 $\log_e L(\theta)$를 만들면 됩니다. 이렇게 로그가능도함수로 바뀐 식이라 할지라도, 이 식을 최대로 만드는 θ가 가능도함수 $L(\theta)$도 최대로 만들기 때문에 답을 구하는 데는 전혀 문제가 없습니다.

공식

가능도함수 $L(\theta)$를 최대로 하는 θ는 로그가능도함수 $\log_e L(\theta)$에 대해 다음 방정식을 만족한다.

$$\frac{\mathrm{d}}{\mathrm{d}\theta}\log_e L(\theta)=0$$

이쯤에서 왜 멀쩡한 식에 로그를 적용하는지 궁금할 수 있습니다. 다음 식을 보면 알 수 있듯이 로그를 사용하면 곱셈을 덧셈으로 바꿀 수 있기 때문에 고차 방정식을 단숨에 1차방정식으로 만들 수 있어 수식을 다루는 난이도를 낮추는 효과가 있습니다.[1]

$$\log_e L\left(\theta\right)=\log_e\left({}_{100}C_{20}\cdot\theta^{20}\cdot\left(1-\theta\right)^{80}\right)$$
$$=\log_e {}_{100}C_{20}+\underline{20\log_e\theta}+80\log_e\left(1-\theta\right) \quad \text{수식 4.7.2}$$

2.6절 참조

로그를 적용함으로써 100차 방정식이 1차 방정식으로 모양이 바뀌어 미분을 한결 더 쉽게 할 수 있게 되었습니다. 이제 이 식을 미분해 봅시다.

$$\frac{\mathrm{d}}{\mathrm{d}\theta}\log_e L\left(\theta\right)=0+\frac{20}{\theta}-\frac{80}{1-\theta}=0 \quad \text{수식 4.7.3}$$

2.6절 참조

이 부호가 음이 되는 이유는 연습문제를 참조

이 식을 풀면 $\theta=0.2$가 됩니다. 결국 '어떤 주사위를 던졌을 때 숫자 1이 나올 확률로 가장 그럴듯한 것은 0.2이다'라는 결론을 얻을 수 있었습니다.

한편, 정규분포와 같은 연속확률분포에서는 파라미터가 여러 개인 경우도 있습니다. 이런 경우에는 각각의 파라미터에 대해 편미분을 하면 됩니다.

1 역자주: 1.6절 로그함수의 공식 ③번 참고

공식

가능도함수 $L(\theta_1, \theta_2, ..., \theta_m)$을 최대로 하는 $\theta_1, \theta_2, ..., \theta_m$은 다음 방정식을 만족한다.

$$\frac{\partial}{\partial\theta_1}L(\theta_1,\theta_2,\cdots,\theta_m)=0$$
$$\frac{\partial}{\partial\theta_2}L(\theta_1,\theta_2,\cdots,\theta_m)=0$$
$$\cdots$$
$$\frac{\partial}{\partial\theta_m}L(\theta_1,\theta_2,\cdots,\theta_m)=0$$

이산확률분포와 연속확률분포, 둘 다 가능도함수로 사용할 수 있고, 파라미터가 여러 개라 하더라도 문제가 되진 않습니다. 오히려 실제로 문제가 되는 것은 '수집한 데이터(사건의 관찰 결과)를 확률분포가 얼마나 적절히 잘 표현하고 있는가'라는 점입니다. 보통 일반적인 경우라면 정규분포를 사용하겠지만, 추정하려는 사건을 잘 이해한 다음에 적용하려는 확률분포가 적절한지 고려할 필요가 있습니다.

인공지능에서는 이렇게 활용한다

- 최대가능도추정은 이미 확보한 데이터를 사용해서 미처 발견하지 못한 확률 모델의 파라미터를 추정할 때 사용하는 통계 기법입니다. 실제로 과거의 데이터로부터 미래를 예측할 때 이러한 방법을 많이 사용합니다.

연습문제

4-7 사격에서 300발을 쏘았습니다. 한 발 쏠 때마다 탄착점이 표적의 중심에 가까운 순으로 10점에서 0점까지의 점수가 주어집니다.

① 300발 중에서 10점은 20번 나왔습니다. 이때, 10점을 얻을 확률 θ의 최대가능도를 추

정하시오.

② 추가로 300발을 더 쏘았습니다. 10점이 나온 횟수는 600발 중에서 48번이었습니다. 이때, 10점을 얻을 확률 θ의 최대가능도를 추정하시오.

풀이

① 300발 중에서 20발이 10점이 나왔습니다. 10점을 얻을 확률을 θ_1이라고 할 때, 이 사건의 관찰 결과를 반영한 가능도함수 $L_1(\theta_1)$은 다음과 같습니다.

$$L_1\left(\theta_1\right) = {}_{300}C_{20} \cdot \theta_1^{20} \cdot \left(1-\theta_1\right)^{280}$$

300발 중에서 20발이 나올 경우의 수

이제 미분을 쉽게 하기 위해 로그가능도함수로 만듭니다.

$$\log_e L_1\left(\theta_1\right) = \log_e\left({}_{300}C_{20} \cdot \theta_1^{20} \cdot \left(1-\theta_1\right)^{280}\right)$$

이 식의 양변을 θ_1으로 미분합니다.

좌변: $\dfrac{\mathrm{d}}{\mathrm{d}\theta_1}\log_e L_1\left(\theta_1\right) = 0$

우변: $\dfrac{\mathrm{d}}{\mathrm{d}\theta_1}\left(\log_e\left({}_{300}C_{20}\right) + 20\log_e\theta_1 + 280\log_e\left(1-\theta_1\right)\right) = 0 + \dfrac{20}{\theta_1} - \dfrac{280}{1-\theta_1}$

'좌변 = 우변'으로 수식을 풀면 다음과 같습니다.

$$0 = 0 + \frac{20}{\theta_1} - \frac{280}{1-\theta_1}$$

$$\frac{280}{1-\theta_1} = \frac{20}{\theta_1}$$

$$280 \cdot \theta_1 = 20 \cdot \left(1-\theta_1\right)$$

$$300 \cdot \theta_1 = 20$$

$$\theta_1 = \frac{20}{300} = \frac{1}{15}$$

여기서 부호가 바뀌는 이유는 다음과 같은 합성함수를 미분을 했기 때문입니다. (2.6절 참조)

$\dfrac{\mathrm{d}f\left(\theta_1\right)}{\mathrm{d}\theta_1} = \dfrac{\mathrm{d}f\left(\theta_1\right)}{\mathrm{d}u} \cdot \dfrac{\mathrm{d}u}{\mathrm{d}\theta_1}$ 와 같이 표현할 수 있고

$f(\theta_1) = 280\log_e\left(1-\theta_1\right)$이고 $u = \left(1-\theta_1\right)$이라고 가정할 때

$$\frac{\mathrm{d}f\left(\theta_1\right)}{\mathrm{d}\theta_1} = \frac{\mathrm{d}280\log_e u}{\mathrm{d}u} \cdot \frac{\mathrm{d}(1-\theta_1)}{\mathrm{d}\theta_1}$$

$$= 280\frac{1}{u} \cdot (-1) = -280\frac{1}{u} = -\frac{280}{1-\theta_1}$$

정답: 10점을 얻을 확률 θ_1은 $\dfrac{1}{15}$로 추정됩니다.

② 600발 중에서 48발이 10점이 나왔습니다. 10점을 얻을 확률을 θ_2라고 할 때, 이 사건의 관찰 결과를 반영한 가능도함수 $L_2(\theta_2)$는 다음과 같습니다.

$$L_2(\theta_2) = {}_{600}C_{48} \cdot \theta_2^{48} \cdot (1-\theta_2)^{552}$$

이제 미분을 쉽게 하기 위해 로그가능도함수로 만듭니다.

$$\log_e L_2(\theta_2) = \log_e\left({}_{600}C_{48} \cdot \theta_2^{48} \cdot (1-\theta_2)^{552}\right)$$

이 식의 양변을 θ_2로 미분합니다.

좌변: $\dfrac{\mathrm{d}}{\mathrm{d}\theta_2}\log_e L_2(\theta_2) = 0$

우변: $\dfrac{\mathrm{d}}{\mathrm{d}\theta_2}\left(\log_e {}_{600}C_{48} + 48\log_e \theta_2 + 552\log_e(1-\theta_2)\right) = 0 + \dfrac{48}{\theta_2} - \dfrac{552}{1-\theta_2}$

'좌변 = 우변'으로 수식을 풀면 다음과 같습니다.

$$0 = 0 + \frac{48}{\theta_2} - \frac{552}{1-\theta_2}$$

$$\frac{552}{1-\theta_2} = \frac{48}{\theta_2}$$

$$552 \cdot \theta_2 = 48 \cdot \left(1-\theta_2\right)$$

$$600 \cdot \theta_2 = 48$$

$$\theta_2 = \frac{48}{600} = \frac{12}{150} = \frac{2}{25}$$

정답: 10점을 얻을 확률 θ_2는 $\dfrac{2}{25}$로 추정됩니다.

칼럼 수학적으로 정확한 최대가능도추정법 vs. 실용적이지만 의심스러운 베이즈 추정법

최대가능도추정법의 접근 방식은 '진정한 확률 모델은 존재하며 관찰된 데이터는 그러한 모델을 충실히 따르고 있다. 따라서 시행을 반복하면서 결과를 평균을 내다 보면 진정한 확률 모델이 보이기 시작할 것이다. 다만, 시행을 무한히 할 수는 없기 때문에 지금 당장 얻을 수 있는 데이터로부터 가장 그럴듯한 확률을 이끌어낼 수밖에 없다. 즉, 관찰되는 데이터를 믿을 수밖에 없다'와 같은 생각을 바탕으로 하고 있습니다. 그래서 관찰 결과가 어쩌다가 한쪽으로 치우치거나 부적절한 확률분포를 적용해 버리면 완전히 엉뚱한 추정 결과가 나오는 치명적인 약점이 있습니다.

반면 이러한 약점을 보완하기 위한 방법으로 베이즈 추정법이라는 것이 있는데, 이 방법은 지금까지의 관찰 결과(상상한 가설)를 근거로, '사전분포(확률)'를 가정합니다. 그런 후에 '관찰을 통해 얻은 데이터는 사전분포에 따라 얻어진 결과이므로, 그에 대한 조건부확률을 구하면 된다'라는 접근 방법으로 사후확률(조건부확률)을 구합니다.

시행 횟수를 늘려야만 신뢰할 수 있는 최대가능도추정법과 의심스러운 전제 조건을 도입해야 하는 베이즈 추정법, 둘 중 어느 것을 사용하더라도 결국 어디까지나 '추정'에 불과합니다. 통계에서는 그러한 한계를 명확히 인지한 상태에서 데이터를 다루려는 자세가 무엇보다 중요합니다.

...무엇보다 중요합니다.

인공지능 알고리즘에 응용하는 수학

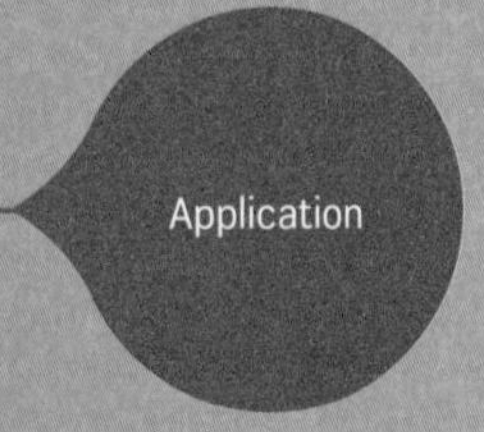

응용편 실습을 위한 소스 코드

이 책의 응용편(5, 6, 7장) 내용은 직접 실습해 보면서 확인할 수 있습니다.
다음의 소스 코드 저장소에서 내려받아 활용하기 바랍니다.

https://github.com/freelec/ai-math-book.git

5

선형회귀

지금까지 인공지능에 필요한 수학의 기본을 배웠다면, 이제부터는 인공지능에 실제로 사용되는 수학의 응용을 배울 차례입니다. 인공지능 알고리즘에 녹아있는 수학적 개념을 하나하나 살펴볼 텐데 우선은 인공지능 분야에서 가장 단순하면서도 이해하기 쉬운 '선형회귀 모델'을 다루어 봅시다. '선형회귀 모델'이란 직선이나 평면상에서의 수치 예측 모델을 의미하는데, 통계학에서는 '단순회귀분석單純回歸分析, simple regression analysis'이나 '다중회귀분석多衆回歸分析, multiple regression analysis'이라고 쓰여서 낯설지 않게 느낄 수도 있습니다. 이 장에서는 지금까지 배운 내용들을 복습하면서 '선형회귀 모델'의 알고리즘을 이해하는 것을 목표로 합니다.

SECTION 5-1

회귀 모델로 주택 가격 추정하기

학습 포인트

- 인공지능이 실제로 사용되는 예를 알아본다.
- 선형회귀 모델이 어떤 의미를 갖는지 이해할 수 있다.

이 장부터는 인공지능 알고리즘을 살펴보면서, 수학이 실제로 어떻게 응용되는지를 확인합니다. 이번 절에서는 내집 마련을 위해 집을 알아보는 상황을 예로 들어봅시다. 만약 여러분이 집을 장만해야 한다면 그 주택의 가격이 적절한지 어떻게 판단할 수 있을까요? 역세권인지, 방의 크기나 개수는 적당한지, 건물이 지은 지 얼마나 되었는지, 등 주택 가격을 결정하는 요소는 너무나 다양하고, 그 가격이 거품이 낀 것인지, 저평가된 것인지를 판단하는 일도 결코 쉬운 일은 아닙니다. 그래서 이제까지는 어떤 주택의 적정 가격을 알고 싶으면 주변 시세를 잘 아는 공인중개사의 도움을 받아야 했습니다. 하지만 인공지능 모델을 잘 활용하기만 하면 공인중개사의 경험이나 정보력에 의존하지 않고도 적정 가격을 산출할 수 있습니다.

그래서 이 장에서는 인공지능 알고리즘을 이용하여 주택 가격의 추정 모델을 구축해보겠습니다. 주택 가격을 추정할 때는 물건物件의 주소나 입지 조건, 건축 연수, 층수, 방의 배치 형태나 넓이와 같은 정보를 활용하면 될 것 같습니다. 이때, 우리가 추정하고 싶은 주택 가격을 목적변수目的變數, objective variable, 또는 종속변수從屬變數, dependent variable라고 하고, 추정하는 데 필요한 정보인 주소나 입지 조건, 건축 연수 등의 정보를 설명변수說明變數, explanatory variable 또는 독립변수獨立變數, independent variable라고 합니다.

인공지능 알고리즘에는 여러 가지가 있지만 이번에 다룰 것은 선형회귀線形回歸, linear regression 모델입니다. 선형회귀 모델을 풀어서 말하자면 직선상의(선형) 수치 예측(회귀) 모델이고, 여기서 우리가 하려는 것은 주택 가격을 추정하는 수치 예측이므로, 선형회귀 모델을 적용하는 것에 문제는 없습니다. 다음은 '선형線形'의 의미에 대해 생각해 봅시다. 예를 들어, 40평의 주택이 4억 원이라면, 다른 조건이 변하지 않는 한 80평의 주택은 8억 원일 겁니다. 이때의 주택 가격은 '평수 × 1천만 원'이라는 관계가 성립하는데, 이렇게 도형상의 직선을 닮은 관계성을 선형성線型性, linearity이라고 말합니다.[1]

한편, 인공지능 모델을 만들 때는 몇 가지 주의할 점이 있습니다. 모델을 만들 때는 여러 가지 다양한 매물의 정보(주소나 입지, 실제 거래 가격 등)를 수집하고 이러한 정보를 분석하여 만들어집니다. 그렇게 대량의 데이터로부터 만들어진 관계식과 주어진 데이터를 사용하여 추정 가격을 산출하게 되는데, 모델을 만들 때 어느 한쪽으로 치우친 데이터를 사용하게 되면 제대로 된 관계식을 얻을 수가 없습니다. 예를 들어, 수집한 주택 정보의 상당수가 비교적 지은 지 얼마 안 된 건물들이었다면, 건축 연수가 오래될수록 얼마나 가격이 떨어지는지에 대한 평가를 제대로 할 수 없습니다. 이렇게 인공지능에서 정확한 결과를 내기 위해서는 치우침, 즉 바이어스bias가 적은 데이터를 수집하는 것이 중요하다는 점을 꼭 유념해 두도록 합시다.

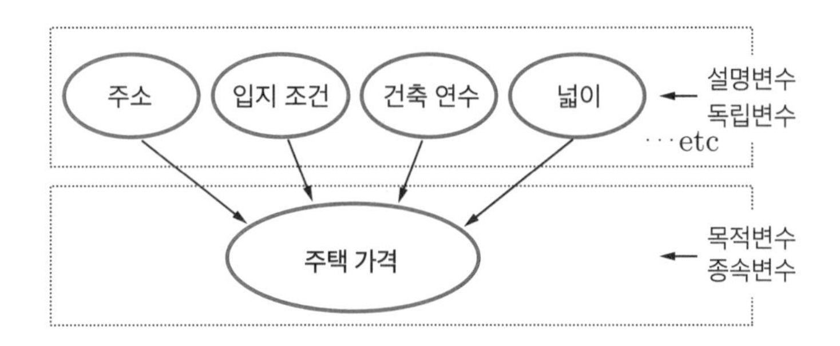

▲ 그림 5.1.1 주택 가격과 이를 설명하는 변수의 관계

1 모델식 $y = w_0 + w_1x + w_2x^2$은 그래프로 표현하면 직선이 아니라 곡선으로 그려집니다. 하지만 이 식도 선형회귀 문제로 정의하는데, 이유는 이 모델식으로 풀어야 할 것은 차수가 2인 x가 아니라 w_0이나 w_1, w_2와 같은 차수가 1인 가중치이기 때문입니다. w를 기준으로 본다면 1차식이기 때문에 선형성을 갖는 것이 맞습니다.

데이터 세트 'Boston Housing Dataset'

학습 포인트

- 학습에 활용할 데이터 세트의 내용을 이해할 수 있다.

앞 절에서 우리는 인공지능에 사용할 데이터는 치우침이 없어야 한다는 것을 배웠습니다. 그리고 3.7절의 '인공지능에서는 이렇게 활용한다'에서는 인공지능에서 모델을 만들 때는 학습 데이터와 테스트 데이터가 필요하며, 이것들을 데이터 세트라고 부른다는 것도 배웠습니다. 이 절에서 우리가 사용할 데이터 세트는 'Boston Housing Dataset'로 지역별 주택 가격의 중앙값과 해당 지역의 다양한 속성을 데이터로 정리한 것입니다. 이 데이터 세트는 머신러닝용 라이브러리[1] 'scikit-learn' 안에 포함되어 있어 scikit-learn으로 간단히 테스트해볼 수 있습니다. 모델을 만들기 전에 우선 이 데이터 세트의 내용부터 확인해 봅시다. 표 5.2.1과 같이 이 데이터 세트에는 14개의 칼럼이 있고 총 506행의 레코드로 구성되어 있습니다. 이러한 데이터 세트를 시각화해보면 그림 5.2.1과 같습니다.

14개의 칼럼 중 우리가 구하려는 목적변수(종속변수)는 마지막 칼럼인 MEDV(주택 가격의 중앙값)입니다. 그래서 나머지 칼럼의 정보들은 모두 설명변수(독립변수)가 됩니다.

1 라이브러리는 일종의 프로그램 코드의 덩어리로, 다른 프로그램에서 라이브러리 속에 구현된 코드를 호출해서 사용할 수 있게 만들어져 있습니다. scikit-learn은 파이썬(Python)이라는 프로그램 언어에서 사용할 수 있는 라이브러리입니다. 이번에 사용할 데이터 세트나 선형회귀 모델을 시작으로 다양한 데이터 세트와 인공지능 알고리즘들이 함께 제공됩니다. (http://scikit-learn.org/)

▼ 표 5.2.1 데이터 세트의 칼럼 정보

칼럼명	내용	단위
CRIM	인구 1명당 범죄 발생 수	횟수
ZN	25,000평방피트 이상의 주거 지역이 차지하는 비율	%
INDUS	소매업을 제외한 상업 지역이 차지하는 면적의 비율	%
CHAS	찰스강(江)에 의한 더미변수	강변 지역: 1, 그 외 지역: 0
NOX	NOx의 농도	%
RM	가구당 방 개수의 평균	개수
AGE	1940년 이전에 지어진 건물의 비율	%
DIS	보스턴시 5개의 고용 시설로부터의 거리	가중치 부여됨, 단위 불명
RAD	순환고속도로 접근성	1에서 24의 등간척도
TAX	$10,000당 부동산 세율의 총합	$
PTRATIO	교사 1명당 학생 수	사람 수
B	1,000×(흑인비율(%)−0.63)^{2}으로 계산되는 지표	단위 없음
LSTAT	저소득 업종에 종사하는 인구의 비율	%
MEDV	주택 가격의 중앙값	1,000달러 기준

칼럼 개수(14열)

레코드 개수(506행)

	CRIM	ZN	INDUS	CHAS	···	LSTAT	MEDV
0	0.00632	18.0	2.31	0.0	···	4.98	24.0
1	0.02731	0.0	7.07	0.0	···	9.14	21.6
⋮	⋮	⋮	⋮	⋮	⋮	···	⋮
505	0.04741	0.0	11.93	0.0	···	7.88	11.9

▲ 그림 5.2.1 데이터 세트의 개요

데이터 세트를 자세히 들여다 보면 CHAS라는 칼럼 설명에 '더미변수'라는 말이 있고 RAD라는 칼럼의 단위에는 '등간척도'라는 말이 있습니다. 이것들이 무엇을 의미하는지 알기 위해 일단 변수의 종류와 특징에 대해 짚고 넘어가겠습니다.

▼ 표 5.2.2 데이터의 종류와 의미

카테고리	척도	설명
질적 데이터	명목척도 (nominal scale)	분류나 구별을 하기 위한 척도를 말합니다. 더미변수라고 말하기도 합니다. (예: 남성: 0, 여성: 1)
	서열척도 (ordinal scale)	대소 관계만 의미가 있는 척도를 말합니다. (예: 나쁨: 0, 보통: 1, 좋음: 2)
양적 데이터	등간척도 (interval scale)	간격에 의미가 있는 변수를 가리킵니다. 덧셈, 뺄셈만 의미를 가지고 있습니다. (예: 서기西紀)
	비율척도 (ratio scale)	비례에도 의미가 있는 변수를 가리킵니다. 덧셈, 뺄셈, 곱셈, 나눗셈 전체에 의미를 가지고 있습니다. (예: 속도, 키, 체중)

표 5.2.2와 같이 변수는 크게 네 종류의 척도로 구분됩니다. 등간척도와 비율척도가 헛갈릴 수 있는데 차이는 곱셈이나 나눗셈이 의미가 있냐 없냐의 차이입니다. 예를 들어, 등간척도의 예로 든 서기 2018년은 서기 1009년의 2배라고 해도 큰 의미가 없지만, 비율척도의 예로 든 속도 40km/h는 속도 20km/h의 2배라고 하는 것이 의미가 있다는 점이 차이입니다.

이번에 사용할 데이터 세트에서는 CHAS가 '질적 데이터'이면서 '명목척도'가 되고, RAD는 '양적 데이터'이면서 '등간척도'가 됩니다. 그 외의 칼럼은 전부 '양적 데이터'이면서 '비율척도'입니다.

선형회귀 모델

학습 포인트

- 선형회귀 모델의 모델식을 이해할 수 있다.

이제 본격적으로 수식인 모델식으로 들어가 선형회귀 모델에 대해 배워봅시다. 회귀 모델이란 하나의 목적변수(종속변수)를 하나 이상의 설명변수(독립변수)로 기술한 관계식을 말합니다. w_0, w_1, ..., w_l을 계수(가중치)라 하고, x_1, x_2, ..., x_l을 설명변수라고 할 때 목적변수 y의 선형회귀 모델은 다음과 같이 기술할 수 있습니다.

정의

선형회귀 모델

$$y = w_0 + \sum_{k=1}^{l} w_k x_k$$

$$y = w_0 + w_1 x_1 + w_2 x_2 + w_3 x_3 + \cdots + w_l x_l$$

인공지능 알고리즘이 하는 일은 이 모델식에서 적절한 가중치 w_k가 무엇인지를 찾아서 결정하는 것입니다. 그러기 위해서는 이 모델식의 x와 y에 값을 넣으면서 w값을 찾아야 하는데, 이 예에서는 506개나 되는 레코드 정보[1]를 x_k와 y에 대입해야 합니다. 이 과정을 하나하나의 수식으로 기술하는 것은 사실상 어려운 일이기 때문에 다음과 같이 행렬을 이용해서 표현하는 것이 일반적입니다.

1 실제로 인공지능을 학습시킬 때에는 데이터 세트 전체의 레코드를 사용하지 않고 일부의 데이터를 검증용으로 남겨둡니다. 이러한 방법에 대해서는 5.6절에서 자세히 설명합니다.

정의

선형회귀 모델

$$\begin{bmatrix} y_1 \\ y_2 \\ \vdots \\ y_n \end{bmatrix} = \begin{bmatrix} 1 & x_{11} & x_{12} & \cdots & x_{1l} \\ 1 & x_{21} & x_{22} & \cdots & x_{2l} \\ \vdots & \vdots & \vdots & \cdots & \vdots \\ 1 & x_{n1} & x_{n2} & \cdots & x_{nl} \end{bmatrix} \begin{bmatrix} w_0 \\ w_1 \\ \vdots \\ w_l \end{bmatrix}$$

이번에 사용할 데이터 세트는 $n=506$이고, $l=13$입니다. 이때, 목적변수를 n차원의 열벡터 Y로, 설명변수와 w_0의 계수 1을 n행 $(l+1)$열의 행렬 X로, 가중치를 $l+1$차원의 열벡터 W로 두면 앞의 정의를 다음과 같이 간단히 표현할 수 있습니다.

정의

선형회귀 모델

$$Y = XW$$

결국 이러한 선형회귀 모델식에 가장 잘 들어맞는 열벡터 W를 찾는 것이 인공지능이 할 일입니다.[1] 그렇다면 이때 말하는 '가장 잘 들어맞는'의 의미는 무엇일까요? 이에 대한 내용은 다음 절에서 설명합니다.

1 역자주: 이러한 열벡터를 '가중치 벡터(weight vector)'라고도 합니다.

인공지능 엔지니어(데이터 사이언티스트)가 하는 일이란?

이 책을 읽고 있는 독자 중에는 앞으로 인공지능 엔지니어가 되어 보겠다고 생각하는 분이 분명 있을 것 같습니다. 그렇다면 실제로 인공지능 엔지니어가 되고 나면 과연 어떤 일을 하게 될까요? 우리는 이 장에서 scikit-learn이라는 라이브러리를 사용하여 비교적 짧은 시간에 학습 모델을 만들게 됩니다. 하지만 실제 상황에서는 우리가 사용하는 'Boston Housing Dataset'만큼 잘 정제되고 바로 쓸 수 있는 데이터를 얻는 것은 하늘의 별 따기만큼이나 어렵습니다. 그러다 보니 머신러닝 모델에 쓸 데이터 세트를 만들기 위해, 수집된 데이터를 가공하고 전처리를 해야만 하는데, 이 과정이 전체의 작업량 중에서 80% 이상을 차지하기도 합니다. 결국 인공지능 엔지니어가 되면 하는 일의 대부분이 데이터를 가공하는 작업일 수 있으며, 이때 데이터를 보다 잘 다룰 수 있는 프로그래밍 역량이 있다면 좀 더 효율적인 작업을 할 수 있을 것입니다.

최소제곱법으로 파라미터 도출하기

학습 포인트

- 최소제곱법의 계산 방법을 이해할 수 있다.

앞서 살펴본 것처럼 인공지능에서는 모델식에 가장 잘 들어맞는 가중치를 찾는 것이 중요한데, 이때 사용할 수 있는 근사법으로 최소제곱법最小自乘法, least squared method이라는 것이 있습니다. 최소제곱법에서는 데이터 세트와 같은 수치 데이터들을 1차함수와 같은 특정 함수를 사용하여 근사적으로 표현할 수 있다고 가정합니다. 이러한 함수가 수치 데이터들을 잘 표현하기 위해서는 수치 데이터값과 함수의 결괏값 사이에 오차가 최소가 되어야 하는데, 이 과정에서 오차를 제곱하여 모두 더한 값이 최소가 되는 가중치를 찾게 됩니다. 이렇게 최종적으로 오차가 가장 작게 나오는 가중치를 찾으면 이를 모델식의 계수係數로 사용합니다.

본격적으로 Boston Housing Dataset를 다루기 전에 간단한 예제를 살펴보면서 최소제곱법이 어떤 것인지 감을 잡아봅시다.

목적변수 y를 원룸 월 임대료, 설명변수 x를 역까지의 거리라고 할 때, 이 둘의 관계를 표 5.4.1로 정리하였습니다.(보증금 500만 원 기준)

▼ 표 5.4.1 지하철역까지의 거리와 월 임대료 사이의 관계

번호	x: 역까지의 거리(km)	y: 가격(십만 원)
1	0.5	8.7
2	0.8	7.5
3	1.1	7.1
4	1.5	6.8

원룸 월 임대료와 지하철역까지의 거리가 직선 $y = w_0 + w_1 x$인 관계에 있다고 할 때, 가장 잘 들어맞는 가중치 w_0과 w_1을 구하시오.

이 문제에서 말하는 '가장 잘 들어맞는다'라는 상황은 어떤 경우를 말하는 것일까요? 최소제곱법에서는 그림 5.4.1과 같은 상태를 가장 잘 들어맞는 상태라고 생각합니다.

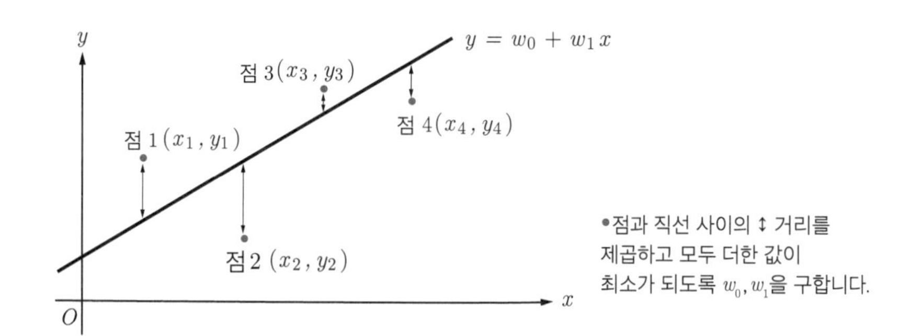

▲ 그림 5.4.1 최소제곱법의 개념

일단 실제 데이터값과 함수의 결괏값 사이의 거리를 모두 더한 값이 최소가 되도록 만들면 되는데, 그림 5.4.1의 거리를 모두 합한 D는 다음과 같이 구할 수 있습니다.

$$D = \sum_{l=1}^{4} \left| y_l - (w_0 + w_1 x_l) \right| \quad \text{수식 5.4.1}$$

단, 이 식에서는 거리를 구하기 위해 절댓값을 사용했는데, 절댓값이 포함된 수식은 미분할 때 다루기가 다소 번거롭습니다. 그래서 절댓값을 쓰는 대신에 거리의 제곱으로 바꿔 봅시다. 수식 표현은 달라지지만, 어차피 최솟값을 구하는 것이 목적이기 때문에 이 정도로 식에 변화를 주는 것은 큰 문제가 되지 않습니다.

$$D=\sum_{l=1}^{4}\{y_l-(w_0+w_1x_l)\}^2 \quad \text{수식 5.4.2[1]}$$

결국 이 식의 결괏값을 최소가 되게 하는 w_0과 w_1을 구하면 됩니다.

그럼 실제로 표 5.4.1의 데이터를 사용해서 D의 최솟값을 구해봅시다. 수식 5.4.2에 표 5.4.1의 값을 대입하면 다음과 같습니다.

$$\begin{aligned}D=&\{8.7-(w_0+0.5w_1)\}^2+\{7.5-(w_0+0.8w_1)\}^2\\&+\{7.1-(w_0+1.1w_1)\}^2+\{6.8-(w_0+1.5w_1)\}^2\end{aligned} \quad \text{수식 5.4.3}$$

이 식을 조금 더 풀어보면 다음과 같습니다.

$$D=4w_0^2+4.35w_1^2+7.8w_0w_1-60.2w_0-56.72w_1+228.59 \quad \text{수식 5.4.4}$$

이때 D가 최솟값을 가지려면 w_0과 w_1로 편미분했을 때 값이 0이 되어야 합니다. 따라서 다음과 같은 두 식을 만들 수 있습니다.

$$\frac{\partial D}{\partial w_0}=8w_0+7.8w_1-60.2=0$$
$$\frac{\partial D}{\partial w_1}=8.7w_1+7.8w_0-56.72=0$$

1 일반적으로 선형회귀를 사용한 식에서는 거리의 제곱을 합한 다음 전체에 $\frac{1}{2}$을 곱합니다. $\frac{1}{2}$을 곱하는 이유는 제곱한 식에서 x^2을 미분할 때 지수 2가 계수 $\frac{1}{2}$과 상쇄되어 미분한 이후의 계산식이 간단해지기 때문입니다. 결과적으로는 최솟값을 구하는 것이 목적이기 때문에 어떤 식을 쓰더라도 결과는 같습니다. 단, 이 예에서는 D의 최솟값을 구하는 방식을 먼저 이해할 수 있도록 미분 전의 식에서 $\frac{1}{2}$을 생략하고 있습니다.

두 개의 식이 나왔으니 이 연립방정식을 푸는 것은 그리 어렵지 않습니다. 실제로 계산을 해보면 $w_0 \fallingdotseq 9.2836$과 $w_1 \fallingdotseq -1.8037$이 나오고 결과적으로 모델식은 다음과 같이 정해집니다.

$$y = -1.8037x + 9.2836$$

이렇게 모델식의 결과와 실제 데이터의 오차가 최소가 되게 만들면서 모델식의 가중치(계수)를 찾는 과정이 최소제곱법입니다.

간단한 예를 통해 최소제곱법의 계산 방식을 이해했다면 이번에는 좀 더 일반화된 형태를 생각해 봅시다. 앞의 예에서는 간단한 예를 들기 위해 하나의 설명변수만 사용했지만, 일반적인 상황에서는 설명변수가 여러 개 있을 겁니다. 실제로 이 장에서 사용하는 Boston Housing Dataset도 설명변수가 13개입니다.

목적변수를 Y, 설명변수를 $X_1, X_2, \dots, X_l$, 그리고 모델식을 $f(X_1, X_2, \dots, X_l)$이라고 할 때, 최소제곱법을 적용하는 과정은 오차의 제곱합 D를 최소화하는 $f(X_1, X_2, \dots, X_l)$을 구하는 것입니다. n개의 데이터 세트에서 k번째의 데이터를 $(x_{k1}, x_{k2}, \dots, x_{kl}, y_k)$라고 한다면 오차의 제곱합은 다음과 같은 식으로 표현할 수 있습니다.

$$D = \sum_{k=1}^{n} \{y_k - f(x_{k1}, x_{k2}, \cdots, x_{kl})\}^2$$

그리고 모델식은 다음과 같이 쓸 수 있습니다.

$$f(x_{k1}, x_{k2}, \cdots, x_{kl}) = \sum_{m=1}^{l} w_m x_{km} + w_0$$

이것을 달리 표현하자면 변수 $w_0, w_1, \dots, w_l$의 값을 변화시키면서 함수 $D(w_0, w_1, \dots, w_l)$의 값을 구하되, 그 값이 최소가 되는 $w_0, w_1, \dots, w_l$의 조합을 찾는 것입니다.

여기에 2장에서 배운 편미분과 2차함수의 최댓값, 최솟값을 구하는 방법을 적용해 봅시다. 2차식의 최댓값과 최솟값을 구할 때는 해당 식의 변수로 미분한 다음, 식의 결과가 0이 되는 지점을 찾았습니다. 비슷한 방식으로 D에 대한 식을 편미분하고 그 결과가 0이 되는 식을 만들어 보면 다음과 같은 식들이 나옵니다.

$$\frac{\partial D}{\partial w_0} = 0,\ \frac{\partial D}{\partial w_1} = 0,\ \frac{\partial D}{\partial w_2} = 0, \cdots, \frac{\partial D}{\partial w_l} = 0$$

이렇게 해서 $l+1$개의 연립 1차방정식이 완성되었습니다. 구하고자 하는 변수와 연립방정식이 각각 $l+1$개가 있으므로 w_0, w_1, ..., w_l의 값을 구하는 것은 어렵지 않습니다. 선형회귀 모델에서는 최소제곱법을 사용해서 이런 방식으로 가중치(계수)의 값을 결정합니다.

이번에 사용하는 Boston Housing Dataset에는 w_0, w_1, ..., w_{13}이라는 총 14개의 변수가 있습니다. 이 말은 14개의 연립방정식을 풀어야 한다는 의미이기도 합니다. 사람이 직접 계산한다면 무척이나 힘들고 고달픈 작업이 되겠지만, 다행히 인공지능에서는 이런 작업을 컴퓨터가 대신 해줄 것입니다.

선형회귀 모델을 인공지능이라 말해도 되는가?

이번에 다룬 '선형회귀 모델'은 비교적 간단한 알고리즘입니다. 그러다 보니 '이게 정말로 인공지능인가?'라는 의문을 품는 독자도 있을 것 같습니다. 확실히 우리가 생각하는 일반적인 '인공지능'의 이미지는 스마트 스피커처럼 음성을 인식한다거나, 프로 바둑 기사와 대적하는 바둑 AI와 같이 인간이 생각하고 행동하는 수준의 고차원적인 기술의 총체를 연상하게 됩니다. 인공지능이 무엇인가라는 정의에는 다양한 관점이 있는데, 동경대학대학원의 마쓰오 유타카松尾豊 특임 준교수는 인공지능학회지에서 '인공적으로 만들어진 인간과 같은 지능, 또는 그런 지능을 만드는 기술'이라고 정의하고 있습니다. 이러한 정의의 관점에서 생각해 보면 분명 선형회귀는 인공지능이라 말하기엔 아직 무리가 있어 보입니다.

그러나 여기서 살펴본 선형회귀 모델은 이 책의 뒷부분에서 설명하는 딥러닝에 필요한 기술이고, 딥러닝은 음성 인식이나 자율 주행 기능을 구현할 때 필요한 기술이기도 합니다. 따라서 선형회귀에 대한 이해 없이 이러한 기술들을 이해하기는 어렵습니다. 현재 인공지능 분야에서 활용되는 수많은 최첨단 기술이 알고 보면 선형회귀 모델과 같은 기초 기술들의 축적인 만큼, 넓은 의미에서 선형회귀 모델도 인공지능의 한 부분으로 봐도 되지 않을까요?

SECTION 5-5

정규화로 과학습 줄이기

학습 포인트

- 과학습의 개념과 회피 방법을 이해할 수 있다.
- 정규화의 개념과 계산 방법을 이해할 수 있다.

앞 절에서 목적변수의 모델을 어떻게 도출해 나가는지를 배웠습니다. 모델을 만드는 과정을 간단히 요약하자면 수집된 데이터를 학습시키면서 그러한 데이터들의 관계를 수식으로 유도하는 과정이 되는데, 이때 주의할 점은 단순히 데이터의 양이 많다고 해서 반드시 좋은 관계식이 나오는 것은 아니라는 것입니다. 왜 그런지 알아보기 위해 간단한 예를 들어 봅시다. 학습 데이터로 다음과 같은 데이터가 있다고 합시다.

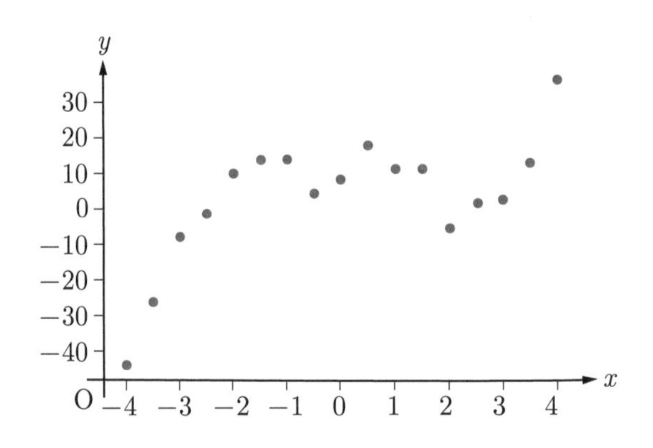

▲ 그림 5.5.1 샘플 데이터 세트

그리고 이들 데이터를 표현한 다음과 같은 두 그래프가 있다고 합시다.

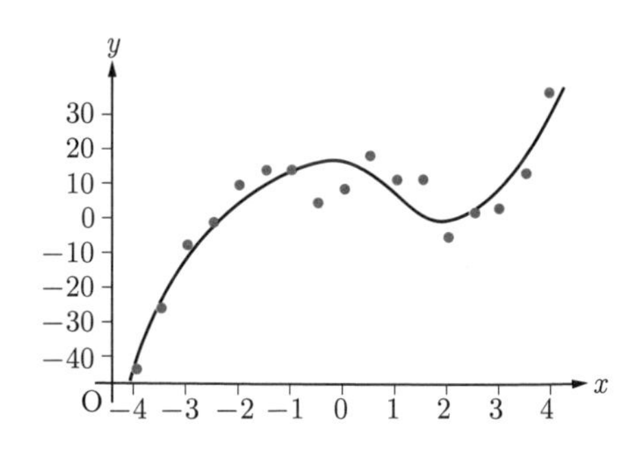

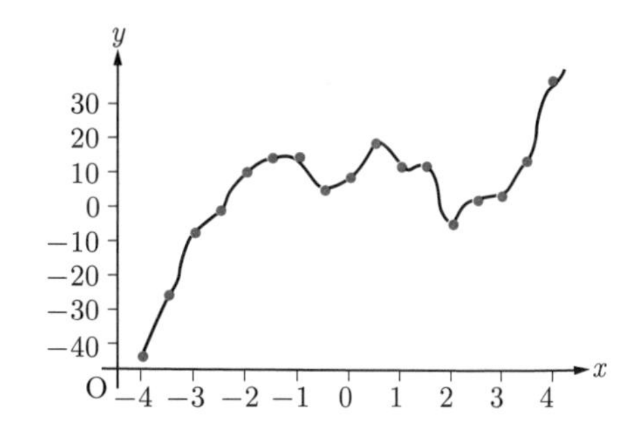

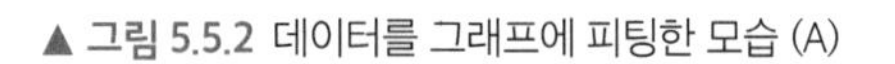
▲ 그림 5.5.2 데이터를 그래프에 피팅한 모습 (A)

▲ 그림 5.5.3 데이터를 그래프에 피팅한 모습 (B)

이때, 그림 5.5.2와 그림 5.5.3의 두 그래프 중에서 어떤 그래프가 데이터에 잘 들어맞는 그래프일까요? 그림 5.5.2는 모든 데이터가 딱 들어맞진 않지만 부드러운 형태로 무난하게 표현한 것 같고, 그림 5.5.3은 너무 극단적으로 데이터가 딱 들어맞아 거친 느낌이 드는 것 같습니다. 실제로 그림 5.5.1에 표시된 데이터 세트는 $f(x) = x^3 - x^2 - 6x + 1$이라는 수식에 약간의 노이즈를 더해 만든 것입니다. 이에 비해 그림 5.5.3의 그래프는 지나치게 복잡한 모양을 하고 있군요.

이렇게 주어진 데이터에 너무 정확히 들어맞아 지나치게 복잡하게 표현된 상태를 '과학습 overfitting[1]이 되었다'라고 말합니다. 반면 그림 5.5.2와 같이 약간의 노이즈는 허용하면서도 전체적인 데이터의 특성은 잘 반영하고 있는 식을 '**일반화 능력**generalization ability이 있다[2]'라고 말합니다. 당연히 인공지능 모델에서는 일반화 능력이 있는 모델을 만들어야 하고, 그러기 위해서는 과학습이 발생하지 않도록 잘 조절해 주어야 합니다.

선형회귀에서 과학습을 피하는 방법으로는 **정규화**正規化, regularization라고 하는 것이 있습니다. 이제부터 정규화에 대해 알아보겠습니다.

정규화는 모델이 복잡해질수록 일종의 페널티를 적용하는 방법으로 과학습을 억제합니

---

1 역자주: '과적합'이라고도 합니다.

2 역자주: 성능의 관점에서는 '일반화 성능이 좋다'라고도 합니다.

다. 좀 더구체적으로 말하자면 모델이 지나치게 복잡해지지 않도록 모델식 자체에 모델의 계수(가중치)가 작아지게 만드는 항을 추가하는 방법을 씁니다.

정규화를 할 때는 보통 $L1$ 정규화와 $L2$ 정규화를 사용합니다. 여기서 말하는 $L1$과 $L2$라는 말은 앞서 3.7절의 노름norm에서 보았던 개념과 같으며, 파라미터(가중치 함수)의 $L1$ 노름, $L2$ 노름을 의미하고 있습니다.

우선 선형회귀 모델을 $y = w_0 + \sum_{k=1}^{l} w_k x_k$ 라고 생각합시다. 그리고 정규화를 위해 추가할 항을 $\lambda E(w)$라고 합시다.[1]

$L1$ 정규화에서는 파라미터의 $L1$ 노름에 계수를 곱한 다음과 같은 항을 사용합니다.

$$\lambda E(w) = \lambda \sum_{k=1}^{l} \left| w_k \right|$$

그리고 이 항을 5.4절에서 보았던 최소제곱오차[2]를 구하는 식 $D = \sum_{k=1}^{n} \{y_k - f(x_{k1}, x_{k2}, \cdots, x_{kl})\}^2$에 추가합니다.

$$D = \sum_{k=1}^{n} \{y_k - f(x_{k1}, x_{k2}, \cdots, x_{kl})\}^2 + \lambda E(w)$$

이렇게 정규화 항이 추가된 함수 D를 최소화할 수 있는 가중치 W(선형회귀 모델에서 바

---

1 책에 따라 $\frac{\lambda}{2}$로 표기하는 경우가 있습니다. $\frac{1}{2}$이 붙는 이유는 $E(w)$가 제곱의 항들로 만들어질 때, 그 항을 미분하면 제곱의 지수 2가 계수인 $\frac{1}{2}$과 상쇄되어 미분 후의 수식 표현이 간단해지기 때문입니다. 사실 $\frac{1}{2}$이 있으나 없으나 이미 λ 자체가 임의의 상수이기 때문에 큰 의미는 없습니다. 이 장에서는 scikit-learn의 Ridge 회귀에서 정의한 내용을 따르고 있어서 $\frac{1}{2}$을 붙이지 않았습니다.

2 이 식과 같이 머신러닝에서 예측한 값과 실제 값 사이의 차이(오차)를 표현한 함수를 손실 함수(損失函數, loss function)라 부릅니다. 손실 함수는 궁극적으로 그 값이 최소가 되도록 만들어야 하는데, 여기서는 손실 함수의 역할로 최소제곱오차(거리의 제곱을 모두 더한 값을 최소화해야 함)를 사용하고 있습니다. 한편, 손실 함수를 문자로 표현할 때는 L(Loss)을 많이 사용하는데, 여기서는 $L1$ 정규화와 $L2$ 정규화를 이야기하면서 이미 L이라는 문자를 사용하고 있어서 헛갈리지 않도록 D(Distance)를 사용하였습니다.

이어스인 w_0[3]과 계수이자 가중치인 w_1, w_2, ..., w_l을 담고 있는 행렬)를 찾다 보면 W의 노름이 너무 커지지 않도록 억제가 되며, 그 말은 곧 모델이 너무 복잡해지지 않도록 억제한다는 말이기도 합니다. 이렇게 정규화된 선형회귀를 Lasso 회귀라고 합니다.

한편, $L2$ 정규화에서는 파라미터의 $L2$ 노름에 계수를 곱한 다음과 같은 항을 사용합니다.

$$\lambda E(w) = \lambda \sum_{k=1}^{l} w_k^2$$

그리고 $L1$ 정규화를 할 때와 같이 최소제곱오차를 구하는 식에 항을 추가합니다.

$$D = \sum_{k=1}^{n} \{y_k - f(x_{k1}, x_{k2}, \cdots, x_{kl})\}^2 + \lambda E(w)$$

이제 이 식을 최소화하면 됩니다. $L2$ 정규화에서는 $L1$ 정규화와 달리 절댓값을 사용하지 않기 때문에 상대적으로 미분이 쉬워집니다. 이렇게 정규화된 선형회귀를 Ridge 회귀라고 합니다. 이렇게 $L1$ 정규화와 $L2$ 정규화는 기존의 모델식에 조합해서 쓸 수 있고, 심지어 이 둘을 조합할 수도 있는데 그렇게 만들어진 회귀 모델을 Elastic Net이라고 합니다. 참고로 정규화에 사용된 λ는 상수인데 λ값을 크게 잡으면 전체를 최소화하기 위해 가중치 함수의 노름이 작아집니다. 즉, 정규화를 더 강화시키는 효과가 있습니다. 결국 λ를 조정하면 정규화의 강약을 조절할 수 있습니다. scikit-learn에서는 특별히 지정하지 않는 한, 기본적으로 $\lambda = 1.0$으로 계산합니다.

이런 과정을 통해 Boston Housing Dataset의 데이터를 Ridge 회귀한 결과는 표 5.5.1과 같습니다.

3 역자주: 7장에서는 바이어스 w_0이 b라는 문자로 표현됩니다.

▼ 표 5.5.1 데이터 세트의 칼럼 정보와 가중치

칼럼명	내용	단위	가중치
CRIM	인구 1명당 범죄 발생 수	횟수	-1.036e-01
ZN	25,000평방피트 이상의 주거 지역이 차지하는 비율	%	4.741e-02
INDUS	소매업을 제외한 상업 지역이 차지하는 면적의 비율	%	-8.547e-03
CHAS	찰스강[ᄑ]에 의한 더미변수	강변 지역: 1 그 외 지역: 0	2.554e+00
NOX	NOx의 농도	%	-1.079e+01
RM	가구당 방의 개수 평균	개수	3.849e+00
AGE	1940년 이전에 지어진 건물의 비율	%	-5.368e-03
DIS	보스턴시 5개의 고용 시설로부터의 거리	가중치 부여됨 단위 불명	-1.373e+00
RAD	순환고속도로 접근성	1에서 24의 등간척도	2.896e-01
TAX	$10,000당 부동산 세율의 총합	$	-1.291e-02
PTRATIO	교사 1명당 학생 수	사람 수	-8.766e-01
B	1,000×(흑인비율(%)-0.63)2으로 계산되는 지표	단위 없음	9.754e-03
LSTAT	저소득 업종에 종사하는 인구의 비율	%	-5.341e-01
MEDV	주택 가격의 중앙값	1,000달러 기준	-
바이어스			31.62

여기서 $e-01$이나 $e-02$와 같은 표현은 10^{-1}이나 10^{-2}을 의미합니다. 그래서 CRIM을 예로 들면 가중치는 -0.1036이라고 생각하면 됩니다. 결국 최종적으로 이러한 계산 결과를 종합해서 하나의 식으로 표현하면 다음과 같습니다.

$$\begin{aligned}\mathrm{MEDV} &= -0.1036\times \mathrm{CRIM} + 0.04741\times \mathrm{ZN} - 0.008547\times \mathrm{INDUS}\\ &+2.554\times \mathrm{CHAS} - 10.79\times \mathrm{NOX} + 3.849\times \mathrm{RM} - 0.005368\times \mathrm{AGE}\\ &-1.373\times \mathrm{DIS} + 0.2896\times \mathrm{RAD} - 0.01291\times \mathrm{TAX} - 0.8766\times \mathrm{PTRATIO}\\ &+0.009754\times \mathrm{B} - 0.5341\times \mathrm{LSTAT} + 31.62\end{aligned}$$

이렇게 모델이 완성되었습니다. 그러면 실제로 이 모델의 정밀도는 어떻게 확인할까요? 모델을 평가하는 방법에 관해서는 다음 절에서 살펴보도록 하겠습니다.

완성된 모델 평가하기

학습 포인트

- 완성된 모델의 평가 방법을 이해할 수 있다.

앞 절에서는 모델식이 어떻게 만들어지는지에 대해 배웠습니다. 이번 절에서는 만들어진 모델식이 어떠한지 평가하는 방법에 대해 알아보겠습니다.

머신러닝에서는 보통 하나의 데이터 세트를 학습용 데이터와 테스트용 데이터로 나눈 다음, 학습 데이터로 학습된 모델을 테스트 데이터로 검증하면서 만들어진 모델이 더 나은 성능을 발휘하도록 조정합니다. 이렇게 조정하는 과정을 튜닝tuning이라고 합니다.

모델을 검증하기 위한 데이터 세트를 만드는 방법으로는 하나의 데이터 세트를 학습용 데이터와 테스트용 데이터, 두 가지로 나누는 방법과 데이터 세트를 k개로 분할한 다음, k번에 걸쳐 학습 데이터와 테스트 데이터의 조합을 바꿔쓰는 방법이 있습니다. 앞의 방법으로 검증하는 것을 홀드아웃 교차 검증법holdout cross validation, 뒤의 방법을 k-분할 교차 검증법k-fold cross validation이라고 합니다.

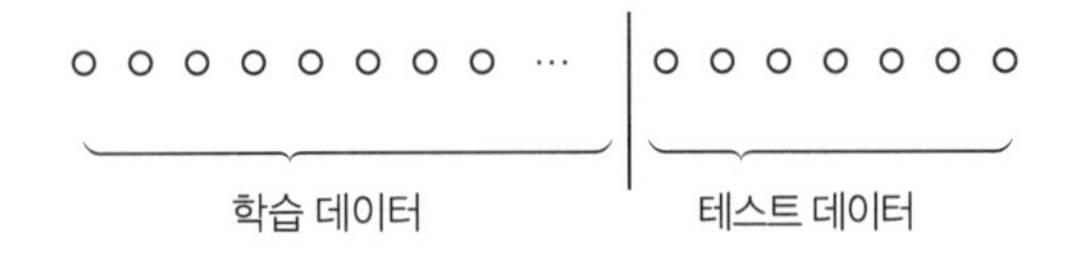

▲ 그림 5.6.1 홀드아웃 교차 검증법의 데이터 형태

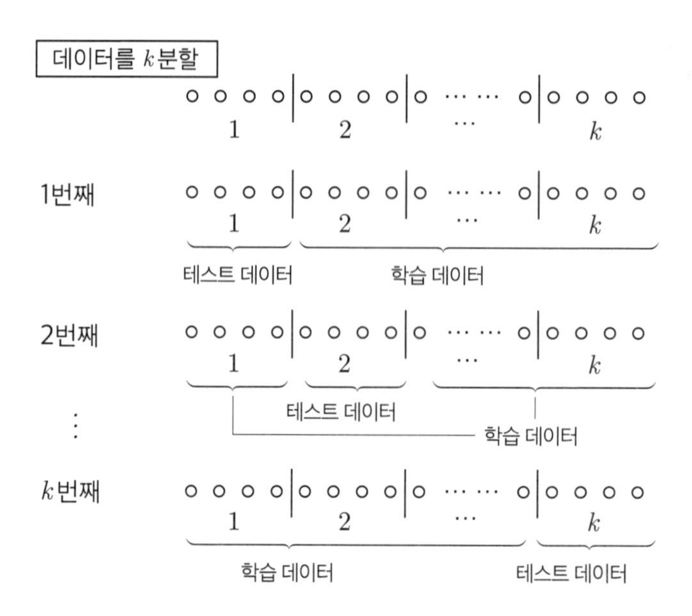

▲ 그림 5.6.2 k-분할 교차 검증법의 데이터 형태

이 절에서는 앞서 만든 모델을 검증하기 위해 Boston Housing Dataset를 홀드아웃법으로 나눕니다. 데이터를 분할하는 비율은 학습용을 75%로, 테스트용을 25%로 합니다.

모델의 성능은 시각화를 통해 눈으로도 확인할 수 있는데 잔차殘差, residual를 그래프에 표시하면 됩니다. 여기서 잔차란 추정된 회귀식과 실제 데이터 사이의 차이를 말합니다.

회귀식을 $y = w_0 + \sum_{k=1}^{l} w_k x_k$ 라 하고 i번째의 잔차를 e_i라고 할 때 잔차를 구하는 식은 다음과 같이 표현할 수 있습니다.

$$e_i = y_i - (w_0 + \sum_{k=1}^{l} w_k x_{ki})$$

이 잔차를 실제로 그래프에 그렸을 때, 치우침은 없는지, 균일하게 분포하고 있는지를 확인해 봅시다. 그림 5.6.3은 Boston Housing Dataset의 잔차를 그래프로 그린 것입니다.

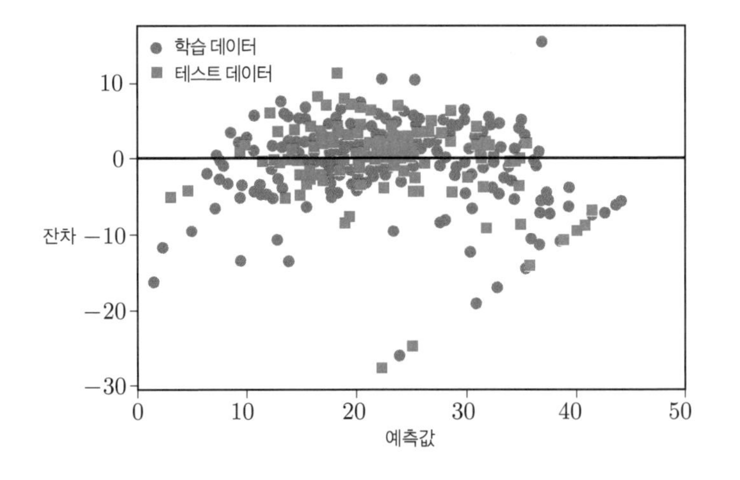

▲ 그림 5.6.3 잔차의 그래프

기본적으로는 잔차가 0인 지점을 중심으로 균일하게 분포된 모양이라 큰 무리는 없어 보입니다. 다만, 오른쪽 하단에 1차식으로 보이는 직선 형태의 관계성이 보이는데, 지금의 선형회귀로는 이 모델을 충분히 표현하지 못했다는 것을 짐작할 수 있습니다.

잔차를 그래프로 표현했을 때 큰 문제가 없다고 판단했다면 다음은 모델의 성능을 평가할 수 있는 평균제곱오차mean squared error나 결정계수(R^2)와 같은 지표를 살펴봅니다. n개의 데이터가 있을 때 평균제곱오차와 결정계수는 다음과 같은 식으로 구할 수 있습니다.

공식

MSE

$$\mathrm{MSE} = \frac{1}{n}\sum_{i=1}^{n}\left(y_{\text{실측값}i} - y_{\text{예측값}i}\right)^2$$

***R*²**

$$R^2 = 1 - \frac{\mathrm{MSE}}{\frac{1}{n}\sum_{i=1}^{n}\left(y_{\text{실측값}i} - \overline{y_{\text{실측값}}}\right)^2} \quad \left(0 \le R^2 \le 1\right)$$

MSE는 잔차의 제곱을 모두 더한 다음 평균을 구한 것입니다. 그래서 MSE는 작으면 작을수록 모델이 잘 들어맞는다는 것을 의미합니다. 한편, R^2의 분모에 있는 $\frac{1}{n}\sum_{i=1}^{n}\left(y_{실측값i}-\overline{y_{실측값}}\right)^2$은 y의 분산[1]으로, 여기서 $\overline{y_{실측값}}$은 $y_{실측값i}$의 평균을 의미합니다. R^2은 0 이상 1 이하의 작은 계수인데, 예측 모델이 몇 할 정도 잘 설명하는지를 나타내는 지표입니다. 그래서 이 지표가 1에 가까우면 가까울수록 잘 들어맞는 모델이라고 생각할 수 있습니다.

그러면 Boston Housing Dataset의 MSE와 R^2을 살펴봅시다.

▼ 표 5.6.1 모델의 평가

	학습 데이터	테스트 데이터
MSE	20.636	27.987
R^2	0.741	0.716

테스트 데이터의 R^2을 살펴보면 0.716이니 정밀도가 그리 나쁜 편은 아니라고 말할 수 있습니다. 이 의미는 실제 주택 가격의 70% 이상은 지금 세운 모델로 설명할 수 있다는 의미이기도 합니다. 한편, 학습 데이터의 R^2은 0.741인데 테스트 데이터의 R^2과 비교해서 큰 차이가 없습니다. 이 의미는 과학습이 심하게 일어나지 않고 안정적이라고 생각할 수 있습니다.

우리는 이제까지 기본적인 선형회귀 방법을 수학 이론을 중심으로 살펴보았습니다. 만약 인공지능을 사용하는 실제 현장이라면, 여기에서 끝나지 않고 계속해서 파라미터를 조정하거나 다른 모델을 시험해 보면서, 정밀도를 높이기 위해 튜닝을 계속하게 됩니다.

이렇게 해서 하나의 인공지능 알고리즘에 대해 모델을 만들고 평가하는 과정까지 살펴보았습니다. 다음 장에서는 또 다른 인공지능 알고리즘을 다룰 것입니다. 진행 방법은 크게

1 분산에 대해서는 4.5절을 참고하세요.

다르지 않지만 적용할 수학 이론이 더욱 풍부해지니 잘 생각이 나지 않으면 앞의 내용을 참고하면서 천천히 읽어나가기 바랍니다.

칼럼 통계 vs. 머신러닝

통계와 머신러닝은 둘 다 데이터를 다루는 학문이고 분석하는 방법도 비슷합니다. 예를 들어, 이장에서 배운 선형회귀는 통계 분야에서 '다중회귀분석多重回歸分析'이나 '단순회귀분석單純回歸分析'이라는 이름으로 사용되는데, 분석하는 내용도 비슷하고 상당 부분의 내용이 겹치기도 합니다.

다만, 통계와 머신러닝은 그 학문이 지향하는 목적 면에서 큰 차이를 보이는데, 통계는 기존 데이터에 대한 '설명'에 무게 중심이 있고, 머신러닝은 기존 데이터를 통한 '예측'에 무게 중심이 쏠려 있습니다. 그래서 통계에서는 '검증'에 더 충실해야 하고, 수집된 데이터를 바탕으로 발생한 현상에 대해 더욱 정확하게 설명하는 것을 목표로 합니다. 반면 머신러닝에서는 '예측'이 더 중요하므로 수집된 데이터를 분할한 뒤, 일부로는 모델을 만들고 일부로는 검증을 하면서 더욱 정밀한 예측을 가능하게 만드는 것을 목표로 합니다.

6

자연어 처리

이 장에서는 자연어 처리natural language processing에 필요한 기본 지식을 익힌 후, 인문과 경제, 그리고 과학을 주제로 한 문서를 분석하면서 자연어 처리의 원리에 대해 알아보겠습니다. 자연어란 우리가 평소 사용하는 언어인데 굳이 '자연'이라는 수식어를 붙이는 이유는 프로그래밍 언어와 같이 인공적으로 만들어진 언어와 구분하기 위해서입니다.

사람은 선천적으로 타고난 언어 능력 덕분에 자연어 처리를 무의식중에 할 수 있지만, 인공지능은 그러지 못합니다. 인공지능이 자연어를 이해하기 위해서는 우선 자연어를 수학적으로 표현할 수 있어야 하고, 이러한 정보를 인공적인 언어로 처리한 후에야 비로소 인공지능이 자연어 처리 능력을 갖추었다고 말할 수 있습니다.

최근에는 음성 인식 기술이나 외국어의 번역 기술이 우리에게 친숙한 일상 속의 기술이 되었습니다. 특히, 이메일의 자동 분류 기능이나 스팸 처리 기능, 뉴스 기사의 자동 분류, SNS의 추천 광고나 챗봇 등은 자연어 처리의 대표적인 예입니다. 이 장에서는 이러한 기술의 기초가 되는 자연어를 수학적으로 표현하는 방법과 이를 처리하는 원리를 알아보겠습니다.

SECTION 6-1

자연어 처리로 문서의 카테고리 알아맞히기

이 장의 주제는 어떤 주어진 문장을 읽은 다음, 그 문장이 어떤 카테고리에 속하는 글인지를 판단하는 인공지능 카테고리 판별기를 개발하는 것입니다. 분류할 카테고리는 비교적 내용 면에서 구분하기 쉬운 인문과 경제, 그리고 과학의 세 가지로 제한합니다. 실제로 어떤 글들이 이들 세 카테고리에 속하는지 확인하기 위해 학습 데이터의 일부를 인용합니다. 참고로 이 학습 데이터는 프리렉 출판사가 출간한 책 중의 일부 내용으로, 학습 데이터로 공개하기 위해 사전 동의를 받은 내용들입니다.

인문 카테고리 샘플

우선 현대 사회를 진단하는 것부터 출발해 봅시다. 프롬이 보기에 현대 사회가 흔들리는 가장 큰 원인은 '분리불안'을 오해하는 데 있어요. 인간은 원천적으로 홀로 존재합니다. 세계에 던져진 외로운 존재이기에 불안하죠. 키에르케고르도 인간의 불안은 극복할 문제가 아니라 슬기롭게 대처해야 할 문제로 보았어요. 불안으로 배움이 생길 수 있다고 진단했죠. 떨어져 있으니 합일의 진정성에 허기를 느끼게 되고, 그 허기를 채우기 위해 우리는 삶의 문제를 고민하게 되는 거예요.

철학 듣는 밤 1 (2016) 김준산, 김형섭

경제 카테고리 샘플

우리는 사업과 과학기술 영역의 변천을 분석하고 기록해 온 지난 백여 년간의 축적된 경험을 바탕으로 현 시대가 모든 산업 분야에서 직업의 본성과 경쟁의 기초가 바뀌는 새로운 경제로 이행하고 있음을 확신한다. 이 새로운 경제에서 우리는 가능성의 범위가 확장되고, 행동만 하던 기계에서 배우고 생각할 수 있는 것처럼 보이는 기계로 이행하는 과정을 목격하게 될 것이다.

기계가 모든 것을 다하게 될 때 무엇을 할 것인가? (2017) 말콤 프랭크, 폴 로릭, 벤 브링

과학 카테고리 샘플

물질을 연구하기 시작했을 때, 과학자는 물질 자체의 자연 상태가 복잡하다는 문제를 먼저 해결해야 했습니다. 물질은 대부분 다른 물질과 섞여 있으니까요. (아마 가장 유명한 순수한 물질은 금일 거예요. 금은 '귀금속'이라고 부르는데, 다른 물질과 거의 반응하지 않고 자연에서 순수한 상태로 발견할 수 있거든요.) 바닷물 같은 용액은 특히나 흥미로운 혼합물입니다. 고르게 섞여 있는 균일 혼합물이라는 점이 놀랍죠. 바닷물이 담긴 통에서 바닷물 한 컵을 위, 아래 어느 쪽에서 떠내든 그 안에 든 소금의 양은 항상 일정하거든요. 또 하나 용액의 놀라운 특징은 저절로 균일하게 섞인다는 점입니다. 저어줄 필요도 없지요.

맛있는 과학 실험 (2017) 비키 콥

각각의 글에는 해당 카테고리의 특징이 있습니다. 사람은 그 글을 읽는 과정에서 해당 카테고리와 관련 있는 단어나 독특한 표현 등을 무의식중에 느낄 수 있습니다. 단순히 '글을 읽는다'라는 행위에 불과하지만, 그 안에서는 단어를 식별하고, 문장의 구조를 파악하며, 그 속에 담긴 의미를 이해한 다음, 심지어는 그 글을 읽으면서 연상되는 여러 가지 정보들을 생각하는 다양한 일들이 벌어집니다. 사람이 글을 읽을 때 벌어지는 이런 일련의 프로세스를 인공지능으로 구현하려는 것이 이번 장의 목표입니다.

이 장에서는 세 가지 카테고리의 도서 내용 중 일부 내용을 발췌하여 학습 데이터를 만들고, 문장의 특징을 추출하고 학습하는 '카테고리 판별기'를 만듭니다. 그리고 학습에 사용되지 않은 같은 카테고리의 글들을 모아 테스트 데이터로 만든 후, '카테고리 판별기'가 그 글을 판별하게 합니다. 이때 해당 글이 원래 속하는 카테고리를 맞히면 정답, 못 맞히면 오답입니다. 만약 완벽한 '카테고리 판별기'를 만든다면 정답률은 100%가 될 것이고,

완전히 무작위로 판단을 한다고 하더라도 정답률은 약 33%가 될 것입니다.

이런 일련의 과정을 통해 우리가 첫 번째로 배우는 것은 '자연어는 어떻게 다루는 것인가'라는 것입니다. 컴퓨터로 무엇인가를 판별할 수 있다는 말은 프로그램상에서 수학적인 계산을 할 수 있다는 말입니다. 그렇다면 자연어를 수학적으로 다루는 건 도대체 어떻게 하는 것일까요? 우리가 두 번째로 배우는 것은 '특징 추출과 학습 과정에서는 도대체 어떤 일이 벌어지는가'라는 것입니다. 우리가 판별하려는 각 카테고리의 글들이 어떤 특징을 가지고 있으며, 그러한 특징이 어떻게 수학적으로 표현되며, 판별하는 프로세스는 어떻게 구현되는지를 알아봅니다. 마지막 세 번째로는 '정답률은 어느 정도 수준으로 나오는지'를 평가합니다. 우리가 이 장에서 설계한 판별기의 성능을 평가해 보면서 실제로 인공지능의 성능 평가는 어떻게 이루어지는지를 간접적으로 체험해 봅시다.

SECTION 6-2

카테고리별 데이터 세트

이번에 다루는 각 카테고리별 데이터 세트는 프리렉 출판사에서 발간한 책들 중에 일부를 발췌하여 만들었습니다. 참고로 각 데이터들은 텍스트 파일 형식으로 만들어졌고, 데이터 활용 동의는 확보된 상태이나 해당 데이터의 무분별한 사용을 막기 위해 원문과 달리 문장의 순서를 뒤바꾸는 등의 가공 처리가 되어 있습니다.

어떤 글이 주어졌을 때, 해당 글의 카테고리를 판별하기 위해서는 인문, 경제, 과학의 카테고리 중에 어느 쪽에 가까운지를 판별할 수 있는 모델을 구축해야 합니다. 각 카테고리별로 준비된 데이터 세트는 어느 한 카테고리의 데이터만 많아지지 않도록 문자의 개수나 데이터 용량을 비슷하게 맞춰 선별하였습니다.

▼ 표 6.2.1 이번에 다루는 카테고리와 작품

카테고리	인문	경제	과학
도서명	• 철학 듣는 밤 1 • 철학 듣는 밤 2 • 출근하자마자 퇴근하고 싶다 • 서른, 외국어를 다시 시작하다 • 인공지능을 넘어서는 인간의 강점	• 기계가 모든 것을 다하게 될 때 무엇을 할 것인가?	• 한 권의 물리학 • 한 권의 화학 • 무한의 끝에 무엇이 있을까 • 시간의 본질을 찾아가는 물리여행 • 프로그래머, 수학으로 생각하라 • 미적분으로 바라본 하루 • 차원이 다른 수학 • 맛있는 과학 실험 • 꿈꾸는 10대를 위한 로봇 첫걸음
데이터 용량	340KB	341KB	404KB

자연어 처리의 작동 원리

학습 포인트

- 자연어 처리를 할 때 수학적으로 어떤 어려움이 있는지 이해할 수 있다.
- 선형대수(벡터, 행렬)와 자연어의 관계를 이해할 수 있다.

흔히 '인공지능'이라고 하면, 사람이 하는 말을 알아듣고 처리할 수 있는 능력, 즉 자연어 처리 능력은 기본적으로 갖추고 있을 거라 생각합니다. 그러나 안타깝게도 우리가 쉽게 생각하는 이 기능은 좀처럼 구현하기가 쉽지 않은데, 그도 그럴 것이 '인공'적으로 만들어진 지능으로 하여금 '자연'적으로 만들어진 언어를 처리하게 만들어야 하기 때문입니다. 이 말을 달리 표현하면 우리가 평소에 크게 의식하지 않고 자연어를 이해하는 과정을 수학적인 개념으로 구현할 수 있어야 한다는 말이 됩니다. 우리가 인공지능을 구현할 때는 흔히 프로그래밍을 하면 된다고 생각하는데, 사실 프로그래밍 자체가 엄연히 수학적인 개념을 표현하는 작업이기 때문에 우리가 하고 싶은 일을 수학적인 개념으로 만들어 낼 수 있느냐가 무엇보다 중요합니다.
사람이 자연어를 처리하는 과정에 대해서는 여러 가지 다양한 설이 있지만, 일반적으로는 (1) 자연어의 덩어리(문장)를 단어 수준으로 잘게 쪼개고, (2) 쪼개진 요소들 간의 연결 관계(구문)를 식별한 다음, (3) 그 말의 의미나 특징을 찾아내는 것이라고 생각되고 있습니다. 그러면 이런 단계 하나하나가 어떻게 이루어지는지 좀 더 구체적으로 살펴봅시다.

우선 첫 번째 단계는 문장을 단어로 분해하는 과정입니다. 여러분이 학교에서 외국어를 배울 때, 하나의 문장을 품사로 분해하며 공부했던 것을 기억합니까? 우리는 언어를 배울 때 하나의 문장을 명사와 동사, 형용사와 같은 품사들로 분해를 하면서 이해했습니다. 이런 과정을 전문 용어로는 **형태소**形態素, morpheme **분석**이라고 합니다. 정확하게 말하자면 분해를 할 때 품사에만 국한하지 않고 언어에서 의미를 갖는 최소 단위(형태소)까지 분해하게 됩니다. 예를 들어, '우리는 인공지능을 만들기 위해서 공부한다'라는 문장을 형태소 단위로 분해하면 다음과 같이 쪼갤 수 있습니다.

우리/는/인공지능/을/만들/기/위해서/공부/한다

막상 모국어를 분해해 보면 왠지 쓸데없이 번거로운 일을 하는 것처럼 느껴지지만, 실제로 사람이 낯선 언어를 배울 때는 대부분 이렇게 단어를 분해해서 배우곤 합니다. 이미 독자 여러분도 이런 경험이 있어서 공감할 수 있을 겁니다.
이번에는 다음과 같은 영어 문장을 살펴봅시다.

I learn basic math for the better understatnding of AI.

이 예문처럼 영어나 유럽 지역의 언어는 띄어쓰기를 하는 단위가 단어의 단위랑 거의 일치하기 때문에 단어로 분해하는 과정이 상대적으로 쉽습니다. 반면 일본어나 중국어, 태국어와 같이 아시아 지역의 언어에는 단어 사이에 띄어쓰기를 하지 않는 언어가 있고, 한국어처럼 띄어쓰기를 하면서도 조사가 붙어서 단어 단위로 깔끔하게 분해되지 않는 언어도 있습니다. 이런 언어에서는 단어를 분해할 때 다음과 같이 잘못 쪼개지는 경우가 있을 수 있습니다.

우리/는인/공지/능을/만들기/위해서/공부/한다

이 결과가 잘못 분해되었다고 판단할 수 있는 이유는 '우리', '공지, '만들기', '위해서', 공부', '한다'는 잘 분해가 되었지만 '는인', '능을'과 같은 단어는 우리가 사용하는 한국어에서 의미 파악이 어려운 부자연스러운 말이기 때문입니다. 즉, 이렇게 형태소 분석을 할 때에는 해당 언어의 사전이 필요합니다. 안타깝게도 우리는 인공지능으로 다루기 까다로운 한국어를 모국어로 사용하고 있습니다. 그러다 보니 영어를 사용할 때에 비해 기술적인 난이도가 더 높아지기 마련인데, 특히 한국어 문장의 형태소 분석을 어떻게 할 것인가가 중요한 포인트가 됩니다.

자연어를 처리하는 두 번째 단계는 구문을 분석하는 단계입니다. 이 과정은 조각난 단어들 간의 관계를 찾는 과정입니다. 예를 들면 다음 그림과 같이 산산조각난 단어들 중에서 어디서 어디까지가 주어이고 술어인지, 어느 부분이 명사구이고 동사구인지, 단어들 간의 관계를 파악하는 작업이 필요합니다.

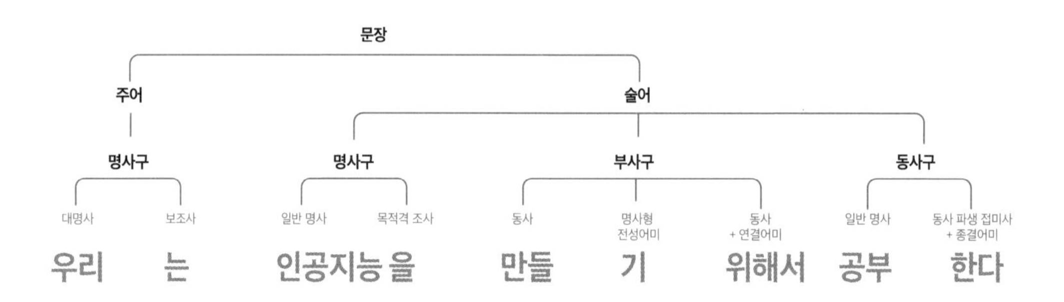

마지막 단계인 의미를 분석하는 단계는 가장 복잡하고 어려운 과정입니다. 사실 사람이 읽을 때도 문장의 의미를 충분히 파악하지 못할 수도 있기 때문입니다. 우리가 학교에서 국어나 영어 시험을 칠 때, 어떤 지문을 주고 글쓴이의 의도가 무엇인지, 글의 주제가 무엇인지, 그 글에 대한 올바른 답은 무엇인지와 같은 문제를 과연 잘 풀 수 있었는가를 회상하면 쉽게 이해가 될 것 같습니다. 아마도 그러한 시험 문제는 수험자의 뇌 속에 있는 자연어 처리 엔진이 의미 분석을 잘할 수 있는지를 측정하기 위한 것이라 생각해도 될 것 같습니다.

인공지능에서는 문장의 의미를 분석할 때 수학적인 개념으로 표현할 수 있어야 하는데,

이때 벡터의 개념을 이용합니다. 그리고 이렇게 분석하는 방법을 벡터 공간vector space 분석이라고 합니다.

벡터 공간 분석은 어떤 문장에 포함된 단어 개수와 같은 정보들을 벡터를 사용함으로써 해당 문장의 특징을 수학적으로 표현하려는 접근 방법입니다. 벡터로 표현하면 내적內積과 같은 수학적인 처리를 할 수 있고, 코사인 유사도와 같은 개념을 통해 서로 다른 문장을 비교해볼 수 있습니다. 벡터 공간 분석에서는 문장을 고차원의 벡터로 추상화한 다음에 다양한 계산을 하게 되므로, 사람이 쉽게 직관적으로 이해할 수 있는 방법은 아닙니다. 반면 컴퓨터에게는 이런 방법이 오히려 직관적이기 때문에 자연어를 효과적으로 처리할 수 있습니다. 즉, 수많은 문장들로부터 특징을 추출하고, 각 문장들이 얼마나 비슷한가를 생각하는, 마치 사람이 자연어를 처리하는 것과 같은 과정을 모방할 수 있게 됩니다. 이 장에서는 이러한 벡터 공간 분석을 통해 자연어를 처리하는 방법과 그 효과에 대해 살펴볼 것입니다.

칼럼 N-gram 분석

단어를 분해하는 방법 중에는 N-gram 분석이라고 하는 방법이 있습니다. 이 방법은 '사전(事典)을 사용하는 데는 한계가 있고, 기계가 품사 분해를 정확하게 하는 것도 어렵기 때문에 차라리 적당한 크기로 잘게 쪼개서 분석하자'라는 접근 방법을 사용하고 있습니다. 그래서 단어를 분해할 때 별다른 분석 없이 기계적으로 끊어버리는데, 하나의 문장을 N개의 글자당 하나씩 뒤로 옮겨가면서 분할합니다. 예를 들어, $N = 3$일 때는 다음과 같이 N-gram 분석을 합니다.

우리는/리는□/는□인/□인공/인공지/공지능/지능을/능을□/을□만/…

이때, □는 공백을 의미하고 적용한 N-gram은 음절音節, syllable[1] 단위 N-gram입니다.
만약 어절語節, word phrase[2] 단위 N-gram이라면 다음과 같이 나옵니다.

우리는 인공지능을 만들기/인공지능을 만들기 위해서/만들기 위해서 공부한다

이 방법을 사용하면 일단 사전이 필요 없고 단어를 분할하는 처리 속도도 빠릅니다. 사전에 의존하지 않기 때문에 사전에 등록되지 않은 사람 이름이나, 전문 용어, 신조어, 약어와 같은 미등록 단어를 다룰 수 있습니다. 다만, 단어를 분할하는 방법이 너무 단순하다 보니 의도한 단어가 아닌 것이 포함될 수도 있는데, 예를 들어 '인천국제공항'이 잘못 분할되면 '천국'과 '제공'이라는 단어가 나올 수 있습니다. 또한, 분할한 후의 데이터양이 너무 많아진다는 단점이 있습니다.

---

1 역자주: 음절은 한번에 소리낼 수 있는 소리마디로, 음소보다 크고 낱말보다 작습니다. 음절의 개수는 글자의 개수와 같습니다.

2 역자주: 어절은 문장을 구성하고 있는 각각의 단위로 띄어쓰기를 하는 단위이기도 합니다. '말토막', '말마디'라고도 합니다.

문장에서 품사 분석하기

학습 포인트

- 형태소 분석을 위한 라이브러리를 활용할 수 있다.
- 형태소 분석 후의 출력 결과를 이해할 수 있다.

자연어 처리를 위한 개략적인 큰 그림을 확인했으니, 이제 본격적으로 '카테고리 판별기'를 만들어 봅시다. 먼저 첫 번째 단계는 문장을 단어로 분해하는 과정입니다. 사용할 데이터 세트는 인문과 경제, 과학과 같은 일반적인 카테고리의 글들이기 때문에, 사전에 없는 미등록 단어는 많지 않을 것 같습니다. 그래서 단어로 분해를 할 때는 N-gram 방식보다 사전을 활용한 형태소 분석이 더 유리할 것 같습니다.[1]

한국어의 형태소를 분석할 때 자주 활용하는 소프트웨어로 mecab-ko라는 것이 있습니다. mecab-ko는 일본의 교토대학과 NTT의 기초연구소가 공동으로 개발한 일본어용 MeCab[2]를 우리나라의 은전한잎 프로젝트에서 포크fork하여 한국어의 특성에 맞게 수정한 것입니다. 오픈소스 소프트웨어이기 때문에 무료로 내려받거나 사용할 수 있어서, 연구용에서부터 스마트폰 앱에까지 폭넓게 활용되고 있습니다. 형태소 분석에 필요한 사전으로는 mecab-ko-dic이라는 한국어 사전을 추가로 설치해야 사용할 수 있고, 약 80만 개의 단어가 등록되어 있습니다. mecab-ko가 정상적으로 설치되었다면 컴퓨터의 커맨드라인(명령행)에서 명령 한 줄만으로도 실행할 수 있습니다. 다음은 예문을 분해한 후, 분석에

---

1 역자주: 경제나 과학에서는 간혹 신조어가 나올 수 있지만 그 빈도가 낮다고 판단하였습니다.

2 역자주: MeCab라는 이름은 제작자가 좋아하는 음식인 미역 줄기(和布蕪, めかぶ)에서 유래하였습니다.

필요한 품사 정보까지 상세히 표시한 결과 화면입니다.[1]

```
$ echo "우리는 인공지능을 만들기 위해서 공부한다" | mecab
우리	NP,*,F,우리,*,*,*,*
는	JX,*,T,는,*,*,*,*
인공지능	NNP,*,T,인공지능,Compound,*,*,인공/NNG/*+지능/NNG/*
을	JKO,*,T,을,*,*,*,*
만들	VV,*,T,만들,*,*,*,*
기	ETN,*,F,기,*,*,*,*
위해서	VV+EC,*,F,위해서,Inflect,VV,EC,위하/VV/*+아서/EC/*
공부	NNG,*,F,공부,*,*,*,*
한다	XSV+EC,*,F,한다,Inflect,XSV,EC,하/XSV/*+ㄴ다/EC/*
EOS
```

여기서 'echo'는 '출력하라'라는 의미의 UNIX 명령문[2]이고 EOS는 'End of Sentence', 즉 문장의 끝이라는 의미입니다. 의미를 알 수 없는 영어 약자는 품사 정보인데 관련 내용은 mecab-ko-dic의 공식 페이지[3]에 'mecab-ko-dic 품사 태그 설명'이란 이름으로 링크되어 있습니다.

mecab-ko는 하나의 문장에 대해 단 한 가지 형태소 분석 결과만 보여줍니다. 그래서

---

1 역자주: 실행 결과는 Linux나 Unix 계열의 운영체제에서 mecab-ko를 설치하고 실행한 결과입니다. mecab-ko에 관한 설치 방법은 공식 페이지를 참고하기 바랍니다. (https://bitbucket.org/eunjeon/mecab-ko)

2 UNIX 운영체제가 제공하는 명령어입니다.

3 역자주: https://bitbucket.org/eunjeon/mecab-ko-dic

분석된 결과가 의도한 내용과 다르게 나올 수도 있습니다. 예를 들어, '간장공장 공장장은 강공장장이고 된장공장 공장장은 장공장장이다'라는 다분히 짓궂어 보이는 문장을 mecab-ko에 처리시켜 보면 다음과 같이 의도한 대로 분석되지 않고, 의미를 알 수 없는 '강공'과 '장공', '장장'과 같은 단어가 나오게 됩니다. 그래서 이렇게 헛갈리기 쉬운 문장이나 전후의 문맥으로부터 내용을 유추해야 하는 글은 형태소 분석을 하더라도 원하는 결과가 나오지 않을 수 있다는 점을 유념해 두어야 합니다.

```
$ echo "간장공장 공장장은 강공장장이고 된장공장 공장장은 장공장장이다" | mecab
간장	NNG,*,T,간장,*,*,*,*
공장	NNG,*,T,공장,*,*,*,*
공장장	NNG,*,T,공장장,Compound,*,*,공장/NNG/*+장/NNG/*
은	JX,*,T,은,*,*,*,*
강공	NNG,*,T,강공,*,*,*,*
장장	NNG,*,T,장장,*,*,*,*
이	VCP,*,F,이,*,*,*,*
고	EC,*,F,고,*,*,*,*
된장	NNG,*,T,된장,Compound,*,*,된/NNG/*+장/NNG/*
공장	NNG,*,T,공장,*,*,*,*
공장장	NNG,*,T,공장장,Compound,*,*,공장/NNG/*+장/NNG/*
은	JX,*,T,은,*,*,*,*
장공	NNG,*,T,장공,*,*,*,*
장장	NNG,*,T,장장,*,*,*,*
이	VCP,*,F,이,*,*,*,*
다	EC,*,F,다,*,*,*,*
EOS
```

한편, 우리가 활용할 인문, 경제, 과학의 세 가지 카테고리의 글들을 mecab-ko로 분할해 본 결과 전체 약 13,200개의 단어가 추출되었습니다. 우리가 만들려고 하는 것은 인공지능 '카테고리 판별기'입니다. 그러기 위해서는 특정 카테고리에 속하는 글이 어떤 특징이 있는지를 알 수 있어야 합니다. 이후부터는 이렇게 추출된 13,200개의 단어들을 인문, 경제, 과학의 세 가지 카테고리로 분류하고 최적화하는 방법에 대해 알아보겠습니다.

단어 필터링하기

학습 포인트

- 스톱워드를 제거하여 노이즈를 줄이는 방법을 이해할 수 있다.

문장을 일단 분해하긴 했지만 이렇게 분해된 단어들 중에는 우리가 판별하려는 카테고리의 문장 특징과 관련 없는 정보도 다수 포함되어 있습니다. 이렇게 문장의 특징을 결정하는 데 큰 영향을 주지 않는 단어들을 스톱워드stop words라고 부릅니다. 한국어를 예로 든다면 '에', '에서', '를', '는' 등이 있고, 영어를 예로 든다면 'of', 'the', 'a' 등이 스톱워드가 됩니다. 이런 불필요한 단어들을 문장에서 걸러낼 수 있다면 의미 있는 결과를 더 쉽게 얻을 수 있을 뿐만 아니라, 데이터를 처리하는 부하도 줄일 수 있습니다. 불필요한 데이터에는 어떤 것이 있는지 알아보기 위해 이번에 사용할 데이터 세트를 분석하여 출현 빈도가 높은 단어들을 뽑아보았습니다.

▼ 표 6.5.1 자주 나타나는 단어와 출현 횟수 (상위 5단어)

단어	.	이	는	을	하
출현 횟수	8,521	7,316	7,286	5,674	4,947

결과를 보니 확실히 구두점이나 조사는 문장의 카테고리를 판별하는 데 큰 영향을 줄 것 같진 않습니다. 그래서 우리는 이번에 사용할 데이터 세트 중에서 세 개의 카테고리에 공통으로 많이 등장한 상위 3%의 단어를 스톱워드로 분류하였습니다. 확인된 스톱워드는 약 390개 정도였고, 앞으로 사용할 인문, 경제, 과학의 세 카테고리 문장에서는 이러한 단어들을 제거한 후, 분석을 할 것입니다.

경우에 따라서는 구두점이나 '에, 에게, 을, 는'과 같은 단어들이 문장의 특징을 결정할 수도 있을 텐데, 정말 삭제해도 되는 건지 의아해할 수도 있을 것 같습니다. 분명 그런 단어들이 문장의 특징을 결정하는 데 도움이 될 수도 있어 스톱워드를 제거하지 않고 분석을 해야 할 수도 있습니다. 가령 스톱워드를 제거하지 않은 데이터를 사용하면 테스트 데이터의 F값(나중에 설명)이 올라가지만, 학습 데이터나 테스트 데이터로 사용되지 않은 미학습 데이터로 검증을 해보면 오히려 F값이 떨어지는 결과가 나올 수도 있습니다. 참고로 이 예에서는 스톱워드를 제거하고 있는데, 다른 데이터를 실제로 분석할 때에는 의도한 목적이나 목표한 정밀도, 학습 시간과 같은 다양한 관점에서 종합적으로 판단한 후, 스톱워드를 남겨둘지, 제거할지를 결정하면 됩니다.

문서를 단어 벡터로 변환하기

학습 포인트

- Bag-of-Words(BoW)의 개념을 이해할 수 있다.

이 절에서는 앞서 분해되고 필터링된 단어들을 쉽게 다루기 위해 벡터로 변환하는 방법을 알아보겠습니다. 과학책을 쓰는 과학자와 인문학책을 쓰는 인문학자가 있다고 합시다. 그들이 쓴 글을 단어로 분해한 다음, 그러한 단어들 중에서 '법칙'과 '사상', 그리고 '가설'이라는 세 가지 단어가 등장하는 횟수를 세었습니다. 그림 6.6.1은 이러한 정보를 벡터로 표현한 것이고, 그림 6.6.2는 그래프로 표현한 것입니다.

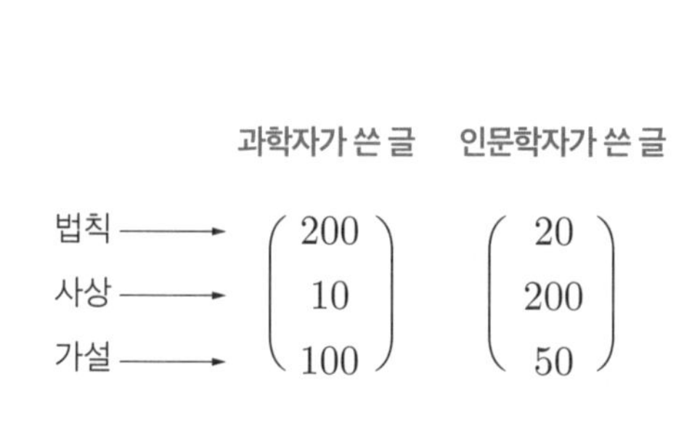

▲ 그림 6.6.1 글의 특징을 벡터화한 예

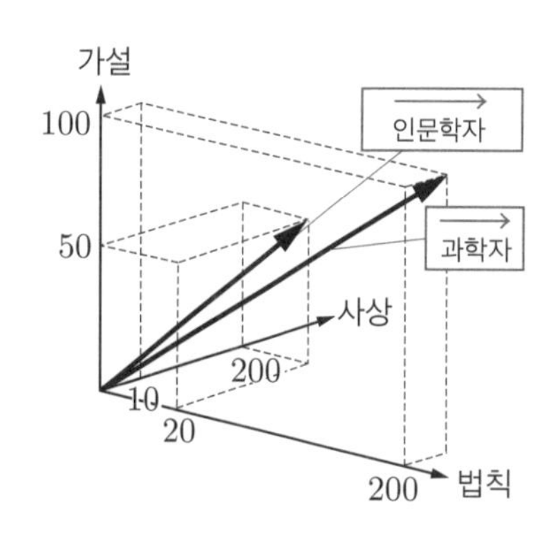

▲ 그림 6.6.2 벡터화된 정보를 도식화한 예

이런 방법으로 과학자가 쓴 글과 인문학자가 쓴 글을 벡터 공간 안에 표현할 수 있습니다. 같은 방법으로 다른 글의 정보를 벡터화해서 이 공간에 배치하면, 그 글이 어느 쪽 벡터에 더 가깝거나 먼지를 코사인 유사도를 통해 알아낼 수 있을 것입니다.

여기서는 간단히 과학자가 쓴 글과 인문학자가 쓴 글을 예로 들어 겨우 세 개의 단어(3

차원)로 분석을 했지만, '인문', '경제', '과학'이라는 세 개의 카테고리로 글을 분류할 수 있으려면 훨씬 더 많은 단어(차원)가 필요할 것입니다. 아마도 실제로 하다 보면 수천에서 수만 개의 단어(차원)로 벡터를 만들어서 분석하게 될 텐데, 그 정도의 고차원 벡터 공간은 사람이 쉽게 상상하고 계산할 수 있는 수준이 아닙니다. 실제로 mecab-ko의 한국어 사전인 mecab-ko-dic의 단어는 약 80만 개입니다. 이 말은 한국어 텍스트를 분석할 때 최대 80만 차원의 벡터를 쓸 수 있다는 말입니다. 이 예와 같이 단어를 벡터의 열에 할당하고, 해당 단어의 출현 횟수를 요소로 만든 벡터를 Bag-of-Words(BoW) 벡터라고 부릅니다.

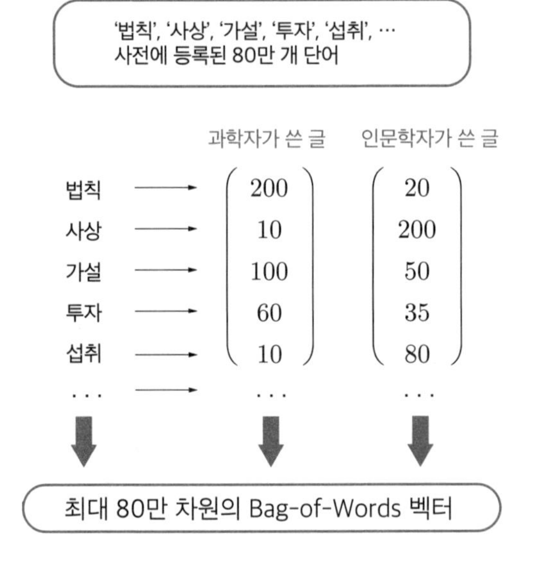

▲ 그림 6.6.3 벡터 표현의 방법

이렇게 BoW 벡터를 활용하면 어떻게 다루어야 할지 막막한 '글의 카테고리'라는 정보도 수학적으로 처리할 수 있는 형태로 만들 수 있습니다. 또한, 벡터의 연산은 비교적 간단한 사칙연산을 반복하는 일이 많기 때문에, 사람이 계산하는 것보다 컴퓨터로 처리하는 것이 압도적으로 유리합니다. 바로 이런 특징이 인공지능과도 잘 어울려 각종 연산 처리에 벡터를 많이 활용합니다.

단어 벡터에 가중치 주기

학습 포인트

- TF-IDF로 가중치를 주는 이유와 수학적인 의미를 이해할 수 있다.
- 가중치를 부여하는 정책을 이해할 수 있다.

이 장에서 우리가 하려는 것은 어떤 글이 주어졌을 때, 해당 글이 어떤 카테고리에 속하는 글인지를 판별하는 것입니다. 보통 특정 카테고리에 속하는 글들은 해당 카테고리에서 자주 쓰이는 단어를 포함하고 있다거나 특유의 문체가 있습니다. 예를 들어, 과학에 관한 글이라면 '법칙'이라는 단어가 있을 것 같고, 인문학에 관한 글이라면 '사상'이라는 단어가 있을 것만 같습니다. 이렇게 어떤 기준에 대해 공통적이거나 특징을 잘 드러내는, 그래서 주목해야만 하는 단어를 특징어라고 부릅니다. 만약 우리가 특정 카테고리의 특징어를 알고 있고, 그러한 특징어가 포함된 글이 주어진다면, 해당 글의 카테고리를 추정하는 것은 어렵지 않을 겁니다. 달리 말하자면 각 카테고리의 특징어 리스트만 있다면, 카테고리를 높은 확률로 맞출 수 있을 것 같습니다.

하지만 아쉽게도 꼭 그렇게 쉽게 판별되진 않습니다. 왜냐하면 실제로 다룰 글 안에는 다양한 특징어들이 포함되어 있고, 그러한 특징어가 다른 카테고리에는 나오지 않는다는 보장도 없기 때문입니다. 그래서 특징어에 가중치를 부여하는 방법이 나옵니다. 원래의 BoW 벡터는 단어의 출현 횟수만 세었지만, 이번에는 그러한 단어들 중에서도 중요도가 높을 것 같은 특징어에는 숫자를 더 크게 만들어 주고, 그다지 중요할 것 같지 않은 특징어에는 숫자를 더 작게 만들어 주도록 보정합니다. 보정할 때는 가중치가 주어진 행렬을 곱하면 되는데, 이렇게 함으로써 해당 글의 특징을 더 두드러지게 표현할 수 있는 벡터를 만들 수 있습니다.

과학자가 쓴 글

$$
\begin{matrix} \text{법칙} \rightarrow \\ \text{사상} \rightarrow \\ \text{가설} \rightarrow \end{matrix}
\begin{pmatrix} 200 \\ 10 \\ 100 \end{pmatrix} \circ \begin{pmatrix} 0.5 \\ 0.1 \\ 0.1 \end{pmatrix} = \begin{pmatrix} 100 \\ 1 \\ 10 \end{pmatrix}
$$

단어 출현 횟수 / 가중치 행렬 W / 특징을 보다 잘 표현할 수 있는 벡터

▲ 그림 6.7.1 가중치 행렬[1]

이때, 가중치를 주는 방법으로는 TF-IDF(Term Frequency-Inverse Document Frequency)를 사용합니다. TF는 Term Frequency라는 말 그대로 특정 단어가 문서 안에서 얼마나 자주 나오는가, 즉 단어의 출현 빈도를 나타내는 지표입니다. 이 값은 특정 단어의 출현 횟수를 모든 단어의 출현 횟수로 나눈 값입니다. 예를 들어, 어떤 문서가 10,000개의 단어로 이루어져 있고 특정 단어가 120번 나온다면, 그러한 단어의 TF는 120/10000 = 0.012가 됩니다. 그래서 단순히 특정 단어의 출현 빈도가 높을수록 해당 단어의 TF값은 커집니다. 즉, TF의 의미는 어떤 문서에서 특정 단어가 자주 나온다면 그러한 단어는 그 문서에 대한 특징어가 될 수 있다는 의미입니다.

반면 IDF는 Inverse Document Frequency라는 말 그대로 특정 단어가 전체 문서상에 얼마나 자주 나오지 않는가, 즉 단어의 희소성을 나타내는 지표입니다. 이 값은 문서상의 전체 문장 개수를 특정 단어를 포함한 문장 개수로 나눈 값에 로그를 적용한 값입니다. 예를 들어, 어떤 문서가 10,000개의 단어로 이루어져 있고, 해당 문서의 문장 개수가 1,000개일 때 120번 나왔던 특정 단어가 100개의 문장에서 나왔다면, 그러한 단어의 IDF는 $\log_{10}(1000/100) = \log_{10}(10^1) = 1$이 됩니다. TF와 IDF를 구하는 공식은 다음과 같습니다.

---

1 그림에서 ∘ 기호는 아다마르 곱(Hadamard product)입니다. 같은 크기의 행렬에 대해 아다마르 곱을 하면 서로 대응하는 성분끼리 곱한 행렬이 만들어집니다.

공식

어떤 문서가 D개의 문장, N개의 단어로 구성되어 있다고 가정하자.

특정 단어 t가 n번 나올 때,

TF Term Frequency는 다음과 같이 구할 수 있다.

$$\mathrm{TF} = \frac{n}{N}$$

한편 특정 단어 t를 포함한 문장이 d개 있을 때,

IDF Inverse Document Frequency는 다음과 같이 구할 수 있다.

$$\mathrm{IDF} = -\log_{10}\frac{d}{D} = \log_{10}\frac{D}{d}$$

TF-IDF는 TF와 IDF를 곱하면 된다.

$$\mathrm{TF-IDF} = \mathrm{TF} \cdot \mathrm{IDF} = \frac{n}{N}\log_{10}\frac{D}{d}$$

이때, IDF에서 사용하는 log의 밑은 1보다 큰 임의의 실수를 사용한다. 여기에서는 계산이 편하도록 상용로그를 사용한다.

공식을 확인했으니 실제 문서를 예로 들어 TF-IDF를 구해봅시다.

과학 카테고리의 글 중에서 '한 권의 물리학'의 일부를 발췌하였습니다. 이 문서를 mecab-ko로 형태소 분석을 하고 단어의 수를 세어 TF-IDF를 구하시오.

> 해시계는 매우 단순한 장치다. 땅에 막대기 하나만 꽂으면 원시적 형태의 해시계가 뚝딱 완성된다. 북반구에서는 그림자가 시계방향으로 돈다. 이 그림자 위치를 따라가며 시간을 적당히 표시하면 된다. 그런데 막대를 꽂을 때, 천구의 북극을 향하도록 하거나 대충 북극성을 가리키게 기울이면 정확성이 한결 높아진다. 이렇게 하면 계절이 바뀌어도 그림자가 가리키는 시각이 달라지지 않는다. 가장 일반적인 해시계는 평평한 원판에 눈금이 표시된 것인데, 공원 같은 곳에서 쉽게 볼 수 있다. 이런 형태의 해시계는 그림자가 눈금판 주위를 도는 속도가 일정하지 않기 때문에 시간 표시 간격이 균일하지 않다. 해시계가 잘 맞지 않는 이유는 여러 가지이다. 지구의 공전 속도가 일정하지 않은 탓도 있고, 서머타임 제도 때문이기도 하다.

한 권의 물리학

우선 mecab-ko로 형태소를 분석한 결과에서 단어 개수를 세어보면 다음과 같습니다.

전체 단어 개수 : 196

단어의 종류 : 109

문장 개수 : 10

'해시계'라는 단어는 5번 사용되었습니다. 그래서 TF는 다음과 같습니다.

$$\text{TF} = \frac{5}{196} \fallingdotseq 0.025$$

'해시계'라는 단어는 5개의 문장에서 사용되었습니다. 그래서 IDF는 다음과 같습니다.

$$\text{IDF} = \log_{10}\frac{10}{5} \fallingdotseq 0.301$$

따라서 이 둘을 곱한 TF-IDF는 다음과 같습니다.

$$\text{TF}-\text{IDF} = 0.025 \times 0.301 = 0.007525$$

정답: 0.007525

이와 같은 방식으로 109종류의 단어에 대해 가중치를 부여하고 BoW를 만들 수 있습니다. 표 6.7.1은 4번 이상 사용된 단어 11종류에 대해 TF-IDF를 구한 것입니다.

▼ 표 6.7.1 예제의 TF-IDF

ID	단어	출현 횟수	출현한 문장 개수	TF	IDF	TF-IDF
1	이	8	7/10	0.040	0.1547	0.0061
2	는	8	6/10	0.040	0.2216	0.0088
3	하	7	5/10	0.035	0.3010	0.0105
4	가	7	6/10	0.035	0.2216	0.0077
5	해시계	5	5/10	0.025	0.3010	0.0075
6	지	5	4/10	0.025	0.3979	0.0099
7	않	5	4/10	0.025	0.3979	0.0099
8	다	5	5/10	0.025	0.3010	0.0075
9	그림자	4	4/10	0.020	0.3979	0.0079
10	의	4	4/10	0.020	0.3979	0.0079
11	을	4	2/10	0.020	0.6989	0.0139

여기에 세 번 이하로 사용된 단어 98종류를 더하면 모두 109종류의 단어가 나오는데, 이 단어들의 TF-IDF를 구하고, 그 값으로 벡터를 만들면 109차원의 BoW 벡터가 만들어집니다. 이 BoW 벡터는 가중치가 부여되어 있기 때문에 이 글의 특징을 압축한 것과 같은 정보를 가지고 있는 셈입니다. 한편, TF가 가장 큰 것은 '이'와 '는'이고, IDF가 가장 큰 것은 단 한 번만 사용된 단어로 이 표에는 나오지 않습니다. TF-IDF가 가장 큰 것은 '을'이고, 그다음으로는 '하'와 '지', 그리고 '않'이 나왔습니다. 참고로 이 예제에서는 스톱

워드를 제거하지 않았습니다.

한편, 인문, 경제, 과학 세 가지 카테고리의 글들에서 스톱워드를 제거하고, 공통적으로 자주 사용된 단어들을 제거한 후에, TF가 큰 순으로 상위 10위까지 정리한 것이 표 6.7.2 입니다. 여기에 IDF로 가중치를 부여하면 세 가지 카테고리의 특징을 반영한 벡터를 만들 수 있습니다.

▼ 표 6.7.2 인문, 경제, 과학 카테고리에서 TF가 큰 상위 10위

인문	경제	과학
결혼	보험	표기
당신	비용	컵
판단	직업	B
공부	자동화	모양
기억	기기	움직이
아요	핵심	우주
선택	측면	요금
예요	달러	나타내
목적	직원	법칙
외국어	넷플릭스	입자

우리가 만들 카테고리 판별기는 주어진 문서들을 분석해서 모델을 만들고, 그 모델을 이용해 다른 문서가 어떤 카테고리에 속하는지 판정합니다. 그러기 위해서 세 가지 카테고리의 글들에서 스톱워드를 제거하고 단어 약 12,800개와 문장 약 8,500개를 준비하였습니다. 이 말은 곧 약 12,800개 단어에 대한 TF-IDF를 구하고, 그 가중치로 12,800차원의 벡터 공간이 만들어진다는 말입니다.

SECTION 6-8 문서 분류하기

학습 포인트

- 분류classification를 하기 위한 여러 가지 방법을 이해할 수 있다.
- 로지스틱 회귀의 개념과 계산 방법을 이해할 수 있다.

이제까지 카테고리의 특징을 벡터로 표현해 보았습니다. 이제 이러한 벡터를 이용해서 카테고리 판별기를 만들어 봅시다. 카테고리를 판별할 수 있는 방법은 여러 가지가 있을 수 있기 때문에, 무조건 이 방법이 맞다고는 할 수 없습니다. 어떤 판별 방법을 쓸 수 있는지 이해를 돕기 위해 앞에서 보았던 예를 조금 더 활용해 보겠습니다.

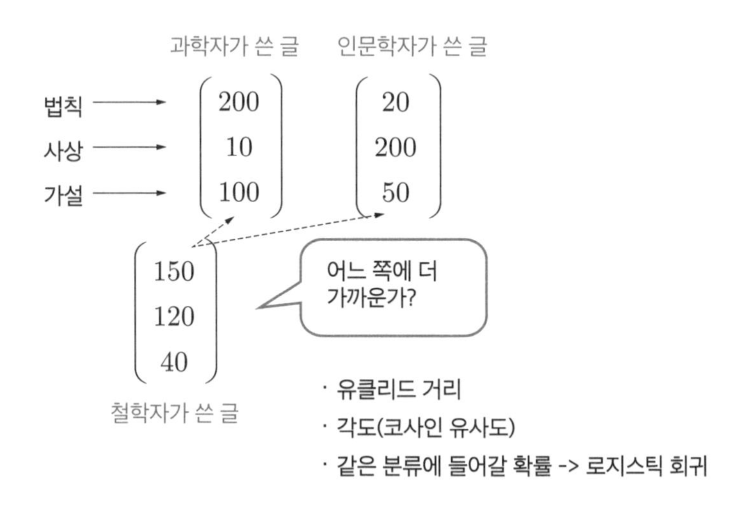

▲ 그림 6.8.1 문서의 유사도를 판단하는 방법

앞서 보았던 과학자와 인문학자의 예에 철학자를 더 추가하였습니다. 철학자가 쓴 글을 모아 그 글을 분석하여 새로운 BoW 벡터를 만들었다고 가정합시다. 그래서 철학자의 벡터가 과학자의 벡터와 비슷한지, 아니면 인문학자의 벡터와 비슷한지를 알아봅시다.

글의 특징 정보를 담은 벡터는 3차원 벡터이기 때문에 3차원 공간상의 점으로 표현할 수 있습니다. 이때, 가장 간단한 유사도의 표현 방법으로는 유클리드 거리를 꼽을 수 있을 겁니다. 아니면 벡터의 각도가 얼마나 비슷한지를 보고 코사인 유사도로 판단하는 방법도 생각해볼 수 있습니다. 이렇게 벡터의 유사도를 판단할 때는 벡터 공간상의 기하학적인 의미로 서로 다른 벡터들을 비교해볼 수 있습니다.

이 장에서는 분류하기 애매한 것을 잘 가려낸다는 로지스틱 회귀logistic regression를 도입해 보겠습니다. 로지스틱 회귀를 사용하면 유사도를 확률로 표현할 수 있기 때문에 단순히 철학자가 쓴 글이 과학자가 쓴 글과 비슷한지, 인문학자가 쓴 글과 비슷한지와 같은 막연한 답보다 좀 더 구체적인 정보를 얻어서 판단할 수 있습니다. 로지스틱 회귀는 1이 될 확률이 p이고 0이 될 확률이 $1-p$인 이산확률분포를 사용하여 1이나 0의 값을 확률적으로 얻는 방법입니다. 이때 사용하는 이산확률분포로는 베르누이 분포Bernoulli distribution 등이 있습니다.

공식

x가 실수 입력값이고 $y = \{0, 1\}$이 출력값일 때, 출력값은 반드시 0과 1 중 하나가 나온다. 이때, 출력값 $y = 1$이 되는 조건부확률 $p(y = 1 \mid x;\theta)$는 다음과 같다.

$$p(y = 1 \mid x;\theta) = \frac{1}{1 + \exp(-\theta^T x)}$$ [1]

이때의 θ는 실수 파라미터이다.

1 $-\theta^T$의 T는 전치행렬(轉置行列, transposed matrix)의 T입니다. 전치란 $m \times n$ 행렬 A의 (i, j) 성분과 (j, i) 성분을 바꿔 넣어 $n \times m$ 행렬을 만드는 것입니다. 예를 들어 행렬 $A = \begin{pmatrix} 1 & 2 & 3 \\ 4 & 5 & 6 \end{pmatrix}$을 전치하면 $A^T = \begin{pmatrix} 1 & 4 \\ 2 & 5 \\ 3 & 6 \end{pmatrix}$이 됩니다. 이번에는 $\theta = \begin{pmatrix} \theta_0 & \theta_1 & \theta_2 & \cdots \end{pmatrix}$와 $x = \begin{pmatrix} 1 & x_1 & x_2 & \cdots \end{pmatrix}$같은 1행의 행렬이므로 전치해서 곱하면 3.10절의 정의에 의해 $\theta_0 \times 1 + \theta_1 \times x_1 + \ldots$과 같이 계산할 수 있습니다.

이때, $p(\theta) = \dfrac{1}{1+\exp(-\theta)}$ 는 로지스틱 함수logistic function라고 부르는데 치역은 0에서 1이고 평균값은 0.5가 되는 함수입니다. 1.8절에서는 시그모이드 함수라고 소개되기도 했습니다.

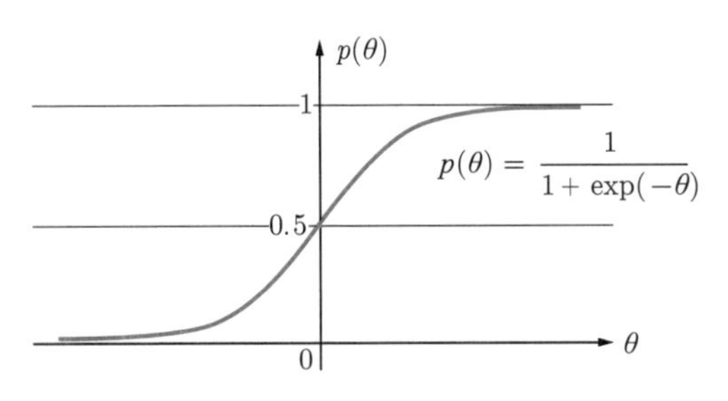

▲ 그림 6.8.2 시그모이드 함수

이 함수의 정의역은 실수 전체로 $\theta > 0$일 때 $y = 1$이 될 확률 $p(\theta)$가 0.5보다 커지는 특징이 있습니다. 이러한 특징은 어떤 대상을 분류classification할 때 유용하게 활용할 수 있는데, 예를 들어 $\theta = 0$인 지점을 경계로 하여 $\theta \geq 0$일 때는 $y = 1$이라고 하여 어떤 클래스로 분류하고, $\theta < 0$일 때는 $y = 0$이라고 하여 어떤 클래스로 분류하지 않는다고 판단할 수 있습니다. 즉, 학습 데이터로 쓸 데이터 세트 $(x_i,\ y_i)$가 $1 \leq i \leq m$만큼 주어졌다고 가정할 때, 다음과 같은 식이 성립합니다.

$$p_i(y = y_i | x_i;\theta) \geq 0.5\text{일 때, } y_i = 1$$
$$p_i(y = y_i | x_i;\theta) \langle 0.5\text{일 때, } y_i = 0$$

이쯤에서 모델을 최적화하기 위한 목적 함수目的函數, objective function[2]에 대해 생각해봅시다. 편의상 확률 표현을 $p_i(y = y_i \mid x_i;\theta) = p_{x_i}$ 와 같이 간단히 표현한 후, 목적 함수 $J(\theta)$

2 역자주: 최댓값이나 최솟값을 구할 목적이 있다고 해서 목적 함수(目的函數, objective function)라고 합니다. 상황에 따라 비용 함수(費用函數, cost function)나 손실 함수(損失函數, loss function)로 표현하기도 합니다.

를 최소로 만드는 θ를 구한다고 할 때, 다음과 같은 목적 함수를 만들 수 있습니다.

$$J(\theta) = \frac{1}{2m}\sum_{i=1}^{m}(p_{x_i} - y_i)^2$$

보통은 $J(\theta)$를 최소화할 수 있는 θ를 구하기 위해 이 함수를 전개해서 계산하게 되는데, 이번 경우에는 $0 \leq p_{x_i} \leq 1$이고, y_i는 0이 아니면 1이 나온다는 것을 알고 있기 때문에 다음과 같은 손실 함수 $L(\theta)$로 바꿔서 계산하는 것이 훨씬 효과적입니다. 이 함수는 교차 엔트로피cross entropy 오차함수라고 부릅니다.

$$L(\theta) = -\sum_{i=1}^{m}(y_i \log(p_{x_i}) + (1-y_i)\log(1-p_{x_i}))$$

교차 엔트로피 오차함수를 자세히 보면 Σ 안에 두 개의 항이 있는데, y_i는 0이 아니면 1이기 때문에 둘 중 하나의 항이 0이 되어 없어져 수식이 간단해지는 효과가 있습니다. 참고로 이 식에 마이너스 부호가 붙는 이유는 뒤에 나올 7.7절의 칼럼에서 설명합니다.

이쯤에서 우리는 중요한 사실을 상기할 필요가 있습니다. 이번에 로지스틱 회귀에서 사용하는 입력은 고차원의 BoW 벡터입니다. 그리고 세 가지 카테고리를 위한 벡터는 약 12,800차원이었습니다. 이 말은 입력 벡터인 $\boldsymbol{x}$와 파라미터인 $\boldsymbol{\theta}$도 12,800차원 벡터이기 때문에, 12,800개의 성분을 조정해야 하는 12,800차원 공간상의 최적화 문제를 풀어야 한다는 말입니다. 단, 주의할 점은 이 문제를 있는 그대로 풀게 되면 5장에서 살펴보았던 과학습의 문제가 발생할 수 있다는 점입니다. 따라서 학습 데이터를 사용할 때 정규화를 통해 과학습을 피해야 합니다. 그래서 이번에 다루는 scikit-learn의 로지스틱 회귀에서는 $L2$ 정규화를 사용합니다.

공식

$L2$ 정규화를 적용한 로그 목적 함수는 다음과 같다.

이때, λ는 정규화의 강도를 나타내는 파라미터이다.

$$L(\theta) = \sum_{i=1}^{m} (y_i \log(p_{x_i}) + (1 - y_i) \log(1 - p_{x_i})) + \frac{1}{2\lambda} \sum_{j=1}^{n} \theta_j^2$$

이렇게 로지스틱 회귀를 사용하면 어떤 색깔이 흰색이냐, 검은색이냐와 같은 이분법적인 확률 판단은 가능합니다. 하지만 우리에게 필요한 것은 '인문', '경제', '과학'과 같은 세 가지 카테고리에 대한 판별입니다. 즉, 출력이 $y \in \{0, 1, 2\}$와 같은 형태가 되어야 합니다. 이런 경우는 다중 클래스 분류Multi-Class Classification에 해당하는데, 여러 개의 이진 클래스 분류Binary Class Classification 문제로 나누어서 해결해야 합니다. 그래서 $y = i$와 $y \neq i$를 하나의 이진 클래스 분류 문제로 간주하고 확률 $p_i(y = i | x;\theta)$를 $i = 0, 1, 2$의 경우에 대해 각각 구한 다음, p_i가 최대인 클래스로 판별하는 방법을 쓰면 됩니다.[1]

여기까지 상당히 많은 과정을 거쳐왔는데 간단히 정리해 보겠습니다. 우선 세 가지 카테고리의 글에 대한 특징을 약 12,800차원의 벡터 공간 안에 표현할 수 있게 만들었습니다. 그리고 여기에 TF-IDF 벡터로 문서의 가중치를 입혔습니다. 마지막에는 글의 카테고리를 판별하기 위해 로지스틱 회귀를 적용하였습니다. 이렇게 해서 어떤 글이 주어졌을 때 '인문', '경제', '과학'의 세 카테고리로 판별할 수 있는 '카테고리 판별기'가 비로소 완성되었습니다.

1 이런 방법을 'One-vs-Rest(one versus the rest)'라고도 합니다.

완성된 모델 평가하기

학습 포인트

- 홀드아웃 교차 검증법을 이해할 수 있다.
- 정밀도Precision와 재현율Recall, F값을 사용한 평가 방법을 이해할 수 있다.

이제까지 복잡한 자연어 처리 과정을 소개하고, 그러한 과정을 통해 카테고리 판별기의 모델을 만들어왔습니다. 이번 절에서는 이렇게 만들어진 모델이 어느 정도의 성능이 나오는지, 그 결과를 평가할 것입니다. 우선 이제까지 해온 작업을 그림으로 정리하면서 이번 절에서 해야할 일을 생각해 봅시다.

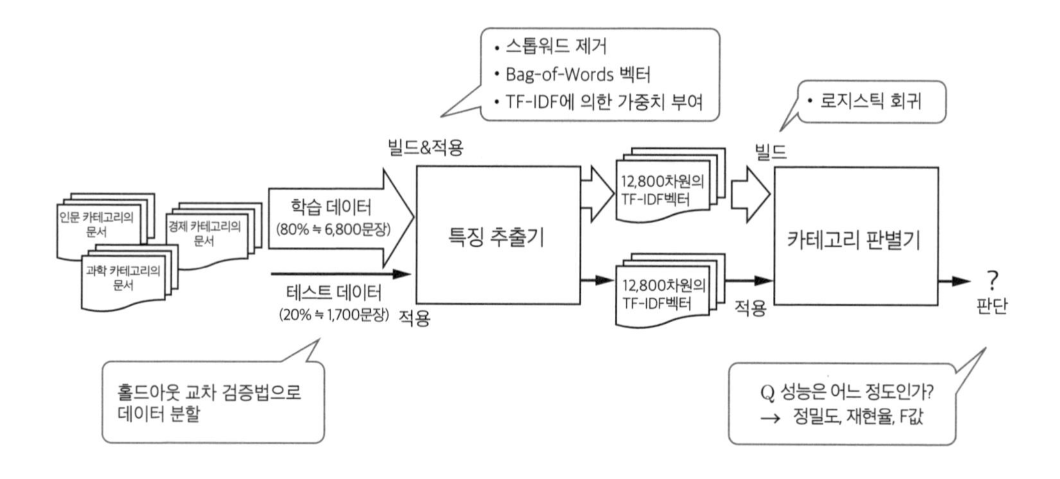

▲ 그림 6.9.1 자연어 처리 과정의 흐름

그림과 같이 문서의 특징을 추출하고, TF-IDF 벡터를 만들고, 마지막으로 로지스틱 회귀를 써서 카테고리 판별기를 만들었습니다. 이제 학습에 사용되지 않은 테스트 데이터를 특징 추출기와 카테고리 판별기에 넣고, 그 결과가 맞는지, 틀렸는지를 보면서 이 모델의 성능을 평가할 것입니다.

학습 데이터와 테스트 데이터를 나누는 방법은 홀드아웃 교차 검증법을 사용합니다. 전체 데이터 세트 중에서 20%를 테스트 데이터로 잡아 전체 데이터 세트의 약 8,500개의 문장에서 6,800개의 문장을 학습용으로, 1,700개의 문장을 테스트용으로 나눕니다.

이제 모델을 평가하는 지표가 필요한데, 참고로 5장에서는 수치 해석을 하는 문제였기 때문에 결정계수決定係數, coeffient of determination를 사용했습니다. 그러면 이번과 같은 카테고리 판별 문제에는 어떤 지표를 사용하는 것이 좋을까요? 이런 경우에는 정밀도Precision[1]와 재현율Recall, 그리고 F값F-Value[2]을 사용합니다. 정밀도와 재현율, F값에 대해 말하려면 우선 TP, FP, FN, TN이라는 오류의 유형에 대해 알아야 합니다.

▼ 표 6.9.1 TP, FP, FN, TN의 관계

		예측 결과	
		참	거짓
실제 결과	참	진양성(眞陽性, True Positive) TP	위음성(僞陰性, False Negative)[3] FN
	거짓	위양성(僞陽性, False Positive)[4] FP	진음성(眞陰性, True Negative) TN

예를 들어, 어떤 문서가 인문학 카테고리의 문서인지 예측한다고 생각해 봅시다. 만약 인문학 카테고리의 문서를 인문학 카테고리의 문서가 맞다고 예측했다고 합시다. 이때 실

1 역자주: '정합률(整合率)', '적합률(適合率)'이라고도 합니다.

2 역자주: 'F1-score', 'F measure'라고도 합니다. F1-score는 'Weighted F measure에서 가중치를 1로 설정한 것을 말하며, 정밀도와 재현률의 조화평균(調和平均)이기도 합니다.

3 역자주: '거짓 음성', '가음성', '2종 오류(type 2 error)'라고도 합니다.

4 역자주: '거짓 양성', '가양성', '1종 오류(type 1 error)'라고도 합니다.

제 결과가 참이고, 예측 결과도 참이기 때문에 결과적으로 예측은 맞았습니다(true). 그리고 이러한 예측을 할 때, 그 문서가 인문학 카테고리가 맞다고 긍정적으로(positive) 판단했기 때문에 TP가 됩니다. 만약 인문학 카테고리의 문서가 아닌 문서를 인문학 카테고리의 문서가 아니라고 예측했다고 합시다. 이때 실제 결과가 거짓이고, 예측 결과도 거짓이기 때문에 결과적으로 예측은 맞았습니다(true). 그리고 이러한 예측을 할 때 그 문서는 인문학 카테고리가 아니라고 부정적으로(negative) 판단했기 때문에 TN이 됩니다. 여기까지는 이해하기 쉽습니다.

만약 인문학 카테고리의 문서를 인문학 카테고리의 문서가 아니라고 예측했다고 합시다. 이때 실제 결과는 참이지만 예측 결과는 거짓이라 결과적으로는 예측은 틀렸습니다(false). 그리고 이러한 예측을 할 때 그 문서는 인문학 카테고리가 아니라고 부정적으로(negative) 판단했기 때문에 FN이 됩니다. 만약 인문학 카테고리의 문서가 아닌 것을 인문학 카테고리의 문서가 맞다고 예측했다고 합시다. 이때 실제 결과는 거짓이지만 예측 결과는 참이기 때문에 결과적으로 예측은 틀렸습니다(false). 그리고 이러한 예측을 할 때 그 문서는 인문학 카테고리가 맞다고 긍정적(positive)으로 판단했기 때문에 FP가 됩니다.[1]

이와 같이 카테고리가 판별된 결과에 대해 평가를 해보면 TP, FP, FN, TN 중 어느 하나의 유형으로 분류할 수 있습니다. 이렇게 분류된 정보를 조합하면 확률적인 표현으로 정밀도, 재현율, 그리고 F값 같은 지표를 만들어낼 수 있습니다. 이들의 계산 방법은 다음과 같습니다.[2]

---

1 역자주: 실제와 예측이 일치하냐 여부로 True/False를 결정하고 예측이 긍정적이냐, 부정적이냐의 여부로 Positive/Negative를 결정한다고 생각하면 이해하기 쉽습니다.

2 역자주: 다른 지표로 '정확도(Accuracy)'라는 것도 있습니다.

$$\text{Accuracy} = \frac{TP + TN}{TP + FN + FP + TN}$$

공식

정밀도(Precision)

$$\text{Precision} = \frac{TP}{TP + FP}$$

재현율(Recall)

$$\text{Recall} = \frac{TP}{TP + FN}$$

F값(F-Value)

$$F = \frac{2 \times \text{Recall} \times \text{Precision}}{\text{Recall} + \text{Precision}} = \frac{2TP}{2TP + FN + FP}$$

여기에서 정밀도란 의미는 어떤 문서를 인문학 카테고리의 문서라고 판단했는데, 실제로도 그 문서가 인문학 카테고리의 문서가 맞을 때의 확률입니다. 재현율은 인문학 카테고리의 문서를 카테고리 판별기에게 판별을 맡겼을 때, 그 문서가 인문학 카테고리의 문서라고 맞출 때의 확률입니다.

두 지표 모두가 그럴듯해 보이고 수치가 높을수록 성능이 좋을 것처럼 보이지만, 사실 이들 두 지표, 즉 정밀도와 재현율은 한 쪽의 지표가 높아지면 다른 쪽의 지표가 낮아지는 트레이드오프trade off 관계에 있습니다.

예를 들어, 인문학 카테고리의 문서에 대한 재현율이 높은 판별기를 만든다면 어떤 문서가 들어오더라도 무조건 '이 문서는 인문학 카테고리다'라고 판별하면 됩니다. 이렇게 하면 극단적으로 재현율 100%의 판별기가 되는 셈인데, 대신 실제로는 인문학 카테고리가 아닌 문서를 집어 넣어도 '이것은 인문학 카테고리다'라고 판별해 버리기 때문에 정밀도가 떨어집니다. 이번에는 반대로 정밀도가 높은 판별기를 만든다면 절대로 틀린 판단을 하지 않도록 조금이라도 이상하면 '이것은 인문학 카테고리가 아니다'라고 판별하면 됩니다. 이렇게 하면 실제로는 인문학 카테고리의 문서라 하더라도 '이것은 인문학 카테고리가 아니다'라고 판단할 수 있기 때문에 재현율이 떨어집니다.

이러다 보니 재현율과 정밀도, 두 지표의 특징을 모두 가진 지표로 F값이 사용됩니다.

참고로 정밀도와 재현율, F값이라는 세 가지 지표 중에서 특히 F값은 질병의 발생률이나 조사 대상의 크기 등에 쉽게 좌우되지 않는 평가 척도이기 때문에 활용도가 높습니다.

이렇게 세 가지 지표가 구해졌다면 모델의 평가 결과를 확인해 봅시다. 이번에 구축한 자연어 처리 엔진의 성능 평가 결과는 다음과 같습니다.

▼ 표 6.9.2 성능 평가 결과

	정밀도(Precision)	재현율(Recall)	F값	문장 개수
인문	0.90	0.84	0.87	428
경제	0.87	0.86	0.87	449
과학	0.83	0.89	0.86	437
평균/합계	0.87	0.87	0.87	1,314

정밀도 87%, 재현율 87%, F값 87%의 결과가 나왔습니다. 복잡한 모델은 아니었지만 그런대로 카테고리 판별기로써는 괜찮은 성능이 나온 것 같습니다.

평가 결과에 추가로 혼동행렬混同行列, confusion matrix도 뽑아 보았습니다. 혼동행렬은 세 개의 카테고리(클래스)로 분류된 결과를 3×3 행렬로 정리한 것으로, 대각 성분 x_{ii}에는 맞춘 개수를, 그 밖의 성분에는 다른 카테고리(클래스)로 오판하여 틀린 개수가 채워져 있습니다. 이 혼동행렬의 2행, 3열을 보면 경제 카테고리의 글을 과학 카테고리로 오판한 경우가 41건으로 꽤 있었던 것을 알 수 있습니다.

이 정도의 결과로도 만족스럽지만 뒤에 더 남은 것은 이 판별기를 더 개선하는 일일 겁니다. 이렇게 나온 평가 결과를 바탕으로 앞으로 정밀도나 재현율 중에 어느 쪽을 좀 더 올려볼지 고민도 하고, 특징을 추출하는 과정, 가중치를 부여하는 과정, 벡터를 최적화하는 과정을 어떻게 개선할지 생각해볼 수도 있을 겁니다. 회귀 모델regression model이나 분류 모델classification model에서 어떤 부분을 변경할지 전략도 세워보고 그 결과가 나오면 다시 평가를 합니다. 이렇게 보완하고 검증하는 과정을 반복하다 보면 더 나은 성능의 카테고리 판별기를 만들 수 있게 될 것입니다.

입력한 문서 (실제 결과)	판별 결과 (예측 결과): 인문	경제	과학
인문 카테고리의 문서 →	361	29	38
경제 카테고리의 문서 →	21	387	41
과학 카테고리의 문서 →	21	27	389

▲ 그림 6.9.2 혼동행렬

7

이미지 인식

이 장에서는 딥러닝 중에서도 DNNDeep Neural Network 알고리즘을 사용하여 이미지 인식을 해보겠습니다. 신경망neural network은 사람의 뇌를 흉내 내서 만든 수학적인 모델인데, 네트워크 계층의 개수를 늘리면 인공지능의 정확도가 높아지는 특징이 있습니다.

프로 바둑 기사를 이기는 바둑 AI나 사람이 하는 말을 알아듣는 음성 인식 AI 비서, 직접 운전하지 않아도 원하는 곳까지 데려다주는 자율주행 자동차처럼, 최근 주목받고 있는 첨단 기술에는 딥러닝이 깊숙이 자리 잡고 있습니다. 이 장에서는 이제까지 배운 수학 지식을 총동원하여 딥러닝 기술을 설명할 것입니다.

SECTION 7-1

딥러닝으로 손글씨 인식하기

이 장에서는 이미지를 식별할 수 있는 인공지능을 만들어 보겠습니다. 예전에는 이미지를 컴퓨터에게 인식시키는 것이 상당히 어려운 작업이었는데, 최근에 딥러닝 기술이 등장한 이후부터는 이미지를 인식하고 처리하는 것이 더욱 쉬워지고 정확도 또한 눈에 띄게 향상되고 있습니다.

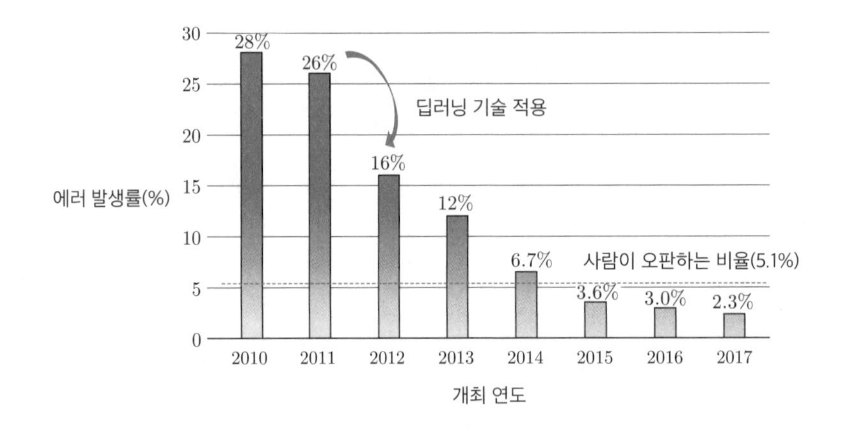

▲ 그림 7.1.1 ILSVRC의 에러 발생률 변화 추이[1]

그림 7.1.1은 세계적으로 유명한 영상 인식 대회인 ILSVRC ImageNet Large Scale Visual Recognition Challenge 에서 공개한 이미지 분류 부문, 역대 우승팀들의 에러 발생률 추이 그래프입니다. 2011년까지는 SVM support vector machine 과 같은 머신러닝 기술이 사용되다가, 2012년부터 딥러닝이라는 머신러닝 기술이 사용되었는데, 바로 이 시점에 에러 발생률이 급격히 낮아져 세간의

---

1 출처: http://image-net.org/challenges/talks_2017/ILSVRC2017_overview.pdf

큰 주목을 받게 됩니다. 2013년 이후에는 딥러닝 기술이 더욱 발전하여 에러 발생률이 더 낮아졌고 급기야 2015년에는 사람보다 이미지를 더 잘 분류하는 역전 상황에 이르게 되었습니다.

이 장에서는 딥러닝 기술 중에서도 가장 기본적인 DNN Deep Neural Network 알고리즘을 이용하여, 손으로 쓴 글자를 인식시켜 보려 합니다. 예를 들어, 편지 봉투나 우편엽서를 자동으로 분류하기 위한 우편번호 인식 시스템을 개발한다고 생각하면 이해가 쉬울 것 같습니다. 이 장에서는 0에서 9까지의 숫자가 손글씨로 쓰인 이미지를 보고, 해당 숫자가 무엇인지 알아맞히는 인공지능 모델을 만들어볼 것입니다.

SECTION 7-2

데이터 세트 'MNIST'

이번 실습에서는 손글씨 숫자 데이터를 모아놓은 'MNIST[1]'를 사용해보겠습니다. MNIST는 '인공지능 프로그래밍 계의 Hello World[2]'라고 불릴 정도로 잘 알려진 데이터 세트입니다. 이 데이터 세트가 어떤 것인지 실제로 살펴보겠습니다. 그림 7.2.1은 손글씨 숫자와 정답 레이블을 함께 표시한 것입니다. 손으로 쓴 글씨이기 때문에 같은 숫자라 하더라도 가로나 세로의 길이가 서로 다르고 쓰인 글자 모양도 제각각입니다. 심지어 점선으로 따로 표시된 이미지처럼 사람이 봐도 이것이 5인지 6인지 가늠하기 어려운 글자도 있습니다.

MNIST에는 이와 같은 데이터가 0에서 9까지, 흑백 이미지로 약 7,000장씩, 모두 70,000장이 들어 있습니다. 이번 실습에서는 70,000장의 데이터 중, 60,000장을 학습 데이터로 사용하고 남은 10,000장을 테스트 데이터로 사용합니다. 컴퓨터에서는 이미지를 처리할 때, 아주 작은 점들의 모임으로 취급하는데, 이 점들의 최소 단위를 1픽셀(pixel)이라고 합니다. MNIST 데이터는 가로 28픽셀, 세로 28픽셀, 총 784픽셀의 이미지로 만들어졌습니다. 그리고 하나의 픽셀은 0에서 255까지, 총 256가지의 정숫값[3]을 가집니다. 픽셀의 정숫값이 0이면 검은색이고, 255면 흰색, 그 사이의 값이면 회색으로 간주합니다. 그리고 이미지 한 장, 한 장에는 정답 레이블이 붙어 있습니다. 정답 레이블label이란 손글씨로 쓰인

---

1 http://yann.lecun.com/exdb/mnist/

2 새로운 프로그래밍 언어를 배울 때 제일 먼저 해보는 것이 'Hello World!'라는 문장을 출력해 보는 관례에서 유래한 말입니다. '○○○의 Hello World'라는 말은 ○○○을 처음 배우는 사람이 제일 먼저 해보는 일이라는 의미입니다.

3 화소의 값을 255로 나누어 0에서 1 사이의 범위로 변환하는 정규화(正規化) 과정이 학습 속도를 향상시키는 데 도움이 됩니다. 이번 실습에서도 데이터에 그러한 전처리를 하고 있습니다.

숫자가 어떤 수를 나타내는지 정답을 써 둔 것입니다. 정답 레이블은 흔히 교사가 있는 학습이라고 부르는 지도 학습 알고리즘을 사용할 때 반드시 필요합니다. 그리고 이번 실습에서 사용할 알고리즘 역시 지도 학습 알고리즘 중에 하나를 쓸 것입니다.

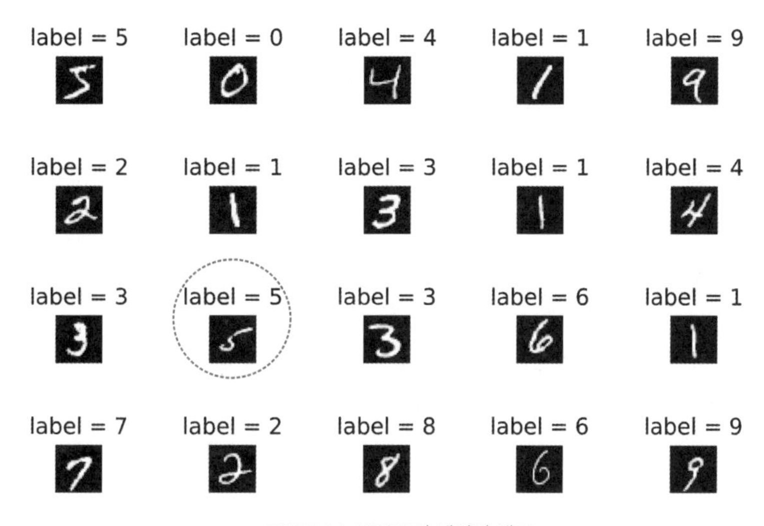

▲ 그림 7.2.1 MNIST의 데이터 세트

칼럼 **교사가 있는 학습과 교사가 없는 학습**

인공지능 알고리즘은 크게 '교사가 있는 학습'과 '교사가 없는 학습'으로 분류됩니다. 교사가 있는 학습, 즉 지도 학습指導學習, supervised learning에서는 정답 레이블이 붙은 데이터 세트를 사용하여 인공지능 모델을 만듭니다. 참고로 이 책에서 다루는 세 가지 실습은 모두 이 방법을 사용합니다. 한편, 교사가 없는 학습에서는 정답 레이블이 붙어 있지 않은 데이터 세트를 사용하여 인공지능 모델을 만듭니다. 3.13절의 '인공지능에서는 이렇게 활용한다'에서 소개한 주성분 분석은 교사가 없는 학습, 즉 비지도 학습非指導學習, unsupervised learning에 해당합니다. 대부분의 학습 방법은 이 두 가지로 분류되는데, 최근 이 두 가지 모두에 해당하지 않는 강화학습強化學習, reinforcement learning이라는 진화된 방법이 나왔습니다. 강화학습은 바둑 AI로 유명한 알파고AlphaGo가 사용한 방법으로, 사람이 컴퓨터에게 행동할 수 있는 선택지와 보상을 줄 조건을 설정하면, 이후는 컴퓨터가 알아서 스스로의 행동 알고리즘을 만들어낼 수 있는 새로운 인공지능 모델입니다.

SECTION
7-3

신경망이란? 기초

학습 포인트

- 신경망의 개념을 이해할 수 있다.

이 절에서는 딥러닝 중에서도 심층 신경망DNN: Deep Neural Network 알고리즘에 대해 자세히 알아보겠습니다. 신경망은 데이터를 읽는 입력층과 최종 결과를 내는 출력층, 그리고 그 사이에 하나 이상 존재하는 은닉층으로 구성됩니다. 각 계층은 노드node라고 부르는 인공 뉴런neuron으로 만들어지는데, 신경망 중에서도 은닉층이 두 개 이상 있는 경우를 심층 신경망, 또는 DNN이라고 부릅니다.

신경망은 사람의 뇌에 있는 신경세포(뉴런)와 그런 세포들의 연결 관계(네트워크)를 흉내내서 만든 수학적 모델입니다. 그러므로 신경망을 이해하기 전에, 우선 사람의 신경세포가 어떻게 동작하는지부터 살펴봅시다.

신경세포는 그림 7.3.1과 같이 주위의 다른 신경세포와 연결되어 있으며, 인접한 신경세포에게 전기 신호를 전달하면서 정보를 처리한다고 알려져 있습니다.

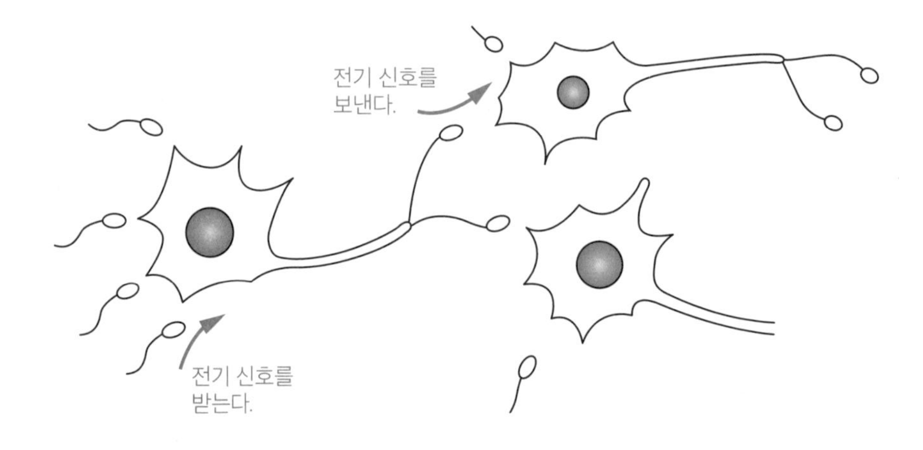

▲ 그림 7.3.1 신경세포의 동작 방식

일단 신경세포 하나를 좀 더 자세히 살펴봅시다. 하나의 신경세포는 앞선 다른 여러 신경세포들로부터 여러 개의 전기 신호를 받을 수 있습니다. 이렇게 모인 전기 신호들의 합이 일정 수준을 넘어서게 되면, 다음 신경세포에게도 일정한 크기의 전기 신호를 전달하게 되는데, 이런 과정을 발화發火라고 합니다.

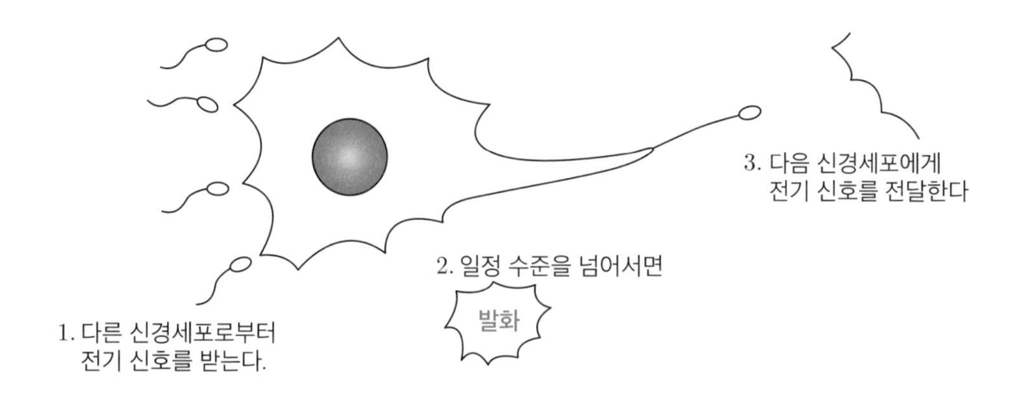

▲ 그림 7.3.2 신경세포가 발화하는 모습

이런 신경세포 하나하나의 동작 방식을 인공적으로 재현한 것이 신경망의 노드node입니다. 인공 뉴런 역할을 하는 노드는 마치 신경세포처럼 입력을 받고, 그 결과로 일정한 값을 출력합니다. 노드는 입력값 x에 대해 가중치 w를 곱하고, 여기에 또다시 바이어스 b를 더합니다. 최종적으로는 이 값에 앞서 1.8절에서 배웠던 활성화 함수 σ를 적용하여 변환된 값 a를 출력합니다. 이 과정에서 입력값 x는 여러 개가 있을 수 있으며, 그에 따라 가중치 w도 여러 개가 나올 수 있습니다.

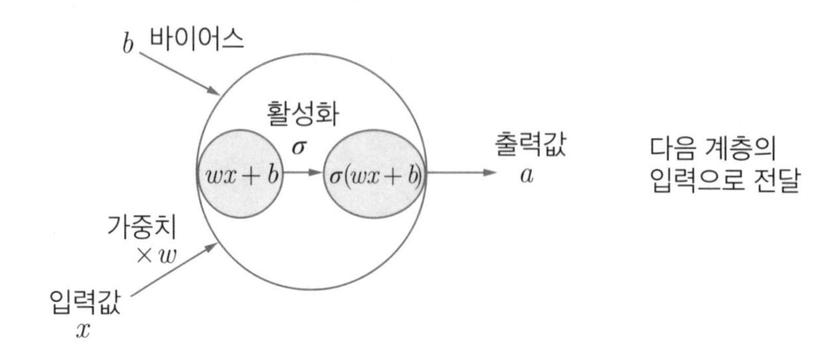

▲ 그림 7.3.3 노드 내부의 동작 방식

결국, 이런 노드 여러 개가 결합하면 신경망이 만들어집니다. 이 책에서 실습할 MNIST 데이터로 예를 들자면, 우선 식별하고 싶은 손글씨의 이미지가 28 × 28 = 784픽셀이므로 784개의 노드로 구성된 입력층이 만들어집니다. 그리고 손글씨 이미지에 따라 그에 맞는 입력값이 들어갑니다. 입력층으로 들어간 이미지 정보는 은닉층을 통과하면서 최종적으로 10개의 노드로 구성된 출력층까지 도달하는데, 이때의 출력값이 0에서 9까지의 숫자에 대응합니다. 결국 이 출력값이 무엇이냐에 따라 입력했던 이미지가 어떤 숫자에 가까운지 판별하게 됩니다. 그림 7.3.4는 이러한 과정을 그림으로 표현한 것입니다.

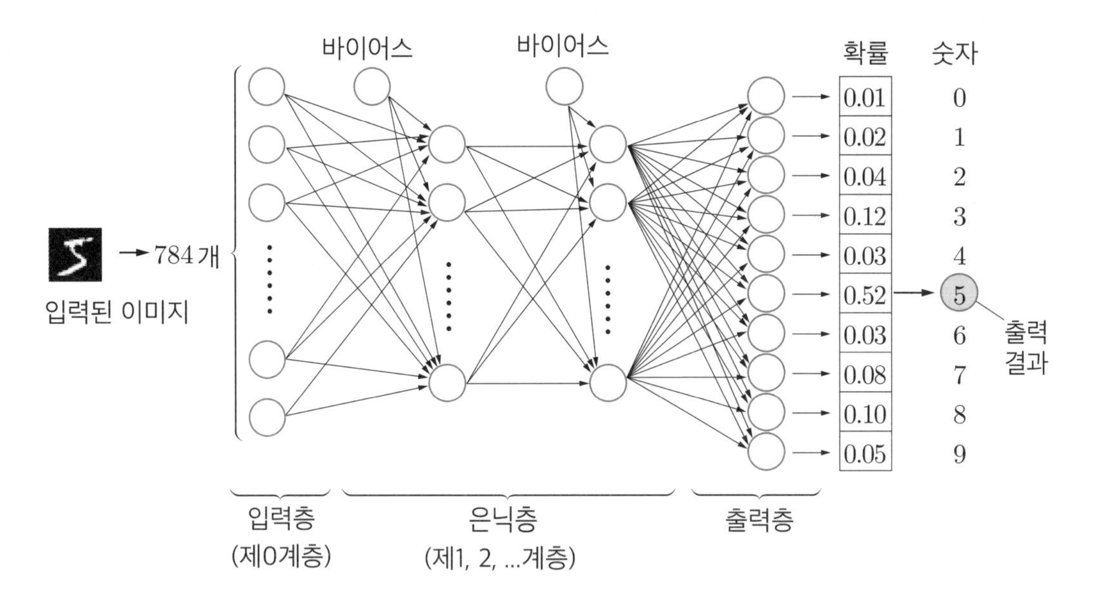

▲ 그림 7.3.4 DNN 모델[1]

이런 모델을 사용하는 인공지능에서는 더 좋은 결과를 만들기 위해, 인공 뉴런 역할을 하는 노드의 가중치와 바이어스를 조정할 수 있습니다. 그렇다면 신경망에서 이런 가중치나 바이어스는 어떻게 조정하는 것일까요? 다음 절부터 그 궁금증에 대한 답을 하나씩 찾아보도록 하겠습니다.

1 이런 모델을 다층 퍼셉트론(multilayer perceptron)이라고 하기도 합니다.

신경망이란? 심화

학습 포인트

- 활성화 함수로 비선형 변환을 하는 이유를 이해할 수 있다.

이 절에서는 앞 절에서 언급했던 활성화 함수活性化函數, activation function에 대해 자세히 알아보겠습니다. 신경망에서 자주 사용하는 활성화 함수 중에는 시그모이드 함수와 ReLU 함수가 있습니다. 우선 시그모이드 함수에 대해 알아보겠습니다. 시그모이드 함수는 이미 1.8절에서 살펴본 적이 있으며, 주로 표준 시그모이드 함수를 많이 사용합니다. 수식으로는 다음과 같이 표현합니다.

$$\varsigma(x) = \frac{1}{1 + \exp(-x)}$$

이런 시그모이드 함수를 사용하는 분류 모델로는 로지스틱 회귀가 있으며 이미 6장의 카테고리 판별기에서 사용한 적이 있습니다.

또 다른 활성화 함수로는 2.7절에서 살펴본 적이 있는 ReLU 함수가 있습니다. 이 함수는 최근 시그모이드 함수를 대체하는 용도로 많이 사용하고 있으며 수식으로는 다음과 같이 표현합니다.

$$\varphi(x) = \max(0, x) = \begin{cases} 0 & (x \leq 0) \\ x & (x > 0) \end{cases}$$

수식에서 알 수 있듯이 ReLU 함수는 입력값이 0보다 작거나 같으면 0을 출력하고, 입력값이 0보다 크면 입력한 값이 그대로 출력값으로 나오는 간단한 함수입니다.

이러한 활성화 함수들을 그래프로 표현하면 다음과 같습니다.

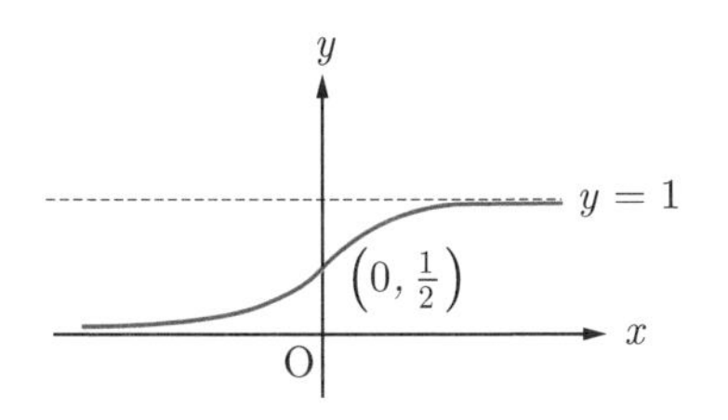

▲ 그림 7.4.1 시그모이드 함수

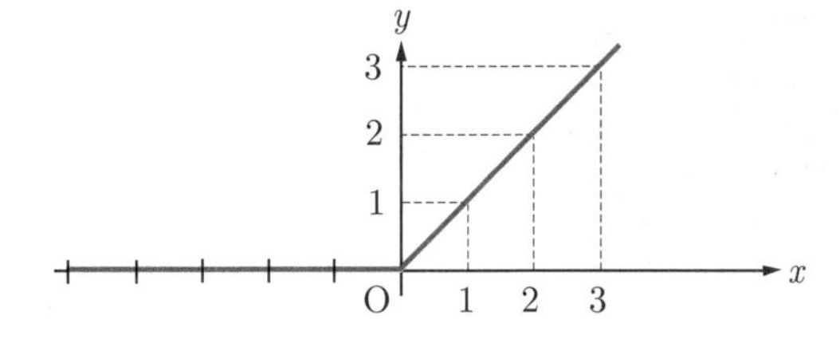

▲ 그림 7.4.2 ReLU 함수

이들 두 가지 활성화 함수에는 한 가지 공통점이 있는데, 바로 비선형 함수라는 점입니다. 비선형非線型이라는 말은 간단히 말하자면 하나의 직선으로 표현할 수 없다는 말입니다. 이 말은 비선형 함수를 사용하면 하나의 직선으로 구분하지 못하는 영역을 구분할 수 있다는 뜻이기도 합니다.

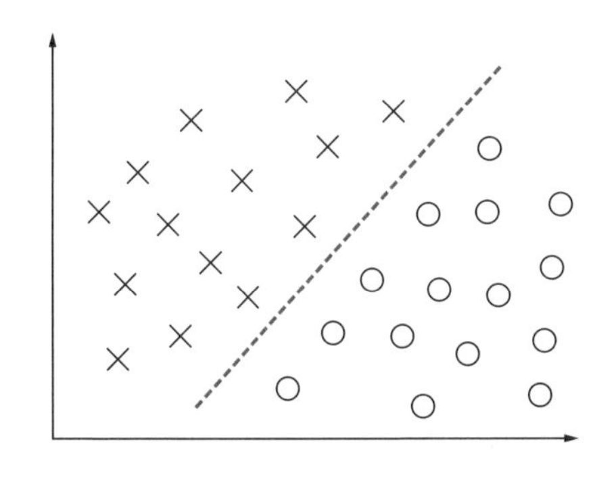

▲ 그림 7.4.3 선형 분리가 가능한 경우

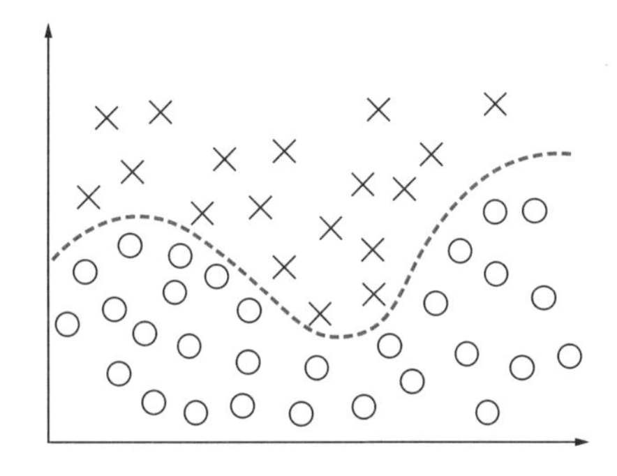

▲ 그림 7.4.4 선형 분리가 불가능한 경우

예를 들어, 그림 7.4.3에서는 ○와 ×를 구분할 때 직선 하나만 그려주면 됩니다. 이렇게 직선으로 구분해서 만들어지는 영역을 선형적인 영역이라고 합니다. 반면, 그림 7.4.4는 ○와 ×를 구분하기 위해 곡선을 그려야만 합니다. 이렇게 곡선으로 구분해서 만들어지는 영역은 비선형적인 영역이라 합니다. 신경망에서는 이런 비선형적인 영역을 구분하기 위해 여러 계층의 네트워크가 필요합니다. 이때, 사용하는 활성화 함수가 비선형적이어야 하는 이유는 앞의 그래프 예에서 본 것처럼 신경망의 표현력이 더 향상되기 때문입니다.

심층 신경망이란?

학습 포인트

- 심층 신경망의 개념을 이해할 수 있다.

신경망에 입력층과 은닉층, 그리고 출력층이 있다는 것은 이미 앞에서 배웠습니다. 딥러닝 분야에서는 이런 신경망의 은닉층을 여러 개로 만들어 쓰는 알고리즘이 있는데, 이러한 알고리즘을 심층 신경망DNN이라고 부릅니다.

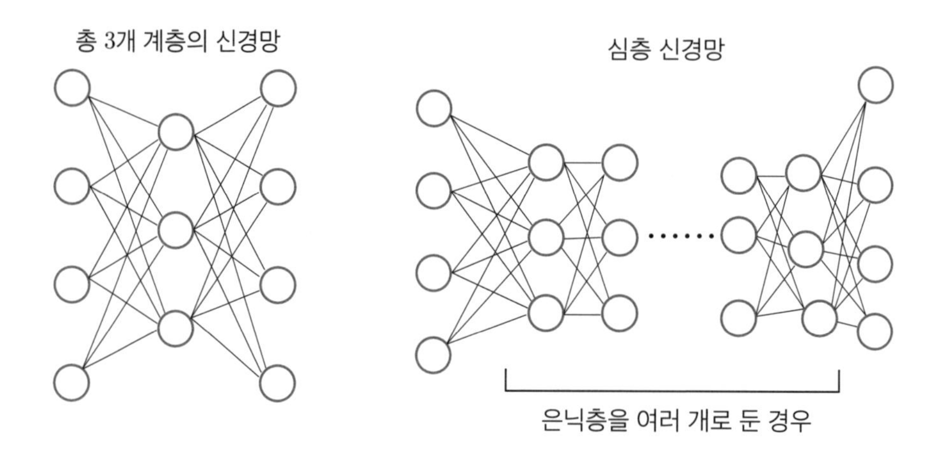

▲ 그림 7.5.1 3계층의 신경망과 심층 신경망

쉽게 말하자면 신경망의 계층을 여러 개로 만들고, 데이터의 특징을 여러 차례 추출하다 보면, 더 정밀하고 정확한 판단이 가능할 것이라고 기대하는 접근 방법입니다. 이전의 머신러닝 환경에서는 계층이 늘어날 때 기울기 소실vanishing gradient 문제가 발생한다거나, 절대적으로 학습할 데이터양이 부족하다거나, 컴퓨터의 성능이 낮아서 계산이 너무 오래 걸린다거나 하는 다양한 이유로 충분한 학습을 할 수가 없었습니다. 하지만 최근의 머신러닝 환경은 뒤에 설명할 드롭아웃dropout이나 ReLU 함수와 같은 새로운 기법을 적용하여 기울기 소실 문제를 해결하고, 학습 데이터양도 이전에 비해 늘었으며, GPU의 도움으로 컴퓨터 성능도 향상되어 이전에 겪었던 많은 어려움이 해결되었습니다. 그 결과 지금에 이르러서는 이미지나 음성 인식과 같은 분야에서 딥러닝에 의한 머신러닝이 괄목할 만한 큰 성과를 내고 있습니다.

SECTION 7-6

순전파

학습 포인트

- 입력층에서 출력층으로 전달되는 정보의 전파 방식을 이해할 수 있다.
- 정보의 흐름을 수식 표현으로 이해할 수 있다.

이 절에서는 입력층에서 출력층까지 정보가 전파되는 과정을 수식으로 표현하면서 추적해 보겠습니다. 이러한 전파 과정은 입력층에서 출력층까지 정보가 순서대로 전달된다고 하여 순전파順轉播라고 합니다. 참고로 우리가 실습할 MNIST 데이터는 784개의 입력값을 사용합니다. 순전파 과정을 설명하기 위해 784개의 모든 입력값을 다루는 것은 지면 관계상 어려운 일이기 때문에 다음과 같이 단순화한 형태로 설명하겠습니다.

예제

입력층의 노드가 3개, 은닉층의 노드가 2개, 출력층의 노드가 3개인 신경망을 수식으로 표현하시오.단, 은닉층의 활성화 함수는 시그모이드 함수를 사용하고, 출력층의 활성화 함수는 softmax 함수를 사용하시오.

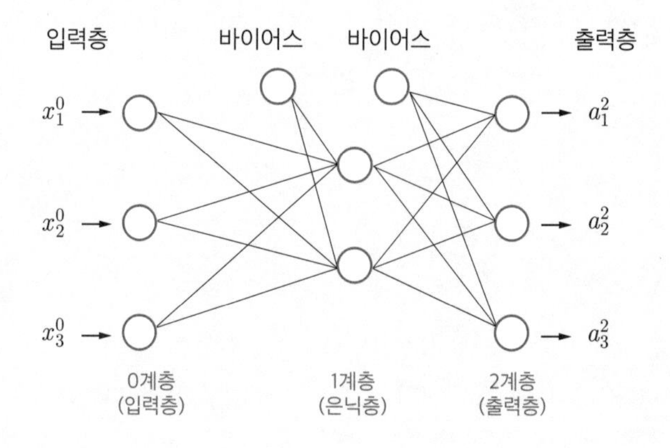

▲ 그림 7.6.1 신경망의 개념도

우선 신경망을 표현할 때 사용하는 각종 문자 표기에 대해 알아봅시다.

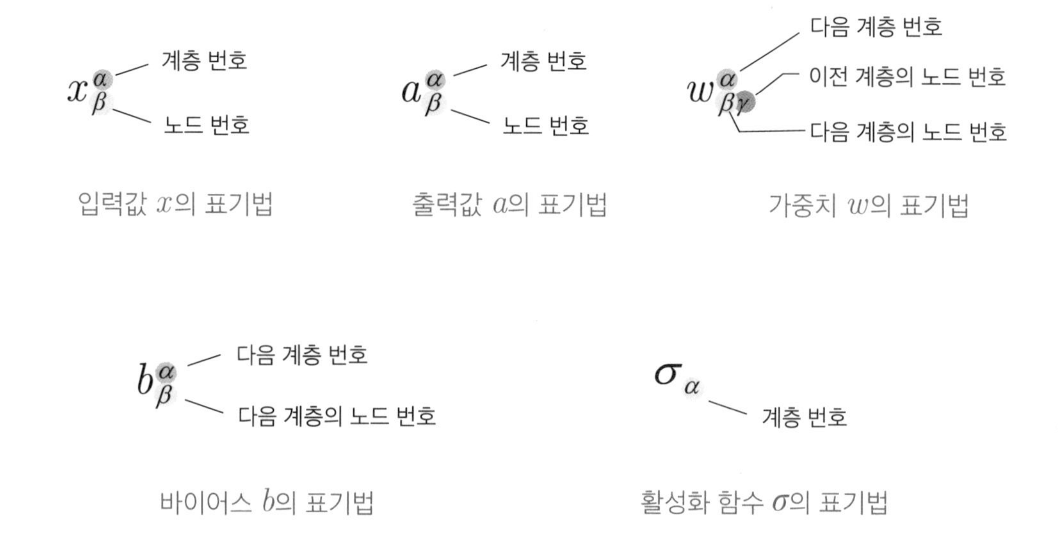

▲ 그림 7.6.2 문자를 표기하는 관례[1]

예를 들어, x_2^2는 신경망의 2계층, 두 번째 노드에 입력된 값을 의미합니다. 이때, 주의할 점은 문자의 오른쪽 상단에 있는 숫자 2가 제곱을 의미하는 것이 아니라는 점입니다.
비슷한 맥락으로 w_{23}^1은 신경망의 1계층, 두 번째 노드로 들어가는 가중치인데, 신경망의 0계층, 세 번째 노드의 출력값에 곱해지는 가중치를 의미합니다.
이제 이러한 신경망에서 계산이 어떻게 이루어지는지 확인해 봅시다. 우선은 시작 부분인 입력층의 출력이 은닉층으로 전달되는 부분만 집중해서 보겠습니다.

1 역자주: 계층 번호는 입력층에서 출력층 방향으로 0부터 시작하고, 노드 번호는 해당 계층의 위에서 아래 방향으로 1부터 시작합니다.

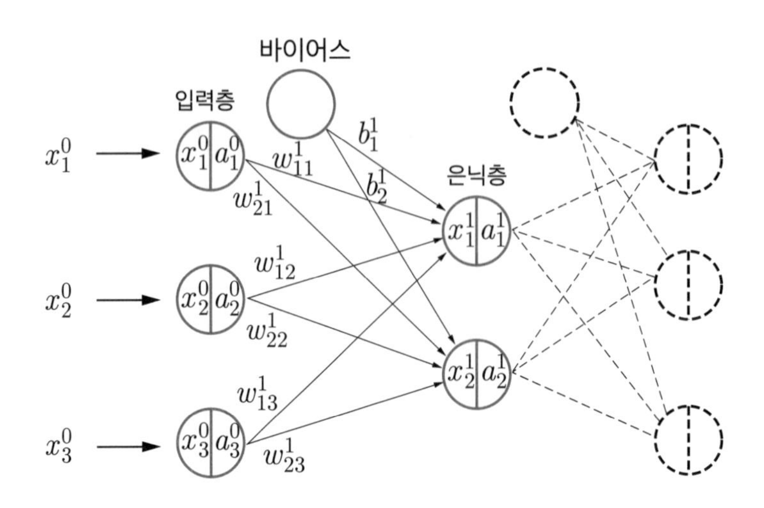

▲ 그림 7.6.3 신경망의 입력층에서 은닉층까지의 정보 흐름

입력값 x_1^0과 x_2^0, 그리고 출력값 a_1^0과 a_2^0를 살펴보면 최초의 입력층에서는 별다른 처리를 하지 않는다는 것을 알 수 있습니다. 그래서 이들의 관계식은 다음과 같습니다.

$$x_1^0 = a_1^0,\ x_2^0 = a_2^0$$

다음은 은닉층의 입력값 x_1^1과 x_2^1를 살펴봅시다. 이 은닉층의 입력값은 다음과 같이 계산할 수 있습니다.

$$x_1^1 = w_{11}^1 a_1^0 + w_{12}^1 a_2^0 + w_{13}^1 a_3^0 + b_1^1$$
$$x_2^1 = w_{21}^1 a_1^0 + w_{22}^1 a_2^0 + w_{23}^1 a_3^0 + b_2^1$$

이 수식은 행렬을 사용하여 다음과 같이 간단한 형태로 표현할 수 있습니다.[1]

---

1 역자주: 3.1절에서 배운 것처럼 보통 벡터를 표기할 때는 $\boldsymbol{x}$, $\boldsymbol{a}$, $\boldsymbol{b}$처럼 굵은 글씨의 소문자를 사용하고 행렬을 표기할 때는 W처럼 대문자를 사용합니다.

$$\boldsymbol{x}^1 = \begin{pmatrix} x_1^1 \\ x_2^1 \end{pmatrix},\ W^1 = \begin{pmatrix} w_{11}^1\ w_{12}^1\ w_{13}^1 \\ w_{21}^1\ w_{22}^1\ w_{23}^1 \end{pmatrix},\ \boldsymbol{a}^0 = \begin{pmatrix} a_1^0 \\ a_2^0 \\ a_3^0 \end{pmatrix},\ \boldsymbol{b}^1 = \begin{pmatrix} b_1^1 \\ b_2^1 \end{pmatrix}$$

$$\boldsymbol{x}^1 = W^1\boldsymbol{a}^0 + \boldsymbol{b}^1$$

이번에는 은닉층의 a_1^1과 a_2^1를 살펴봅시다. 은닉층의 출력값은 다음과 같이 계산할 수 있습니다.

$$a_1^1 = \boldsymbol{\sigma}_1(x_1^1)$$
$$a_2^1 = \boldsymbol{\sigma}_1(x_2^1)$$

이때, 활성화 함수 σ에는 표준 시그모이드 함수를 사용하고 σ_1로 표기하였습니다. 기억을 떠올리기 위해서 1.8절과 2.7절에서 본 적이 있는 시그모이드 함수의 그래프를 다시 한번 가져와 보았습니다.

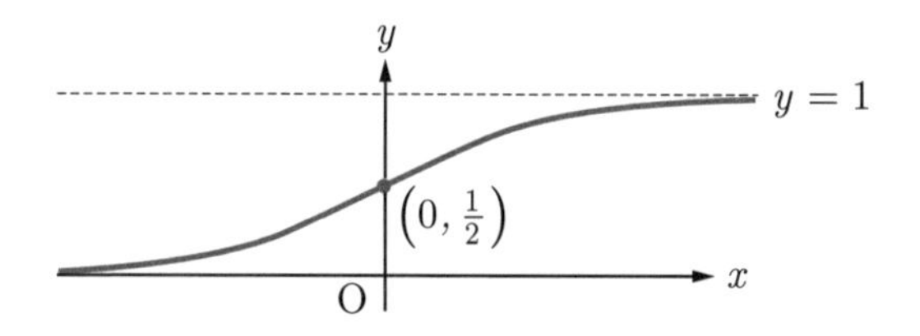

▲ 그림 7.6.4 시그모이드 함수의 그래프

예를 들어, $x_1^1 = 0$일 때 시그모이드 함수를 사용하면 $a_1^1 = \sigma_1(0) = 0.5$가 됩니다. 이렇게 활성화 함수를 사용하면 비선형 변환이 되는데, 그 결과로 신경망의 표현력이 한결 좋아집니다.

이번에는 같은 방법으로 은닉층에서 출력층으로 정보가 전달되는 과정을 살펴보면서 수식으로 표현해 보겠습니다.

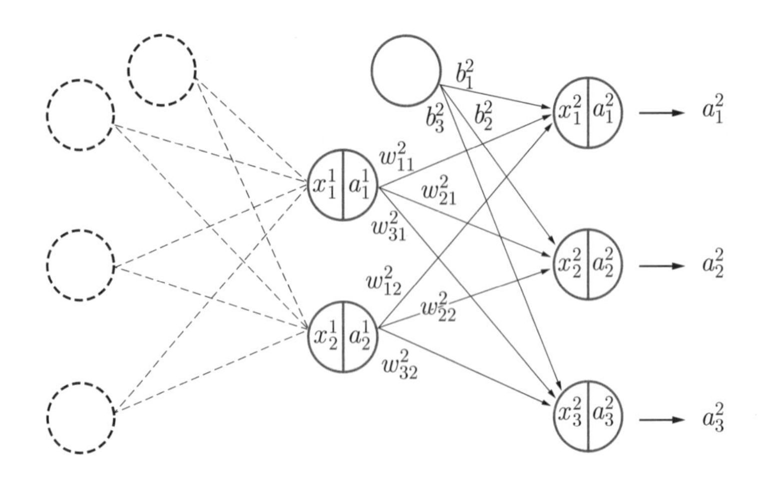

▲ 그림 7.6.5 신경망의 은닉층에서 출력층까지의 정보 흐름

이러한 관계를 행렬로 표현하면 다음과 같습니다.

$$\boldsymbol{x^2} = \begin{pmatrix} x_1^2 \\ x_2^2 \\ x_3^2 \end{pmatrix},\ W^2 = \begin{pmatrix} w_{11}^2 & w_{12}^2 \\ w_{21}^2 & w_{22}^2 \\ w_{31}^2 & w_{32}^2 \end{pmatrix},\ \boldsymbol{a^1} = \begin{pmatrix} a_1^1 \\ a_2^1 \end{pmatrix},\ \boldsymbol{b^2} = \begin{pmatrix} b_1^2 \\ b_2^2 \\ b_3^2 \end{pmatrix}$$

$$\boldsymbol{x^2} = W^2\boldsymbol{a^1} + \boldsymbol{b^2}$$

결과적으로 출력값은 비선형 변환된 $\boldsymbol{x}^2$가 나옵니다. 참고로 최종 출력층에서는 softmax 함수로 비선형 변환을 합니다.

정의

softmax 함수

n차원의 실수 벡터 $\boldsymbol{x} = (x_1,\ x_2,\ \dots,\ x_n)$이 있다고 가정할 때, 다음 식에서 n차원의 실수 벡터 $\boldsymbol{y} = (y_1,\ y_2,\ \dots,\ y_n)$을 결괏값으로 내는 함수를 softmax 함수라고 부른다.

$$y_i = \frac{\exp(x_i)}{\exp(x_1) + \exp(x_2) + \cdots + \exp(x_n)} \quad (1 \leq i \leq n)$$

softmax 함수를 사용하면 결괏값을 확률적인 표현으로 만들 수 있습니다. 실제로 계산을 해보면 $0 < y_i < 1$이고 $y_1 + y_2 + ... + y_n = 1$과 같아서 이 값들이 확률을 의미한다는 것을 짐작할 수 있습니다.

2계층에 적용된 softmax 함수를 σ_2라고 할 때, 이 함수의 결과로 나오는 확률 a_1^2, a_2^2, a_3^2는 다음과 같이 표현할 수 있습니다.[1]

$$a_1^2 = \sigma_2(x_1^2),\ a_2^2 = \sigma_2(x_2^2),\ a_3^2 = \sigma_2(x_3^2)$$

이때, a_1^2, a_2^2, a_3^2 중에서 가장 큰 값이 나오는 카테고리가 이 신경망의 판별 결과입니다.

이 절에서는 입력층 1개에 노드는 3개, 은닉층 1개에 노드는 2개, 출력층 1개에 노드는 3개를 사용한 비교적 단순한 신경망을 예로 들었는데, 실제로 MNIST 데이터를 심층 신경망으로 분석할 때는 입력층 1개에 노드 784개, 은닉층 2개 이상에 노드는 제 각각으로 k개[2], 출력층 1개에 노드는 10개의 비교적 큰 네트워크를 사용합니다.

이 책에서는 입력층 1개, 은닉층 3개, 출력층 1개의 총 5개 계층으로 신경망을 구성하였습니다. 은닉층의 노드는 순서대로 256개 노드, 128개 노드, 32개 노드를 사용하였고, 활성화 함수는 은닉층에 ReLU 함수를, 출력층에 softmax 함수를 사용하였습니다.

---

1 역자주: softmax 함수를 표현한 σ는 'sigma'라고 읽습니다.

2 은닉층의 개수나 각 계층의 노드 수 k개는 인공지능 엔지니어가 결정하는 부분으로 기계가 알아서 자동으로 튜닝하지 못합니다. 은닉층이나 노드의 개수에 제약이 있는 것은 아니지만, 통상 MNIST를 DNN으로 판별할 때는 은닉층을 2개에서 4개 사이, 노드 수를 10개에서 784개 사이로 튜닝하고 출력층으로 가까이 갈수록 노드 개수를 줄여나가는 것이 일반적입니다. 한편, 은닉층에서 활성화 함수로 ReLU 함수를 사용하는 이유는 2.7절의 '인공지능에서는 이렇게 활용한다'에서 보았던 기울기 소실 문제를 해결하기 위해서입니다.

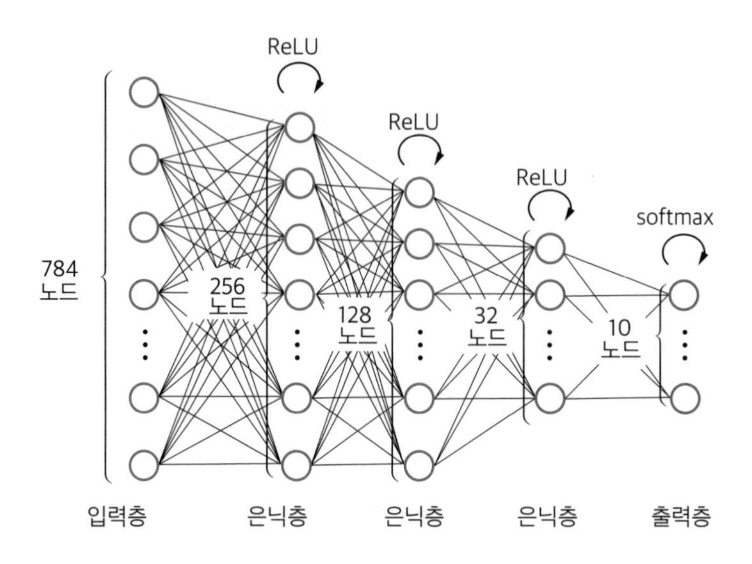

▲ 그림 7.6.6 'MNIST' 실습에 사용한 신경망의 구성도

손실 함수

학습 포인트

- 손실 함수의 설정 방법을 이해할 수 있다.

이 절에서 7.9절까지는 신경망의 가중치를 결정하는 방법에 대해 알아보겠습니다.

우선은 손실 함수에 대해 알아봅시다. 가중치와 바이어스를 조정할 때는 손실 함수의 값이 최소가 되도록 만들어줘야 합니다. 여기서 말하는 손실 함수는 신경망이 출력한 값과 실제 값과의 오차에 대한 함수로 5장과 6장에서 다룬 것과 같습니다. 이번에도 이전과 같이 손실 함수가 최소가 되는 신경망을 만드는 것이 목표입니다. 손실 함수에는 여러 가지가 있지만 이번 절에서는 간단히 평균제곱오차MSE: mean squared error[1]로 설명하겠습니다. 평균제곱오차 E는 다음과 같이 구할 수 있습니다.[2]

$$E = \frac{1}{2}\left\|\boldsymbol{t} - \boldsymbol{y}\right\|^2$$

$\boldsymbol{t}$: 정답 레이블, $\boldsymbol{y}$: 신경망의 출력 .... 수식 7.7.1

1 참고로 이 예와 같이 분류가 필요한 상황의 손실 함수로는 여기서 사용한 평균제곱오차보다 뒤에 나올 교차 엔트로피를 더 많이 사용합니다.

2 역자주: E는 오차(error)의 e에서 유래하였습니다.

7.6절의 예제에서 다루었던 3계층 신경망에서 2계층의 출력 $\boldsymbol{y}^2$가 $\boldsymbol{y}^2 = (0.1w,\ 0.5w,\ 1 - 0.6w)$이고 정답 $\boldsymbol{t}$는 $\boldsymbol{t} = (0,\ 1,\ 0)$이라고 할 때, 평균제곱오차 E를 구하고 이 값을 최소로 만드는 w를 구하시오.[1]

우선 수식 7.7.1을 사용합니다.

$$E = \frac{1}{2}\left\{(0 - 0.1w)^2 + (1 - 0.5w)^2 + (0 - (1 - 0.6w))^2\right\}$$
$$E = 0.31w^2 - 1.1w + 1$$

평균제곱오차를 최소화시키려면 w로 미분했을 때의 값이 0이 되도록 만들면 됩니다.

$$\frac{\mathrm{d}E}{\mathrm{d}w} = 0.62w - 1.1 = 0$$

정답: $w ≒ 1.774$

이번 MNIST 데이터를 활용한 실습에서 신경망의 출력값은 0에서 9까지의 숫자 중에서 어느 숫자에 더 가까운지에 대한 확률값이 나옵니다. 반면, 정답 레이블은 정답 숫자만 1이고 나머지 숫자에 대해서는 0으로 표현됩니다. 이런 출력 표현을 one-hot이라고 하는데 그림 7.7.1처럼 그릴 수 있습니다.

1 역자주: 이때, 나오는 '$\boldsymbol{y}^2$'의 오른쪽 상단에 있는 2는 제곱이 아니라 계층 번호를 의미합니다.

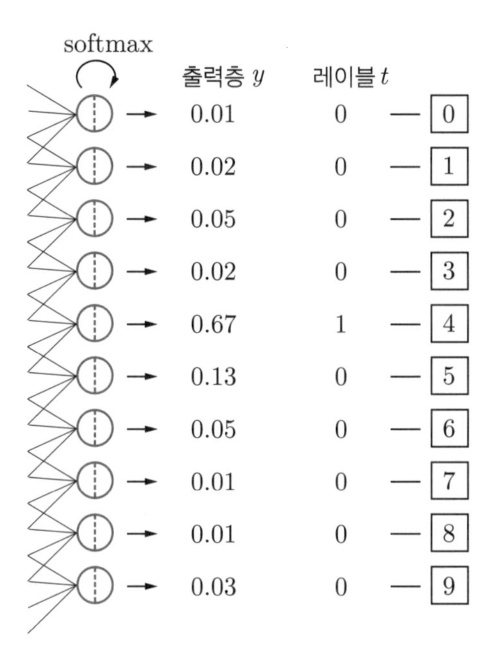

▲ 그림 7.7.1 MNIST 데이터의 출력값과 레이블

이때의 평균제곱오차 E는 다음과 같이 계산합니다.

$$
\begin{aligned}
E = \frac{1}{2}\Big\{&(0-0.01)^2+(0-0.02)^2+(0-0.05)^2+(0-0.02)^2+(1-0.67)^2 \\
&+(0-0.13)^2+(0-0.05)^2+(0-0.01)^2+(0-0.01)^2+(0-0.03)^2\Big\} \\
= 0.0664&
\end{aligned}
$$

칼럼 교차 엔트로피란?

이번 MNIST 실습에서는 손실 함수로 앞서 설명한 평균제곱오차를 사용하는 대신, 교차 엔트로피cross entropy를 사용합니다. 교차 엔트로피의 오차는 다음과 같은 수식으로 표현합니다.

$$E = -\sum \boldsymbol{t} \log_e \boldsymbol{y}$$

$\boldsymbol{t}$: 정답 레이블, $\boldsymbol{y}$: 신경망의 출력

앞서 정답 레이블을 표현할 때는 정답을 1로 표시하고, 정답이 아닌 것은 0으로 표시하는 one-hot 표현을 쓴다고 했습니다. 그래서 $\boldsymbol{t}$는 0이 아니면 1의 값을 가집니다. 손실 함수는 정답 레이블이 1인 출력에 대해 자연로그를 적용한 형태로 정의하면 되는데 이해를 돕기 위해 자연로그 $E = \log_e y$의 그래프를 먼저 살펴봅시다.

그래프의 모양은 그림 7.7.2와 같습니다. 그래프를 자세히 보면 y가 1일 때 $E = 0$이 나오고, y가 0에 가까워질수록 E의 값은 0보다 작아지는 것을 알 수 있습니다. 즉, y가 0에 가까워지면 음수가 나오는데, 이것을 양수로 만들어주기 위해 교차 엔트로피의 손실 함수에 마이너스 부호를 붙입니다.

이렇게 손실 함수 E가 만들어지면, 앞서 평균제곱오차에서 그랬던 것처럼 손실 함수 E의 값을 최소로 만드는 가중치와 바이어스를 구하기만 하면 됩니다. 참고로 출력층의 활성화 함수에는 softmax 함수를 사용합니다. 그래서 출력값은 $0 \leq y \leq 1$과 같은 확률 표현으로 나오고, 그 결과 y는 1을 넘지 않기 때문에 $\log_e y > 0$이 되는 상황은 일어나지 않습니다.

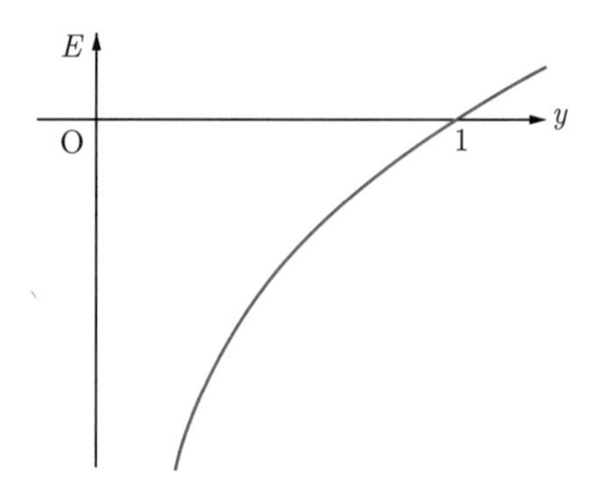

▲ 그림 7.7.2 자연로그의 그래프

SECTION
7-8 경사하강법 사용하기

학습 포인트

- 경사하강법의 개념을 이해할 수 있다.
- 경사하강법에서 사용하는 수식을 이해할 수 있다.

이제 앞 절에서 살펴본 손실 함수가 어떤 경우에 최소가 되는지 알아봅시다. 최솟값을 구할 때는 2장에서 살펴본 것과 같이 미분했을 때 접선의 기울기가 0이 되는 방정식을 풀면 됩니다. 7.6절에서 다루었던 예제를 다시 한번 살펴봅시다.

입력층에 노드 3개, 은닉층에 노드 2개, 출력층에 노드 3개가 있는 신경망의 관계를 수식으로 표현하시오.

이때, 은닉층의 활성화 함수는 시그모이드 함수를, 출력층의 활성화 함수는 softmax 함수를 사용하시오.

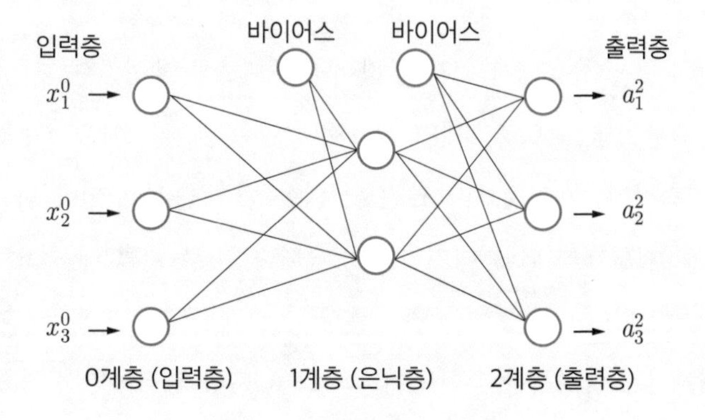

▲ 그림 7.8.1 신경망의 개념도

사용된 문자들은 7.6절의 예제와 똑같습니다. 이 조건에서 평균제곱오차를 적용하면 다음과 같은 수식을 유도할 수 있습니다.

$$E = \frac{1}{2}\left\|\boldsymbol{a}^{\mathbf{2}} - \boldsymbol{y}\right\|^2$$

$$E = \frac{1}{2}\left\|\sigma_2(\boldsymbol{a}^{\mathbf{1}}W^2 + \boldsymbol{b}^{\mathbf{2}}) - y\right\|^2$$

$$E = \frac{1}{2}\left\|\sigma_2(\sigma_1(\boldsymbol{a}^{\mathbf{0}}W^1 + \boldsymbol{b}^{\mathbf{1}})W^2 + \boldsymbol{b}^{\mathbf{2}}) - \boldsymbol{y}\right\|^2$$

$$E = \frac{1}{2}\left\|\sigma_2(\sigma_1(\boldsymbol{x}^{\mathbf{0}}W^1 + \boldsymbol{b}^{\mathbf{1}})W^2 + \boldsymbol{b}^{\mathbf{2}}) - \boldsymbol{y}\right\|^2$$

여기에서 $\boldsymbol{a}^1$, W^2와 같이 문자 오른쪽 상단에 있는 숫자는 1제곱이나 2제곱을 의미하는 것이 아닙니다. 앞서 그림 7.6.2에서 본 것과 같이 계층 번호를 의미하는 숫자이니 헛갈리지 않도록 주의하기 바랍니다. 그리고 $\boldsymbol{a}$, $\boldsymbol{b}$, $\boldsymbol{y}$, W와 같은 문자들은 모두 벡터와 행렬을 표현한 것입니다.

이 식에서 x와 y를 제외하고 E를 최소화할 수 있는 변수들을 모두 모아보면 다음과 같이 정리할 수 있습니다.

$$W^1 = \begin{pmatrix} w_{11}^1 & w_{12}^1 & w_{13}^1 \\ w_{21}^1 & w_{22}^1 & w_{23}^1 \end{pmatrix},\ W^2 = \begin{pmatrix} w_{11}^2 & w_{12}^2 \\ w_{21}^2 & w_{22}^2 \\ w_{31}^2 & w_{32}^2 \end{pmatrix},\ \boldsymbol{b}^{\mathbf{1}} = \begin{pmatrix} b_1^1 \\ b_2^1 \end{pmatrix},\ \boldsymbol{b}^{\mathbf{2}} = \begin{pmatrix} b_1^2 \\ b_2^2 \\ b_3^2 \end{pmatrix}$$

일단 이런 변수들을 사용해서 미분한 값이 0이 되도록 계산하면 되는데, 계층 개수가 입력층 3개, 은닉층 2개, 출력층 3개인 비교적 간단한 예에서조차 17개의 변수가 나옵니다. MNIST를 실습할 때는 이것보다 훨씬 더 많은 변수[1]를 다루어야 하기 때문에 일반적인 계산 방법으로는 도저히 답을 내기가 어렵습니다. 바로 이럴 때 필요한 것이 경사하강법傾斜下降法, gradient descent입니다.

경사하강법을 쉽게 설명하자면 함수의 그래프를 따라 움직이면서 기울기를 조사하고, 이때 구한 기울기의 값이 작아지는 방향으로 조금씩 내려가는 방법입니다. 함수의 최솟값

1 입력 노드 개수만 784개입니다.

을 근사적으로 알아내기 위한 방법으로, 이러한 과정을 도식으로 표현한 것이 그림 7.8.2 입니다.

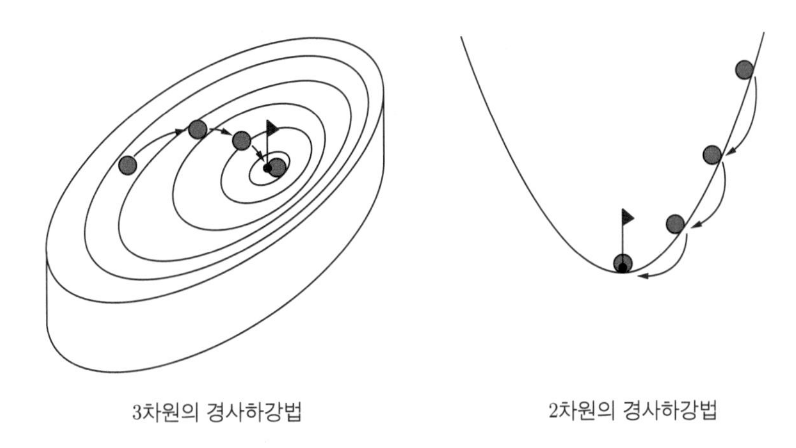

▲ 그림 7.8.2 경사하강법의 개념도

그러면 이런 경사하강법을 수식으로 표현하면 어떻게 될까요? 이제까지 배운 것을 총동원해서 식을 풀어봅시다.

우선 2.2절에 나왔던 도함수의 정의식을 다시 살펴봅시다.

$$\frac{\mathrm{d}f(x)}{\mathrm{d}x} = \lim_{\Delta x \to 0} \frac{\Delta f(x)}{\Delta x} = \lim_{h \to 0} \frac{f(x+h) - f(x)}{h}$$

이때, $h = \Delta x$라고 가정하면 앞의 식을 다음과 같이 고쳐 쓸 수 있습니다.

$$\frac{\mathrm{d}f(x)}{\mathrm{d}x} = \lim_{\Delta x \to 0} \frac{f(x+\Delta x) - f(x)}{\Delta x}$$

그리고 Δx가 충분히 작은 값이라고 한다면 $\lim\limits_{\Delta x \to 0}$는 '$\Delta x$를 최대한 0에 가깝게 만든다'는 의미가 되기 때문에 lim를 떼어버리고 다음과 같은 근사 표현을 쓸 수 있습니다.

$$\frac{\mathrm{d}f(x)}{\mathrm{d}x} \approx \frac{f(x+\Delta x)-f(x)}{\Delta x}$$

이어서 이 식의 양변에 Δx를 곱하면 다음과 같은 식이 만들어집니다.

$$\frac{\mathrm{d}f(x)}{\mathrm{d}x}\Delta x \approx f(x+\Delta x)-f(x) \quad \text{수식 7.8.1}$$

이때, 이러한 식을 근사공식近似公式이라고 부릅니다.

한편, 함수 $f(x)$에 대해 x에 Δx만큼의 변화를 주었을 때 $f(x)$의 변화량을 $\Delta f(x)$라고 한다면 다음과 같은 식이 성립합니다.

$$\Delta f(x) = f(x+\Delta x)-f(x) \quad \text{수식 7.8.2}$$

이 수식 7.8.2에 앞서 살펴보았던 수식 7.8.1을 대입하면 다음과 같은 식이 만들어집니다.

$$\Delta f(x) \approx \frac{\mathrm{d}f(x)}{\mathrm{d}x}\Delta x$$

이 식에는 $\Delta f(x)$, $\frac{\mathrm{d}f(x)}{\mathrm{d}x}$, Δx와 같은 세 개의 항이 나오는데, 우리가 하려고 하는 것은 $\Delta f(x)$가 음이 되는 방향으로 Δx를 조금씩 이동하면서 최솟값을 찾는 것입니다. 그렇다면 Δx와 $\frac{\mathrm{d}f(x)}{\mathrm{d}x}$는 각각 양과 음, 어느 방향으로 이동시키면 될까요? 이해를 돕기 위해 그림 7.8.3을 살펴봅시다.

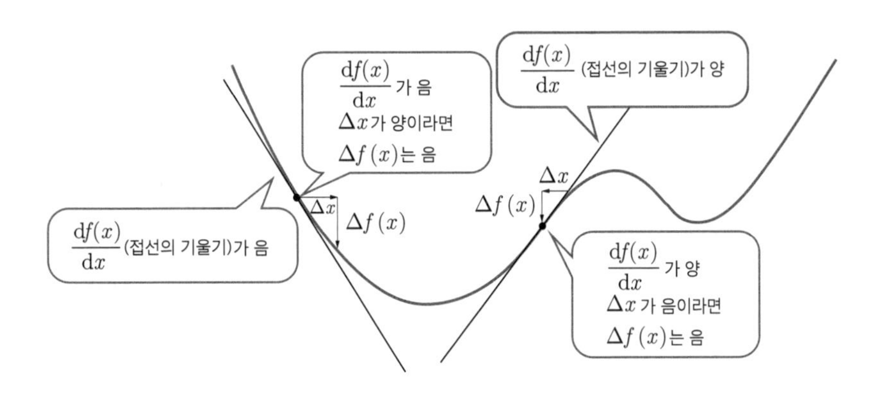

▲ 그림 7.8.3 경사하강법과 미분

그래프를 잘 보면 Δx와 $\frac{df(x)}{dx}$의 부호가 서로 반대일 때 그래프를 따라 내려간다는 것을 짐작할 수 있습니다. 그렇게 조금씩 그래프를 따라 내려가다 보면 그래프의 가장 아랫부분인 함수의 최솟값에 다다를 수 있을 겁니다.

정리하자면 0보다 크고 1보다 작은 어떤 상수 η가 있다고 가정할 때, 다음과 같은 수식 표현이 성립한다면, 함수의 최솟값을 찾기 위해 그래프를 타고 내려갈 수가 있는 것입니다.[1]

$$\Delta x = -\eta \frac{df(x)}{dx} \quad \text{수식 7.8.3}$$

이때, η의 크기는 얼마나 많이 움직이는가를 표현하는 상수입니다. 즉, 앞의 그림 7.8.2에서 예를 든다면 '공이 어느 정도의 폭으로 이동했는가'와 같이 이동한 폭을 의미합니다. 참고로 이 η는 학습률學習率, learning rate이라고 하는데, 너무 크거나 너무 작으면 최솟값에 이르

1 역자주: η는 'eta'라고 읽습니다.

지 못할 수 있어 크기를 정할 때 상당한 요령이 필요합니다.[1] 이 책의 MNIST 실습에서는 $\eta = 0.01$이라는 값을 사용하였습니다.
그래프에서 이동하기 전의 위치를 x_{old}, 이동한 후의 위치를 x_{new}라고 가정하면 다음과 같은 식을 만들 수 있습니다.

$$\Delta x = x_{\text{new}} - x_{\text{old}} \qquad \text{수식 7.8.4}$$

이렇게 만든 수식 7.8.4에 앞서 살펴본 수식 7.8.3을 대입하면 다음과 같은 식이 만들어집니다.[2]

$$x_{\text{new}} = x_{\text{old}} - \eta \frac{\mathrm{d}f(x)}{\mathrm{d}x}$$

이제 이 식을 여러 개의 변수를 사용하는 다변수 함수多變數函數, multivariate function로 확장해서 생각해 봅시다. 이번에 예를 든 신경망에서는 $E = f\left(w_{11}^1, w_{21}^1, w_{31}^1, \cdots\right)$같이 여러 개의 변수를 사용합니다. 이 경우에도 같은 방법으로 다음과 같이 표현할 수 있다면 손실 함수의 최솟값을 찾기 위해 그래프를 따라 내려갈 수 있습니다.

$$E = -\eta\left(\frac{\partial E}{\partial w_{11}^1}, \frac{\partial E}{\partial w_{21}^1}, \frac{\partial E}{\partial w_{31}^1}, \cdots\right)$$

---

1 역자주: 학습률이 너무 작으면 이동하는 폭이 좁아 경사를 하강하는 데 너무 오래 걸리고, 학습률이 너무 크면 이동하는 폭이 넓어 최솟값으로 수렴하지 못하고 오히려 건너뛰어 버려 발산해 버리는 부작용이 있습니다.

2 역자주: 결국 이전의 x_{old}를 보완하며 x_{new}를 찾는 과정을 반복하다 보면 그래프의 경사를 하강하게 되고 그러다 보면 그래프상에서 최솟값까지 도달하여 오차를 최소화할 수 있는 조건을 알게 됩니다. 이런 형태의 식을 '갱신식(更新式)'이라고도 합니다.

이때, $\left(\frac{\partial E}{\partial w_{11}^{1}}, \frac{\partial E}{\partial w_{21}^{1}}, \frac{\partial E}{\partial w_{31}^{1}}, \cdots\right)$를 손실 함수 E의 기울기라고 합니다.

확률적 경사하강법과 배치 사이즈, 에포크 수

딥러닝에서 모델을 만들 때는 경사하강법의 일종인 확률적 경사하강법SGD: stochastic gradient descent을 사용합니다. 경사하강법에서 제대로 값이 나오기 위해서는 모든 학습 데이터(MNIST의 경우라면 60,000장의 학습 데이터)의 오차를 계산해야 합니다. 하지만 모든 데이터를 다루기에는 학습 시간이 너무 오래 걸릴 뿐만 아니라 예상치 못한 부작용도 일어날 수 있습니다.

이러한 약점을 보완하기 위한 방법으로 학습 데이터 중에서 N개의 데이터만 골라 학습시킨 후, 그 결과로 나온 손실 함수에 경사하강법을 적용하여 가중치를 구하는 방법이 있습니다. 이러한 과정을 반복하면 N개의 데이터마다 가중치를 갱신할 수 있게 되는데, 이때 처리하는 N개의 데이터 개수를 배치 사이즈batch size라고 합니다.

한편, 학습을 시킬 때는 학습 데이터를 몇 차례 다시 사용하면서 정확도를 높일 수가 있는데, 이때 반복하는 횟수를 에포크epoch라고 합니다.

MNIST 실습에서는 배치 사이즈를 2,000개, 에포크를 50회로 설정하였습니다. 이것은 에포크별로 가중치가 30번(60,000개÷2,000개) 갱신되며, 이러한 과정을 50에포크만큼 반복한다는 것을 의미합니다.

오차역전파법 사용하기

학습 포인트

- 오차역전파법의 개념을 이해할 수 있다.
- 오차역전파법에 사용하는 수식을 이해할 수 있다.

앞에서 경사하강법을 배웠으니 바로 써보고 싶은 마음이 굴뚝 같을 것 같습니다. 하지만 신경망에서 손실 함수의 기울기를 구하는 것은 그리 녹록한 일이 아닙니다. 왜냐하면, 가중치나 바이어스와 같은 대량의 변수를 사용하다 보니, 미분할 때도 대량의 계산을 피할 수 없기 때문입니다. 이런 어려움이 있다 보니 손실 함수의 기울기를 좀 더 쉽게 구할 수 있는 방법이 필요했고, 그런 상황을 개선하기 위해 고안된 것이 바로 오차역전파법誤差逆傳播法, backpropagation입니다.

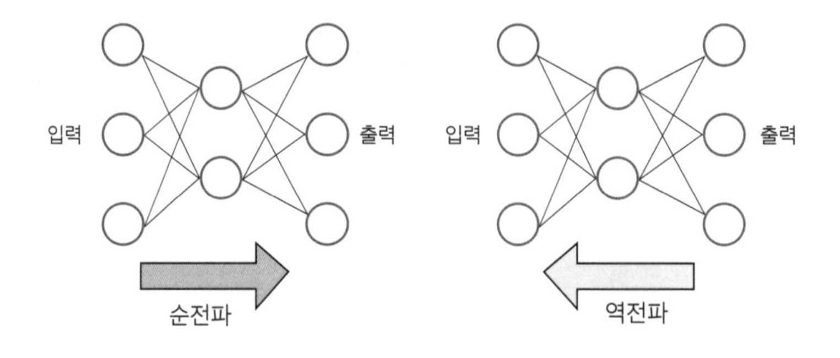

▲ 그림 7.9.1 순전파와 역전파

이제까지 우리는 신경망의 입력값에 가중치를 곱하고, 그 값을 다음 계층으로 전달하는 과정을 반복했습니다. 그리고 이러한 과정을 순전파 방식이라고 했습니다. 이번에는 이 과정을 거꾸로 돌려 출력값과 정답 사이의 오차를 먼저 구한 다음에, 바로 앞 단계의 계층으로 거슬러 올라가며 가중치를 조정할 것입니다. 이 방식은 계산하는 순서가 순전파 방식과 반대된다고 하여 역전파 방식이라고 합니다.

즉, '출력값의 오차를 기반으로 출력층에서 입력층 방향으로 가중치와 바이어스를 거꾸로 갱신해 나가는 방법'을 오차역전파법이라고 합니다. 오차역전파법에서는 손실 함수로 평균제곱오차의 식을 사용하고, 은닉층의 활성화 함수로 표준 시그모이드 함수를 사용합니다.

방법은 정했으니 이제 우리가 하려고 했던 목표를 다시 한번 확인해 봅시다. 우리가 하고 싶었던 것은 함수의 기울기를 구하는 것으로 $\left(\frac{\partial E}{\partial w_{11}^1}, \frac{\partial E}{\partial w_{21}^1}, \frac{\partial E}{\partial w_{31}^1}, \cdots\right)$를 알아내는 것이었습니다. 이것을 좀 더 일반화해서 $\frac{\partial E}{\partial w_{kj}^l}$를 구하는 방법을 생각해 봅시다.

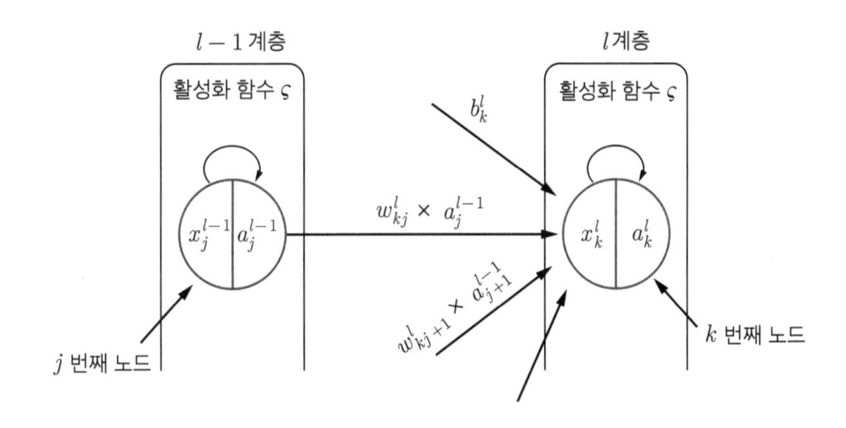

▲ 그림 7.9.2 신경망을 문자로 표현

먼저 우리가 구하려는 기울기에 2.6절에서 배운 미분의 연쇄법칙을 적용합니다.

$$\frac{\partial E}{\partial w_{kj}^l} = \frac{\partial E}{\partial x_k^l} \frac{\partial x_k^l}{\partial w_{kj}^l}$$ 수식 7.9.1

이때, x_k^l를 풀어 쓰면 다음과 같이 표현할 수 있습니다.

$$x_k^l = w_{k1}^l a_1^{l-1} + w_{k2}^l a_2^{l-1} + \cdots + w_{kj}^l a_j^{l-1} + \cdots + b_k^l$$

여기서 x_k^l를 w_{kj}^l로 미분하면 다음과 같은 식이 나옵니다.

$$\frac{\partial x_k^l}{\partial w_{kj}^l} = a_j^{l-1}$$ 수식 7.9.2

앞서 살펴본 수식 7.9.1에 수식 7.9.2를 대입하면 다음과 같습니다.

$$\frac{\partial E}{\partial w_{kj}^l} = \frac{\partial E}{\partial x_k^l} a_j^{l-1}$$ 수식 7.9.3

이때, a_j^{l-1}는 바로 앞 계층의 출력이기 때문에 이 값을 구하기는 그리 어렵지 않을 겁니다. 따라서 수식 7.9.1을 풀 수 있으려면 $\frac{\partial E}{\partial x_k^l}$를 알아야 합니다. 이해를 돕기 위해 오차 δ_k^l를 $\delta_k^l = \frac{\partial E}{\partial x_k^l}$로 바꿔써 봅시다.[1] 그러면 수식 7.9.3을 다음과 같이 표현할 수 있습니다.

$$\frac{\partial E}{\partial w_{kj}^l} = \delta_k^l a_j^{l-1}$$ 수식 7.9.4

이제 δ_k^l를 구하면 되는데 어떤 계층에 있냐에 따라 구하는 방법이 달라집니다. 우선 마지막 계층일 때의 δ_k^l를 구하는 방법을 Case 1이라하고, 마지막 계층이 아닐 때의 δ_k^l를 구하는 방법을 Case 2라고 하겠습니다.

Case 1: 마지막 계층일 때의 δ_k^l

마지막 계층일 때의 δ_k^l를 구하는 방법을 생각해 봅시다. 우선 헷갈리지 않도록 마지막 계층일 때의 δ_k^l를 δ_k^L로 바꿔서 표현하겠습니다.

---

1 역자주: δ는 'delta'라고 읽습니다. '변화량'의 의미를 표현하고 싶을 때 사용합니다.

$$\delta_k^L = \frac{\partial E}{\partial x_k^L}$$

연쇄법칙을 적용하면 다음과 같이 풀어 쓸 수 있습니다.

$$\delta_k^L = \frac{\partial E}{\partial x_k^L} = \frac{\partial E}{\partial a_k^L} \frac{\partial a_k^L}{\partial x_k^L}$$ 수식 7.9.5

여기서 $\frac{\partial a_k^L}{\partial x_k^L}$는 다음과 같이 표현할 수 있습니다.

$$\frac{\partial a_k^L}{\partial x_k^L} = \frac{\partial \varsigma(x_k^L)}{\partial x_k^L} = \varsigma'(x_k^L)$$

그리고 $\frac{\partial E}{\partial a_k^L}$는 다음과 같이 표현할 수 있습니다.

$$\frac{\partial E}{\partial a_k^L} = \frac{\partial \frac{1}{2}(a_k^L - y_k)^2}{\partial a_k^L} = (a_k^L - y_k)$$

결국 수식 7.9.5를 이들 두 식의 표현으로 바꿔보면 다음과 같은 식이 만들어집니다.

$$\begin{aligned}\delta_k^L &= \frac{\partial E}{\partial x_k^L} = \frac{\partial E}{\partial a_k^L} \frac{\partial a_k^L}{\partial x_k^L} = \frac{\partial \frac{1}{2}(a_k^L - y_k)^2}{\partial a_k^L} \varsigma'(x_k^L) \\ &= (a_k^L - y_k)\ \varsigma'(x_k^L)\end{aligned}$$ 수식 7.9.6

이때, a_k^L는 마지막 계층일 때의 출력, y_k는 마지막 계층일 때의 정답 레이블, 그리고 $\varsigma'(x_k^L)$는 마지막 계층일 때의 입력을 활성화 함수에 대입한 후 미분한 것입니다. 이제야 비로소 구체적인 값을 구할 수 있는 모양이 갖추어졌는데, 이러한 관계를 그림으로 표현하면 다음과 같습니다.

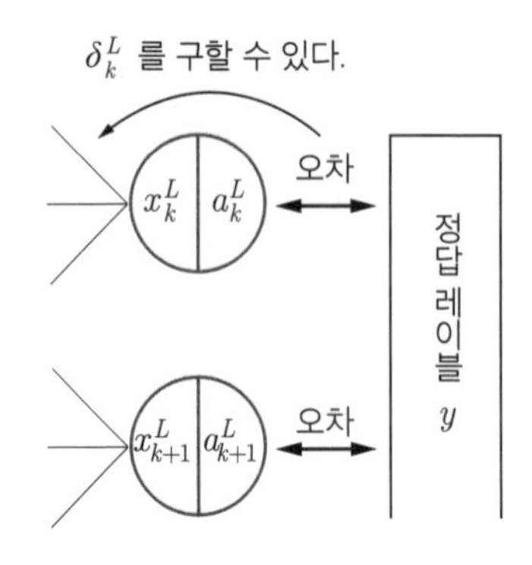

▲ 그림 7.9.3 Case 1: 마지막 계층일 때의 δ_k^L

Case 2: 마지막 계층이 아닐 때의 δ_k^l

다음은 마지막 계층이 아닐 때의 δ_k^l를 구하는 방법에 대해 생각해 봅시다. 우리가 하려고 했던 것은 $\delta_k^l = \dfrac{\partial E}{\partial x_k^l}$의 값을 구하는 것이었습니다. 일단 δ_1^2을 예로 들어 보면 2.6에서 배웠던 합성함수의 미분 공식에 의해 다음과 같은 식을 만들 수 있습니다.

$$\delta_1^2 = \frac{\partial E}{\partial x_1^3}\frac{\partial x_1^3}{\partial a_1^2}\frac{\partial a_1^2}{\partial x_1^2} + \frac{\partial E}{\partial x_2^3}\frac{\partial x_2^3}{\partial a_1^2}\frac{\partial a_1^2}{\partial x_1^2} + \frac{\partial E}{\partial x_3^3}\frac{\partial x_3^3}{\partial a_1^2}\frac{\partial a_1^2}{\partial x_1^2} \quad \text{............수식 7.9.7}$$

이 식에서 각 항에 나오는 첫 번째 부분, $\dfrac{\partial E}{\partial x_1^3}$에 주목해 봅시다. 이것은 노드의 오차 δ_j^l의 정의에 의해서 $\dfrac{\partial E}{\partial x_1^3} = \delta_1^3$과 같이 표현할 수 있습니다. 수식 7.9.7에서 다른 항의 첫 번째 부분도 같은 방식으로 표현할 수 있으므로 각 항의 첫 번째 부분은 다음과 같이 바꿔쓸 수 있습니다.

$$\frac{\partial E}{\partial x_1^3} = \delta_1^3,\ \frac{\partial E}{\partial x_2^3} = \delta_2^3,\ \frac{\partial E}{\partial x_3^3} = \delta_3^3$$

이번에는 각 항에 나오는 두 번째 부분, $\dfrac{\partial x_1^3}{\partial a_1^2}$에 주목해 봅시다. 7.6절에서 배웠던

$x_1^3 = a_1^2 w_{11}^3 + a_2^2 w_{12}^3 + b_1^3$을 적용하면 $\frac{\partial x_1^3}{\partial a_1^2} = w_{11}^3$과 같이 표현할 수 있습니다. 수식 7.9.7에서 다른 항의 두 번째 부분도 같은 방식으로 표현할 수 있으므로 각 항의 두 번째 부분은 다음과 같이 바꿔쓸 수 있습니다.

$$\frac{\partial x_2^3}{\partial a_1^2} = w_{21}^3 \ , \frac{\partial x_3^3}{\partial a_1^2} = w_{31}^3$$ ..... 수식 7.9.8

이제 마지막으로 각 항에 나오는 세 번째 부분, $\frac{\partial a_1^2}{\partial x_1^2}$에 주목해 봅시다. 이때, $a_1^2 = \varsigma(x_1^2)$이기 때문에 다음과 같이 표현할 수 있습니다. 수식 7.9.7에서 다른 항의 세 번째 부분도 같은 방식으로 표현할 수 있는데, 이 경우에는 세 항 모두 같은 값을 가집니다.

$$\frac{\partial a_1^2}{\partial x_1^2} = \frac{\partial \varsigma(x_1^2)}{\partial x_1^2} = \varsigma'(x_1^2)$$ ..... 수식 7.9.9

결국 δ_1^2는 다음과 같이 풀어 쓸 수 있습니다.

$$\begin{aligned}\delta_1^2 &= \frac{\partial E}{\partial x_1^3}\frac{\partial x_1^3}{\partial a_1^2}\frac{\partial a_1^2}{\partial x_1^2} + \frac{\partial E}{\partial x_2^3}\frac{\partial x_2^3}{\partial a_1^2}\frac{\partial a_1^2}{\partial x_1^2} + \frac{\partial E}{\partial x_3^3}\frac{\partial x_3^3}{\partial a_1^2}\frac{\partial a_1^2}{\partial x_1^2} \\ &= \delta_1^3 w_{11}^3 \varsigma'(x_1^2) + \delta_2^3 w_{21}^3 \varsigma'(x_1^2) + \delta_3^3 w_{31}^3 \varsigma'(x_1^2) \\ &= (\delta_1^3 w_{11}^3 + \delta_2^3 w_{21}^3 + \delta_3^3 w_{31}^3)\varsigma'(x_1^2)\end{aligned}$$ ..... 수식 7.9.10

이제까지의 과정은 δ_1^2를 예로 들어 전개해 왔는데, 이 방법은 두 번째, 세 번째, …, k 번째 노드에도 같은 방법으로 적용할 수 있고, l계층, $l+1$계층에도 적용할 수 있습니다. 그래서 앞서 살펴본 식을 일반화하면 다음과 같이 표현할 수 있습니다.

$$\begin{aligned}\delta_k^l &= (\delta_1^{l+1} w_{1k}^{l+1} + \delta_2^{l+1} w_{2k}^{l+1} + \cdots + \delta_m^{l+1} w_{mk}^{l+1})\varsigma'(x_k^l) \\ \delta_k^l &= \sum_{i=1}^{m}(\delta_i^{l+1} w_{ik}^{l+1})\varsigma'(x_k^l)\end{aligned}$$ ..... 수식 7.9.11

이 식에서 m은 $l+1$계층에 있는 노드의 개수를 의미합니다. 이 식을 그림으로 표현하면 다음과 같습니다.

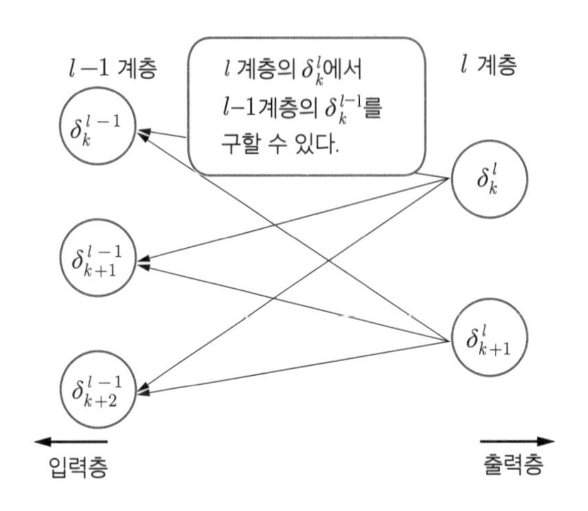

▲ 그림 7.9.4 Case 2: 마지막 계층이 아닐 때의 δ_k^l

이제 앞서 살펴본 Case 1과 Case 2를 종합해 봅시다. 오차 δ_k^l는 어느 계층이냐에 따라 다음과 같은 식으로 구할 수 있습니다.

$$\delta_k^l = \begin{cases} (a_k^L - y_k)\varsigma'(x_k^L) & (l\text{이 마지막 계층일 때}) \\ \sum_{i=1}^{m}(\delta_i^{l+1} w_{ik}^{l+1})\varsigma'(x_k^l) & (l\text{이 마지막 계층이 아닐 때}) \end{cases}$$

이제 오차를 구했으니 다음은 바이어스를 구할 차례입니다. 바이어스를 구하는 식은 가중치를 구하는 식과 같아서, $l-1$계층의 출력이 1일 때 $a_j^{l-1}=1$이 되고, 이것을 수식 7.9.4에 대입하면 다음과 같이 수식이 간단해집니다.

$$\frac{\partial E}{\partial b_k^l} = \delta_k^l \quad \text{수식 7.9.12}$$

이제까지 다룬 것을 모두 모아 오차역전파법을 공식으로 정리해 봅시다.

공식

오차역전파법

$$\frac{\partial E}{\partial w_{kj}^{l}} = \delta_k^l a_j^{l-1}$$

$$\frac{\partial E}{\partial b_k^l} = \delta_k^l$$

$$\delta_k^l = \begin{cases} (a_k^L - y_k)\varsigma'(x_k^L) & (l\text{이 마지막 계층일 때}) \\ \sum_{i=1}^{m}(\delta_i^{l+1} w_{ik}^{l+1})\varsigma'(x_k^l) & (l\text{이 마지막 계층이 아닐 때}) \end{cases}$$

E: 손실 함수

w_{kj}^l: l계층 k번째 노드의 $l-1$계층 j번째 노드로부터의 가중치

δ_k^l: l계층 k번째 노드의 오차

a_j^{l-1}: $l-1$계층 j번째 노드의 출력

b_k^l: l계층 k번째 노드의 바이어스

y_k: k번째 노드의 정답 레이블

$\varsigma(x_k^l)$: 활성화 함수 (이 예에서는 표준 시그모이드 함수를 사용)

m: $l+1$계층의 노드 개수

결국 가중치를 조정할 값은 이런 수식들로부터 결정됩니다.

마지막으로 이제까지의 과정을 되짚어 보면서, 오차역전파법의 수식과 함께 주요 수식들을 다시 한번 살펴봅시다.

① 손실 함수를 구한 후, 그 값을 최소화하기 위한 w와 b를 구한다.

$$E = \frac{1}{2}\left\|\boldsymbol{t} - \boldsymbol{y}\right\|^2 \ , \ \boldsymbol{y} = W\boldsymbol{x} + \boldsymbol{b}$$

$\boldsymbol{t}$: 정답 레이블

$\boldsymbol{y}$: 신경망의 출력

W: 가중치

$\boldsymbol{x}$: 출력

$\boldsymbol{b}$: 바이어스

문제점: 최소화하고 싶은 변수 w와 b의 개수가 너무 많아, 미분할 때 0이 되는 연립방정식을 푸는 것이 사실상 어렵다.

② 경사하강법을 사용하여 손실 함수의 값이 작아지는 방향을 확인한다.

$$w_{\text{new}} = w_{\text{old}} - \eta \frac{\partial E}{\partial w_{\text{old}}}, \ b_{\text{new}} = b_{\text{old}} - \eta \frac{\partial E}{\partial b_{\text{old}}}$$

w_{new}: 이동 후의 가중치

w_{old}: 이동 전의 가중치

η: 학습률[1]

b_{new}: 이동 후의 바이어스

b_{old}: 이동 전의 바이어스

문제점: 값을 움직일 양을 구하기 위해 $\frac{\partial E}{\partial w}$와 $\frac{\partial E}{\partial b}$를 계산하고 싶지만, 미분할 값이 너무 많아 계산하는 것이 사실상 어렵다.

1 역자주: η는 'eta'라고 읽습니다.

③ 오차역전파법을 사용하여 가중치를 결정한다.

$$\frac{\partial E}{\partial w_{kj}^{l}} = \delta_k^l a_j^{l-1},\ \frac{\partial E}{\partial b_k^l} = \delta_k^l$$

$$\delta_k^l = \begin{cases} (a_k^L - y_k)\varsigma'(x_k^L) & (l\text{이 마지막 계층일 때}) \\ \displaystyle\sum_{i=1}^{m}(\delta_i^{l+1} w_{ik}^{l+1})\varsigma'(x_k^l) & (l\text{이 마지막 계층이 아닐 때}) \end{cases}$$

E: 손실 함수

w_{kj}^l: l계층 k번째 노드의 $l-1$계층 j번째 노드로부터의 가중치

δ_k^l: l계층 k번째 노드의 오차

a_j^{l-1}: $l-1$계층 j번째 노드의 출력

b_k^l: l계층 k번째 노드의 바이어스

y_k: k번째 노드의 정답 레이블

$\varsigma(x_k^l)$: 활성화 함수 (이 예에서는 표준 시그모이드 함수를 사용)

m: $l+1$계층의 노드 개수

실제로 신경망에서 학습을 할 때는 배치 사이즈의 개수만큼 순전파를 하고, 경사하강법과 오차역전파법을 사용해서 가중치와 바이어스를 갱신합니다. 이렇게 ②와 ③의 처리를 반복하면 가중치 $\boldsymbol{w}$와 바이어스 $\boldsymbol{b}$의 근삿값을 찾을 수 있습니다.

완성된 모델 평가하기

학습 포인트

- 모델의 평가 방법을 이해할 수 있다.

이 절에서는 홀드아웃holdout 교차 검증법을 사용하여 완성된 모델을 평가해 봅시다. 이번 실습에서 사용한 데이터 세트 MNIST에서는 10,000장의 테스트 데이터를 사용했습니다. 평가는 정답률을 보고 결정하는데, 우선 숫자 이미지를 입력하고, 분석된 결과를 1에서 10까지 10개의 카테고리로 분류한 다음, 그중에서 몇 %가 정답인지를 확인하게 됩니다. 실제로 실행해 보니 정답률은 89.84%가 나왔습니다. 손글씨를 90%의 정답률로 읽었다는 것은 충분히 실용적으로 쓸 수 있는 수준이라고 평가할 수 있습니다.

칼럼 **드롭아웃**

앞서 5장과 6장에서는 과학습을 피하기 위해 정규화가 필요하다고 배웠습니다. 딥러닝에서는 과학습을 피하기 위한 방법으로 정규화를 하는 대신, 드롭아웃dropout법을 사용하는 것이 더 일반적입니다. 드롭아웃법이란 무작위로 뉴런(노드)을 제거하는 방법으로 정보의 전달을 막고, 학습 데이터의 노이즈나 특징에 영향을 덜 받게 만드는 방법입니다.
참고로 이번 실습에서는 각 계층의 드롭아웃을 0.2로 잡아 무작위로 20%의 뉴런을 제거한 후 학습을 진행하였습니다.

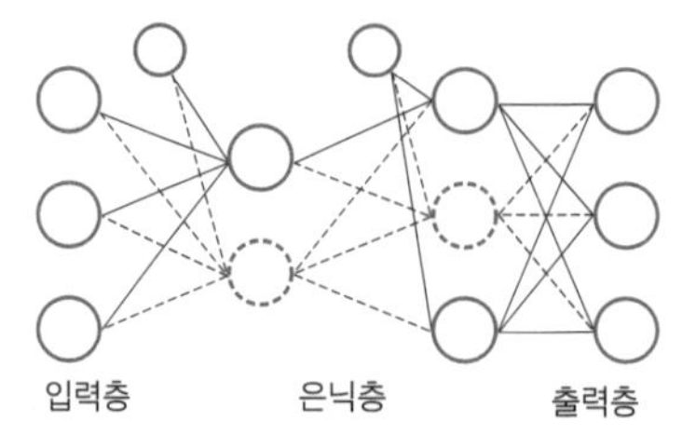

▲ 그림 7.10.1 드롭아웃의 개념도

마치며

맺음말

제가 인공지능 프로그래밍을 처음 접하게 된 계기는 대학에서 연구 과제를 수행하면서였습니다. 그전에는 웹 애플리케이션을 개발하곤 했는데, 웹 개발에 필요한 지식과는 뭔가 좀 다른, 인공지능 프로그래밍만의 심도 깊은 지식에 묘한 매력을 느꼈던 것 같습니다. 인공지능 프로그래밍을 하기 위해서는 컴퓨터과학에 대한 지식은 물론, 분석할 데이터에 관한 지식, 그리고 수학적인 지식도 필요했습니다. 그것들을 익히는 데 상당한 어려움을 겪었음에도 불구하고, 엄청난 지식들이 한 곳에 응축되어 있는 느낌이랄까, 마치 철인 3종 경기를 뛰고 있는 것만 같은, 비록 몸은 고통스럽긴 하지만 그에 못지않은 쾌감이 반드시 있는, 그런 즐거움을 느꼈습니다.

대학을 졸업한 이후에도 인공지능 프로그래밍을 하고 싶다는 생각에 계속해서 이 분야의 공부를 지속해왔습니다. 그러다가 문득 한 사람이라도 더 많은 사람이 인공지능이라는 분야에 관심을 가져주면 좋겠다는 생각이 들어 '인공지능 프로그래밍'을 배울 수 있는 온라인 교육 서비스, 'Aidemy'를 만들었습니다. 그리고 이미 창업했던 회사의 이름을 서비스의 이름과 같은 이름, '주식회사 Aidemy'로 바꾸면서 한층 더 이 분야에 몰입하며 전력투구할 수 있게 되었습니다.

* * *

그 후로 오랜 시간이 흘렀지만, 아직 그때의 선택을 후회하지 않습니다. 오히려 최선의 선택을 한 것이라 생각하고 있는데, 그도 그럴 것이 인공지능 분야야말로 그 어떤 분야보다 기술의 진보가 빠르고 격렬하게 일어나는 곳이기 때문입니다. 인공지능 비즈니스와 관련된 뉴스는 거의 매일 쏟아져 나오고, 새로운 연구 성과도 매주 발표되고 있습니다. 이 분야는 너무나도 역동적이기 때문에 짬짬이 시간을 내서 인공지능의 최신 트렌드를 따라간다는 것은 사실 어려운 일일 수 있습니다. 실제로 지금과 같이 인공지능에만 몰입해서 전력투구하는 입장에서도 이 분야의 트렌드는 따라가기 벅찬 상황인지라, 만약 인공지능을 업으로 하지 않고 취미로만 했더라면 아마도 이 바닥에서 낙오하여 뒤처져 있지 않았을까 생각해 봅니다. 인공지능의 최신 트렌드를 하나하나 배우다 보면, 마치 타임머신으로 2, 3년 앞의 미래를 여행하고 있는 듯한 기분을 느낄 수 있어서, 하루하루를 즐겁게 보내고 있습니다.

한편, 인공지능에 몸을 담고 있는 입장에서 인공지능에 관해 몇 가지 우려되는 점들이 있습니다. 그것은 바로 '인공지능이 인간을 멸할 것이다', '인공지능 때문에 직장을 잃게 될 것이다'와 같은 도가 지나친 이야기들이 무분별하게 난무하고 있다는 점입니다. 물론, 인공지능에 관한 사회적인 이해와 공감대는 충분히 주의 깊게 형성되어야 한다고 생각하고 있으며, 실제로도 어떤 직종은 인공지능이 도입되면서 없어졌거나, 없어질 것이 분명합니다. 다만, 인공지능 프로그래밍이 현재 할 수 있는 수준의 일을 훨씬 더 웃도는, 아직은 실현 불가능한 가상의 위협에 대해 지나치게 우려하는 면이 있다는 것도 분명한 사실입니다. 이것은 마치 인공지능에 대해서 잘 모르다 보니 상상이나 억측으로 사물과 상황을 판단하고 있는 것일 수 있습니다.

그래서 제가 바라는 것은 인공지능을 접해보지 못한 사람일수록 적어도 한번은 인공지능 알고리즘에 대해 이해하고, 블랙박스로 간주하는 그 내부를 들여다보았으면 하는 것입니다. 막상 실제로 인공지능 프로그래밍을 접해보면, 파라미터를 취합하거나 선택하고 튜닝을 반복하는 과정에서 정확도가 나아지는 것을 경험한 후, 마치 애완동물을 키우는 것과 같다는 느낌을 받게 될 것입니다. 그리고 그런 경험을 해봤다면 '인공지능이 인류를 멸한다'와 같은 주장이 아직은 SF 공상과학 소설 수준이라는 사실도 공감하게 될 것입니다. 최첨단 기술에 대한 기회와 위협을 올바르게 판단할 수 있고, 그 기회를 가능한 한 많이 수용하기 위해서는 실제로 프로그래밍을 해보면서 인공지능을 체험하는 것이 무엇보다 중요한 시작점이라 생각합니다.

* * *

이 책이 나오기까지 많은 분들이 도움을 주셨습니다. 마지막으로 이 자리를 빌려 감사 인사를 드리겠습니다. 우선 이 책을 집필하는 과정에서 각 장의 내용과 관련하여 학계의 많은 분들이 도와주셨습니다. 이 모든 분께는 특별히 더 많은 감사를 드립니다.

그리고 실습을 진행할 수 있는 파이썬 코드와 이 책의 내용을 리뷰하는 데도 많은 분들이 도와주셨습니다. 특히, 주식회사 Aidemy의 팀원들로부터 많은 피드백과 도움을 받을 수 있었습니다. 주식회사 KADOKAWA의 이 책 편집자께서는 책을 쓸 계기를 만들어 주셨고, 더 좋은 책이 되도록 회의에 회의를 거듭하며 정성을 쏟아주셨습니다.

그 밖에도 항상 열심히 힘써주고 있는 주식회사 Aidemy의 팀원들, 그리고 하루하루의 일상생활에서 저를 지지해주는 가족과 친구들에게 감사 인사를 드립니다.

이 책이 한 사람이라도 더 많은 사람에게 인공지능 프로그래밍에 대한 관심을 가지게 만들고, 한 사람이라도 더 많은 사람에게 인공지능 프로그래밍을 하고 싶게 만드는 데 도움이 되면 좋겠습니다.

2018년 1월

이시카와 아키히코

참고자료

지은이가 추천하는 참고자료

심층학습 (머신러닝 프로페셔널 시리즈)

岡谷 貴之, ≪深層学習(機械学習プロフェッショナルシリ ー ズ)≫ 講談社 (2015년)

≪밑바닥부터 시작하는 딥러닝≫ (사이토 고키 저, 한빛미디어, 2017년)

斎藤 康毅, ≪ゼロから作るDeep Learning – Pythonで学ぶディープラーニングの理論と実装≫ オライリージャパン (2016년)

≪패턴 인식과 머신러닝≫ (크리스토퍼 비숍 저, 제이펍, 2018년)

Christopher M. Bishop ≪Pattern Recognition and Machine Learning≫ Springer (2012년)

≪정석으로 배우는 딥러닝≫ (스고모리 유우스케 저, 위키북스, 2017년)

巣籠 悠輔 ≪詳解 ディープラーニング ~TensorFlow, Kerasによる時系列データ処理≫ マイナビ出版 (2017년)

통계 학습의 기초

Trevor Hastie, Robert Tibshirani, Jerome Friedman ≪The Elements of Statistical Learning≫ Springer (2016년)

처음 배우는 패턴 인식

平井 有三 ≪はじめてのパターン認識≫ 森北出版 (2012년)

≪인공지능과 딥러닝≫ (마쓰오 유타카 저, 동아엠앤비, 2015년)

松尾豊 ≪人工知能は人間を超えるか – ディープラーニングの先にあるもの (角川EPUB選書)≫ KADOKAWA (2015년)

≪기초 수학으로 이해하는 머신러닝 알고리즘≫ (타테이시 켄고 저, 위키북스, 2018년)

LINE Fukuoka株式会社 立石 賢吾 ≪やさしく学ぶ 機械学習を理解するための数学のきほん ~アヤノ&ミオと一緒に学ぶ機械学習の理論と数学、実装まで~≫ マイナビ出版 (2017년)

블로그 '파이썬을 이용한 데이터 분석: 선형회귀 모델'

Hatena Blog データサイエンティスト(仮) 'Pythonでデータ分析 : 線形回帰モデル' http://tekenuko.hatenablog.com/entry/2016/09/19/151547

옮긴이가 추천하는 참고자료

mecab-ko 프로젝트 https://bitbucket.org/eunjeon/mecab-ko	**김주호쌤의 '개념원리 확률과통계 1 확률변수와 확률분포'** https://youtu.be/IDxJ2ubJyhI ▶ 고등학교에서 배우는 확률변수와 확률분포를 명쾌하게 설명
List of letters used in mathematics and science https://en.wikipedia.org/wiki/List_of_letters_used_in_mathematics_and_science ▶ 수식에서 사용된 문자가 다른 용도로 사용된 것과 헛갈릴 때 참고할 것	**Efficient Estimation of Word Representations in Vector Space** https://arxiv.org/pdf/1301.3781.pdf ▶ 구글의 word2vec 관련 논문
대한수학회 http://www.kms.or.kr/mathdict/list.html ▶ 수학 용어의 영문명과 한글명을 찾아볼 수 있음	**구글의 word2vec** https://code.google.com/archive/p/word2vec/
Matt Lee님의 '머신러닝, 딥러닝을 위한 수학 공부 가이드' https://youtu.be/hTVA_NFSwEA ▶ 머신러닝을 위한 수학 학습 자료를 찾고 있을 때 참고할 것	**페이스북의 fastText** https://github.com/facebookresearch/fastText
여동훈님의 '공돌이의 수학정리노트 - 고유값과 고유벡터의 기하학적 의미' https://youtu.be/Nvc7ZRVjciM ▶ 수학적 개념을 필기하면서 설명해주어서 과외 받는 느낌	**위키백과: 표준 점수** https://bit.ly/2wbp8df

학습 데이터로 사용한 도서 정보

《인공지능을 넘어서는 인간의 강점》(나라 쥰 저, 2018년)

《기계가 모든 것을 다하게 될 때 무엇을 할 것인가? 》(말콤 프랭크, 폴 로릭, 벤 브링 공저, 2017년)

《프로그래머, 수학으로 생각하라》(유키 히로시 저, 2018년)

《미적분으로 바라본 하루》(오스카 E. 페르난데스 저, 2015년)

《무한의 끝에 무엇이 있을까》(아다치 노리오 저, 2018년)

《차원이 다른 수학》(매트 파커 저, 2017년)

《시간의 본질을 찾아가는 물리여행》(마쓰우라 소 저, 2018년)

《한 권의 물리학》(클리퍼드 A. 픽오버 저, 2015년)

《한 권의 화학》(데릭 B. 로 저, 2017년)

《맛있는 과학 실험》(비키 콥 저, 태드 카펜터 그림, 2017년)

《꿈꾸는 10대를 위한 로봇 첫걸음》(캐시 세서리 저, 2017년)

《철학 듣는 밤》(김준산, 김형섭 저, 2016년)

《출근하자마자 퇴근하고 싶다》(조명국 저, 2017년)

《서른, 외국어를 다시 시작하다》(리처드 로버츠, 로저 쿠르즈 공저, 2016년)

색인

S

T

W

ㄱ

ㄴ

ㅎ